现代信息查询与利用

（第 2 版）

主　编◎杨佳祝
副主编◎黎雪松　杨　德　蒋晓英

西南交通大学出版社
·成　都·

图书在版编目（CIP）数据

现代信息查询与利用 / 杨佳祝主编. －2版.
成都：西南交通大学出版社，2024.12. -- ISBN 978-7-5774-0295-6

Ⅰ．G254.9

中国国家版本馆CIP数据核字第202414RC44号

Xiandai Xinxi Chaxun yu Liyong（Di 2 Ban）
现代信息查询与利用（第2版）
主编　杨佳祝

策 划 编 辑	陈　豪　罗在伟
责 任 编 辑	何明飞
责 任 校 对	左凌涛
封 面 设 计	墨创文化
出 版 发 行	西南交通大学出版社 （四川省成都市金牛区二环路北一段111号 西南交通大学创新大厦21楼）
营销部电话	028-87600564　028-87600533
邮 政 编 码	610031
网　　　址	https://www.xnjdcbs.com
印　　　刷	四川森林印务有限责任公司
成 品 尺 寸	185 mm×260 mm
印　　　张	14
字　　　数	350千
版　　　次	2022年8月第1版 2024年12月第2版
印　　　次	2024年12月第2次
书　　　号	ISBN 978-7-5774-0295-6
定　　　价	36.00元

课件咨询电话：028-81435775
图书如有印装质量问题　本社负责退换
版权所有　盗版必究　举报电话：028-87600562

第 2 版前言

本书以提高大学生信息素养能力为目标，充分利用新一代信息技术，采用"理论+案例"相结合的形式编写。本次修订是在第 1 版内容的基础上做了一些调整：

首先，调整章节内容，第 1 版第 6 章内容根据检索对象分别并入第 4 章和第 5 章，第 1 版第 7 章内容并入第 6 章。

其次，增加了网络环境下多种现代工具在学习、科研、生产实际的应用内容，丰富了信息的智能收集、整理、分析和利用内容。

最后，丰富了文献检索、事实检索和数据检索应用案例。

全书内容按照"现代信息的基础知识—现代信息检索—现代信息整理与利用"思路编写，共 8 个章节，主要内容包括信息素养、现代信息源、现代信息检索技术、文献检索、事实检索与数据检索、现代工具的利用、学术论文（毕业论文）写作、学术交流和学术规范。

本书可实现学生独立自主学习、探究式学习，不仅可以作为在校本科生、研究生学习的教材，还可以作为教师、企事业科研人员的科研参考用书。更多本书内容相关数字教学资源和数字习题，可扫描各章末二维码获取。

本书由四川轻化工大学杨佳祝担任主编，并负责全书的策划，1~6 章内容由杨佳祝编写，7~8 章内容由四川轻化工大学黎雪松编写。重庆市农业科学院杨德、蒋晓英提供了检索课题案例和现代科研工具应用案例。本书在编写过程中，借鉴和参考了国内外大量相关研究文献，在此，向这些文献的作者致以最诚挚的谢意！

科学技术的发展日新月异，加之编者的学识和水平有限，书中难免存在疏漏和不足之处，恳请各位读者批评指正。

编 者

2024 年 6 月

第 1 版前言

全球大多数国家把信息素养提升至战略发展的高度，它已成为 21 世纪信息化时代学习者和劳动者的必备素养，是联合国教科文组织《2030 年教育行动框架》的优先发展领域。

本书以提高大学生信息素养能力为目标，充分利用新一代信息技术，结合实际，组建团队编著而成。全书采用"理论+案例"相结合编写，四川轻化工大学主要编写理论及方法部分，重庆市农业科学院提供检索课题案例和现代科研工具应用案例。

本书以信息检索利用理论为基础，结合最新的数据库、检索平台和相关网站信息平台，增加了网络环境下多种现代信息工具在学习、科研、生产实际的应用，加强了信息的智能收集、整理、分析和利用内容，丰富了文献检索、事实检索和数据检索应用案例，助力学生独立自主学习、探究式学习。本书不仅可以作为在校本科学生学习教材，还可以作为教师、企事业科研人员的学习、科研参考用书。

全书内容按照"现代信息的基础知识—现代信息检索—现代信息整理与利用"思路编写，共 8 个章节的内容。

第 1 章信息素养。信息素养对社会公众、学生、教师、科研工作人员以及企业团队的重要性。

第 2 章现代信息源。现代信息的类型、特点、用途和存在空间。

第 3 章现代信息检索技术。现代信息的描述语言和检索技术。

第 4 章文献检索。不同科技情报源（图书、期刊、会议、学位论文、专利、报告、标准等）的商业电子资源、开放资源并结合具体案例阐述如何具体检索、分析。

第 5 章事实检索与数据检索。利用多种参考工具书（电子版）、网络平台检索事实和数据。

第 6 章现代工具的应用。利用多种现代工具智能收集、整理、分析、利用信息。

第 7 章学术论文（毕业论文）写作。学术论文的撰写格式和撰写要求。

第 8 章学术交流和学术规范。学术交流平台、途径等以及学术交流规范。

杨佳祝负责全书的策划并编写了 1~6 章，黎雪松编写了 7~8 章。本书在编写过程中，借鉴和参考了国内外大量相关研究文献，在此，向这些文献的作者致以最诚挚的谢意！同时本书的出版得到了西南交通大学出版社的大力支持，多位编辑老师对本书提出了宝贵的意见，为本书的出版付出了辛勤的劳动，在此一并致谢！

现代信息查询与利用随着科学技术的发展变化，日新月异，加之编者的知识、学识和水平有限，书中难免存在疏漏和不足之处，恳请各位读者批评指正。

编 者

2020 年 6 月

目 录

第 1 章 信息素养 ·· 001
    1.1 信 息 ·· 001
    1.2 信息素养概述 ·· 001
    1.3 信息素养的益处 ··· 002

第 2 章 现代信息源 ·· 004
    2.1 现代信息源分类 ··· 004
    2.2 现代信息资源 ·· 020

第 3 章 现代信息检索技术 ·· 028
    3.1 现代信息特征、检索语言与检索途径 ·· 028
    3.2 检索原理与检索系统 ··· 034
    3.3 计算机检索技术 ··· 039
    3.4 原文获取 ·· 043

第 4 章 文献检索 ··· 044
    4.1 文献调研 ·· 044
    4.2 馆藏目录检索 ·· 045
    4.3 电子资源概述 ·· 052
    4.4 图书检索 ·· 054
    4.5 学术期刊文献检索 ·· 061
    4.6 学术会议文献检索 ·· 089
    4.7 学位论文检索 ·· 091
    4.8 专利文献检索 ·· 093
    4.9 标准文献检索 ·· 106
    4.10 科技报告检索 ·· 109
    4.11 文献调研小结 ·· 111

第 5 章　事实检索与数据检索 ················· 118

5.1　认识概念、了解定义、读懂术语/缩略语 ················· 118
5.2　掌握官方事实 ················· 123
5.3　查找专业性能指标、理化常数、器件参数、样本、案例和分析数据等 ················· 128
5.4　查阅法律文件与司法案例/裁判文书 ················· 131
5.5　获取统计信息 ················· 134
5.6　查找名录信息 ················· 136
5.7　查找学习、考研、留学、就业信息 ················· 140
5.8　查找其他信息 ················· 147

第 6 章　现代工具的应用 ················· 149

6.1　搜索引擎的应用 ················· 149
6.2　综合学术搜索平台的应用 ················· 159
6.3　跟踪最新信息工具的应用 ················· 164
6.4　知识管理工具的应用 ················· 169
6.5　科研工具的应用 ················· 181
6.6　其他现代工具的应用 ················· 188

第 7 章　学术论文（毕业论文）写作 ················· 194

7.1　学术论文定义 ················· 194
7.2　学术论文写作格式样稿 ················· 194
7.3　学术论文写作格式规范细则 ················· 196

第 8 章　学术交流和学术规范 ················· 208

8.1　学术交流 ················· 208
8.2　学术规范 ················· 213

参考文献 ················· 215

第1章

信息素养

1.1 信 息

世间万事万物无不向外界发出信息，以表明自己的存在。不同的事物有不同的特征。这些特征会通过一定的物质形式给人类带来某种信息。我们通过识别自然界和社会的不同信息来区分各种事物，从而认识世界和改造世界。

在我国，最早的"信息"是指音信消息，来源于南唐李中《暮春怀故人》诗："梦断美人沈信息，目穿长路倚楼台。"信息不同于消息，消息只是信息的外壳，信息则是消息的内核。

《军事大辞海（下）》[1]对信息的描述：信息是指由事物发出的信号、消息等。信息不同于信号，信号是信息的载体，信息则是信号所荷载的内容，同样得到一个信息可以用不同的信号来荷载。

《马克思主义哲学大辞典》[2]对信息的描述：信息一般指消息、指令、情报、密码、数据、知识等，即对消息接收者来说预先不知道的通信内容或报导。

信息也不同于书目数据、文本、声音和图像，它们只是记录信息的一种形式；信息还不同于知识和情报，知识和情报只是一种特殊的信息。

综上所述，信息可定义为：事物以及具有自动控制系统的机器，通过感觉器官或相应设备与外界进行交换的一切内容。根据发生源的不同，信息一般可分为自然信息、生物信息、机器信息和人类信息四大类。例如，枝头发芽等是自然信息，遗传基因是生物信息，电信系统的脉冲信号是机器信息，人类社会活动中的各种语言、文字、图形符号是人类信息。狭义的信息主要指人类信息。

1.2 信息素养概述

由于网络技术的发展和其他多种技术的应用，现代人类信息表现的形式、内容和存在的状态呈现出多样化、具体化的特点。现代信息既是一种重要的资源、机遇和资本，也是智慧的源泉。

---

[1] 熊武一，周家法，卓名信，等. 军事大辞海（下）[M]. 北京：长城出版社，2000.
[2] 金炳华，余源培，尹继佐，等. 马克思主义哲学大辞典[M]. 上海：上海辞书出版社，2003.

面对日益纷繁复杂的现代信息，如何快速准确获取衣食住行所需信息来提高生活质量，如何精准检索学习、科研所需信息，来提升学习与工作效率、研究水平，助力论文撰写、科研项目的申报，以及如何提升企业竞争力呢？信息素养的培养和提升尤为必要。

信息素养（Information Literacy）又称信息素质。每个人需求不同，理解不同。不同的工具书或者不同的协会（机构）对信息素养的定义文字描述不相同。1989年，美国图书馆协会将其定义为："具备较高信息素养的人，是一个有能力觉察信息需求的时机并且能够检索、评价以及高效利用所需要信息的人，是一个知道如何学习的人；他们知道了如何学习的原因在于，他们掌握了知识的组织机理，知晓如何发现信息以及利用信息；他们是有能力终身学习的人，是有能力为所有的任务与决策提供信息支持的人。"目前，该定义已得到世界范围内的广泛认可。

信息素养的能力包括：
（1）确定所需信息范围。
（2）有效地获取所需信息。
（3）鉴别信息及其来源。
（4）将检出的信息融入自己的知识网络。
（5）有效地利用信息去完成一个具体的任务。
（6）了解利用信息所涉及的经济、法律和社会问题，合理、合法地获取和利用信息。

1.3 信息素养的益处

信息素养是信息时代每个人的必备素养。无论是公众个体、学生、科研工作人员，甚至一个公司，有了信息素养，我们就相当于站在了巨人的肩膀之上，更胜一筹。正如比尔·盖茨所说："我有一个朴素而坚定的信念——如何将你的公司与其他竞争对手区别开来，如何让你在人群中脱颖而出——最有效的方式就是利用信息做出漂亮的工作。如何收集管理利用信息，将决定你的成功与失败。"

（1）信息素养对公众个体的益处。公众个体可以选用不同平台购买物美价廉的商品，利用航空公司或旅游网提供的行程助手畅行万里，利用药物使用指南和医疗机构提供的在线服务为健康保驾护航，利用多种信息免费阅读万卷书、足不出户学习多种课程等，从而提高生活质量和文化素质。

（2）信息素养对学生的益处。不同兴趣和不同水平的学生在学习过程中，有效利用图书馆资源和网络资源，找到与学习目标、知识结构相对应的资源，将在提升学习成绩、拓展知识面上节约大量时间。学生从中学到的技能帮助其顺利完成学业，甚至在学生以后的职业生涯中持续受益。

（3）信息素养对教师的益处。不同学科的教师在教学过程中，充分利用图书馆资源和网络资源，给学生转述学术概念的权威定义，检索、收集、管理、利用不同的教学素材，甚至利用网络请名师专家"上课"，拓展课堂内容，添彩教学效果。

（4）信息素养对科研人员的益处。科研工作人员利用信息检索快速了解相关研究领域的状况，避免重复研究，提高科研效率；利用数据库提供的最新资源推送功能或者利用RSS订阅来关注不同网站推送的有关研究领域最新资源，从而节约大量时间和精力；借助各种自动翻译工具，及时了解外文文献大意或者提高外文论文的写作速度等。

（5）信息素养对企业机构的益处。企业机构利用大数据分析，了解用户需求，研发对应的新产品；选用有效的营销手段；了解竞争对手动态，获取竞争情报；保护商业秘密等，让企业在商战中立于不败之地。

"现代信息查询与利用"是一门实用性、操作性很强的课程，学生无论是生活、学习、还是未来的职业生涯中，都能从本课程中找到与之相对应的信息检索工具和方法，从而终身受益。

第 2 章

现代信息源

信息源一般指通过某种物质传出去的信息，即是信息的发源地/来源地（包括信息资源生产地和发生地、源头、根据地）。联合国教科文组织出版的《文献术语》将其定义为：个人为满足其信息需要而获得信息的来源，称为信息源。一切产生、生产、储存、加工、传播信息的源泉都可以看作是信息源。故信息源不仅包括各种信息载体，也包括各种信息机构；不仅包括传统印刷型文献资料，也包括现代电子型资源。不断寻找、发现和利用对自己生活、工作、学习与研究有用的信息源，对每个人来说都非常重要的。

2.1 现代信息源分类

2.1.1 广义信息源分类

广义的信息源是指人们获取信息的一切来源，包括人际交流、实物、文献记录等。广义的信息源分为口语信息源、体语信息源、实物信息源、文献信息源 4 种。

2.1.1.1 口语信息源

口语信息源主要指以交谈、聊天、授课讨论等方式产生的信息，这类信息特点是传递快、互动性强，但稍纵即逝、久传易出差错等。

2.1.1.2 体语信息源

体语信息源主要指以手势、表情、姿势等方式产生的信息，这类信息特点是直观性强、生动丰富、富有感染力、令人印象深刻。

2.1.1.3 实物信息源

实物信息源主要指以文物、产品样本、模型、碑刻、雕塑等形式表示的信息，这类信息直观性强、感官实在、信息量大，但需要通过知识、智慧、经验和工具挖掘大量隐含的信息。

2.1.1.4 文献信息源

文献信息源主要指以文字、图形、符号、音频、视频等方式记录在各种载体上的知识和信息，这类信息经过加工、整理，较为系统、准确、可靠，便于保存和利用，但也存在信息相对滞后、部分信息尚待核实的情况。

2.1.2 文　献

狭义的信息源仅指记录的信息，即转变为文献的信息等。

2.1.2.1　文献概念

文献（Literature，Document）在国家标准《文献著录总则》（GB/T 3792.1—2021）中的定义为："文献是记录有知识的一切载体"。国际标准化组织（ISO）在《文献情报术语国际标准》（ISO/DIS 5217）中给出的定义："为了把人类知识传播开来和继承下去，人们用文字、图形、符号、音频、视频等手段将其记录下来，或写在纸上，或晒在蓝图上，或摄制在感光片上，或录到唱片上，或存储在磁盘上。这种附着在各种载体上的记录称为文献。"由这两个权威定义可知文献包括三个要素：知识、记录和载体。其中，知识构成了文献的内容，是文献的本质特征；记录是指记录文献所用的技术手段；载体则是文献的形态。

2.1.2.2　文献的分类

文献型这类信息源可以从记录载体的形式、编辑出版形式、加工深度/处理级别等角度来划分为不同的类型。

1. 按照文献信息记录的载体形式划分

载体是信息赖以存在的物质外壳，通常所说的载体指文献载体，即提供记录信息的一切人工负载物。古代文献载体有甲骨、简策、羊皮、纸张等，现代文献载体有纸张、磁性材料、感光材料、胶片材料等。随着科学技术的发展，文献载体信息容量逐步扩大，保存方式日益完善，使信息交流的效能不断提高。载体是信息的负载物，知识信息与物质载体具有不可分割性。知识信息一旦固化在载体上，我们就把它叫作文献。

1）刻写型文献

刻写型文献主要指印刷术发明之前的古代文献和当今没有正式付印的手写记录和草稿。它以刻画或手写为手段，将知识内容记录在各种自然材料或纸张等载体上，如古代的甲骨文、金文、帛书、简策以及现代的笔记、手稿、书信、雕刻、篆刻等。

2）印刷型文献

印刷型文献主要指以纸张作为记录信息内容的载体，以铅印、胶印、油印和复印等技术手段而产生的一种传统型文献形式，如纸质图书、纸质期刊和纸质报纸等。其优点是便于阅读和流传，符合人们的传统阅读习惯，在所有文献类型中占据着主导地位。但它也存在存储密度低、体积大，收藏和管理需要较大空间和人力等多方面的缺点。

3）缩微型文献

缩微型文献以感光材料为载体，以缩微照相为记录手段而产生的一种文献形式，如缩微胶卷、缩微平片等。其优点是体积小、存储密度高、保存期长、便于收藏和管理，但保存条件严格，阅读不方便，必须借助阅读机才能进行阅读。

4）电子型文献

电子型文献又称为机读文献、数字化文献，它是指通过编码和程序，把图、文、声、像等信息转换成二进制代码存储到磁、光、电介质上通过计算机阅读的一种文献形式，如各种电子图书、电子期刊、网络新闻、联机数据库、网络数据库等。其特点是存储密度高、存取速度快、出版周期短、传递迅速，可融文本、图像、声音等信息于一体，易复制和检索，便于实现资源共享，但必须借助于计算机等先进的设备才能实现检索和阅读。

5）声像型文献

声像型文献又称为视听型文献，它是以磁性材料或感光材料或胶质材料为存储介质，以磁性记录或光学技术为记录手段直接记录声音和图像的一种文献形式，如录音带、唱片、激光唱盘、录像带、电影胶片、幻灯片等。其特点是既能闻其声又能见其形，传递知识信息声情并茂，形象逼真，直观性强，动静交替，易于接受，但其成本较高，且不易检索和更新。

2. 按照文献信息编辑出版形式划分

原始文献是以作者的研究成果为基本素材而创作的，多数属于一次出版物，主要特点是：内容新颖，具有创造性，参考价值大。原始文献按照出版形式可以分为图书、连续出版物和特种文献3大类。而特种文献是指出版发行和获取途径都比较特殊，一般包括会议文献、学位论文、专利文献、标准文献、科技报告、政府出版物、产品资料、档案文献8大类。不同原始文献产生的背景不同，具有自身的特点和用途。如果将产生背景和用途结合起来思考，就能在不同的需求下更好地选择合适的文献加以利用。下面分别介绍。

1）图 书

（1）图书的定义。

联合国教科文组织对图书（Book）的定义：凡由出版社（商）出版的、不包括封面和封底在内49页以上的印刷品，具有特定的书名和著者名，编有国际标准书号（International Standard Book Number，ISBN），有定价并取得版权保护的出版物，均称为图书。图书包括专著、汇编本、多卷书、丛书等。它是一种重要的信息源。

（2）图书的分类。

① 阅读性图书。

阅读性图书包括教科书（Textbook）、专著（Monograph）、文集（Anthology）等。它提供系统、完整的图书，有助于全面、系统地了解某一领域的历史发展与现状，将人们正确地引入自己所不熟悉的领域。

② 工具书。

工具书（Reference Book）包括词典（Dictionary）、百科全书（Encyclopedia）、手册（Handbook）、年鉴（Yearbook）等，它提供经验、浓缩的知识，是信息检索的工具。

③ 检索用书。

检索用书指以图书形式刊行的书目、题录、文摘等，供人们在一定范围内查找文献线索的出版物。

（3）图书的标准编码。

图书的标准编码，即国际标准书号，由固定13位数字分成5段组成。

第一段是产品标识编码，称为EAN.UCC前缀，由国际物品编码协会分配的产品标识编码，由国际ISSN中心向EAN（欧洲商品代码）组织申请。中国图书的EAU.UCC前缀为978、979，目前使用978。

第二段是地区号或语种号，又叫组号（Group Identifier），最短的是一位数字，最长的五位数字。大体上兼顾文种、国别和地区。把全世界自愿申请参加国际标准书号体系的国家和地区，划分成若干地区，各有固定的编码：英、美、加、南非等英语区为 0，其他英语区为 1；法语区为 2，法国、卢森堡以及比利时、加拿大和瑞士的法语区使用该代码；德语区为 3，德国、奥地利和瑞士德语区使用该代码；4 是日本出版物的代码；5 是俄语系国家出版物的代码；7 为中国出版物使用的代码（港澳台地区各采用不同代码：中国澳门中文为 99937，葡萄牙语 99965；中国香港 988；中国台湾 957），印度为 8，东南亚为 9。

第三段是出版商代号（Publisher Identifier），由其隶属的国家或 ISBN 中心分配，允许取值范围为 2～5 位数字。出版社规模越大，图书越多，其号码就越短。

第四段是书序号（Title Identifier）由出版社给出。

第五段是校验码。固定一位，起止号为 0～10。校验码计算过程：用 1 分别乘以 ISBN 的前 12 位中的奇数位（从左边开始数起），用 3 乘以偶数位，除以模值 10 取余数，再用模值 10 减去余数所得值即为校验位的值。当校验码是 10 时，用 0 表示，2007 年前的校验码是 10 时用罗马数字X表示。

例：西南交通大学邓发云编著的《信息检索与利用》(第三版)，ISBN 号为 978-7-03-055157-3。

978 指图书产品标识码。

7 指中国，语言为中文。

03 代表的是科学出版社，两位数字，说明这个出版社规模大。

55157 指该书在科学出版社的序号；当前面四部分数字不足 12 位时，在书序号前添加 0，所以本书的书序号是 055157。

3 是校验码。对于该书号：1×（9+8+0+0+5+5）+3×（7+7+3+5+1+7）=117，117÷10=11⋯7，所以校验位为 10-7=3。

（4）图书的特点。

图书主要特征是内容比较系统、全面，论点成熟、可靠，但传统印刷型图书出版周期较长，传递信息速度较慢，内容新颖性不够。

（5）图书主要用途。

选用图书可以系统地学习知识，了解相关领域知识的概要，查找某一问题的具体答案。

（6）图书检索要素。

图书检索要素包括书名、作者、出版社、出版时间、页码、价格、ISBN 号、语种、资料类型、馆藏地点等。

2）连续出版物

连续出版物（Serial）指印刷或非印刷形式的出版物，具有统一的题名，定期或不定期以连续分册形式出版，有卷期或年月标识，并且计划无限期地连续出版。连续出版物包括期刊、报纸、年度出版物（年鉴、指南等）以及成系列的报告、学会会刊、会议录和专著丛书等。下面主要谈谈期刊。

（1）期刊的定义。

期刊（Periodicals）也称杂志（Journals 或 Magazine），是有固定名称、统一开本、具有编号或年月标志、定期或不定期连续出版、每期内容不重复并由多名责任者撰写不同文章的出版物。期刊是最重要的信息源，其信息量占整个信息源的 65%～75%。

（2）期刊的分类。

从期刊功能角度划分以下4种：

① 学术性与技术性期刊。

学术性与技术性期刊（Journals），由学术团体编辑出版，报道生产、科研方面的学术论文研究成果，信息量大、价值高，如各种学报（Acta）、通报（Bulletin）、汇刊（Transactions）、评论（Reviews）、进展（Progress）等，如《四川大学学报（哲学社会科学版）》。

② 杂志。

杂志（Magazine），是连续出版物的一种，但是它的内容一般是通俗性的，或者娱乐、新闻等，如《读者》。通常学术性期刊和杂志有很大区别，见表2-1。

表2-1 学术期刊与杂志的区别

特征	杂志	学术期刊
适合的读者群	适合普通读者，内容涉及生活、娱乐、故事等	适合专家、学者、研究人员
格式与风格	在风格上多样化，有许多照片和广告	较少照片或广告，封面严肃
内容深度	文章一般不长	刊登较长、有深度的研究文章
出版状况	出版周期通常比学术性期刊短	通常由学术或专业机构主办
作者	记者或业余作家	学者（通常为专业人员）
参考文献	通常不包括参考书目	包括大量的参考书目
内容严肃性	主要是流行的主题，仅由编辑内部审查	通过"同侪审查"（同类专家评审）

③ 检索性期刊。

检索性期刊，专门报道二次文献信息，如《化学文摘》。

④ 快报性期刊。

快报性期刊，刊载最新技术和研究成果的短文，报道新产品、新工艺以及学术动态等信息，内容简洁、报道速度快，如各种通讯（Letters）、短讯（News）等，如《新技术新工艺杂志》。

根据中国知网划分，目前《中国学术期刊（网络版）》的新型数字出版模式有以下类型：

① 增强出版。

增强出版包含根文献和附加内容，经过组织和封装，形成一个有内在联系的复合数字作品的数字出版物，是全部学术成果的出版。其中，根出版物指与印刷版出版物内容一致的数字化出版物形式，或者并无印刷版相对应的纯粹数字化出版物；附加内容又叫作增强材料，伴随根文献一起进行数字化出版，其内容包括文本、数据表格、图像、音频、视频、软件程序、手稿等，通常仅通过网络呈现。

② 优先出版。

优先出版指学术期刊优先于印刷版纸刊发行、以单篇或整期发布的方式，在"中国知网"借助互联网（含移动网络）数字出版，完整呈现论文所有内容。

③ 单篇网络首发。

单篇网络首发是指借助互联网（含移动网络）在"中国知网"以数字出版方式优先出版

学术期刊的单篇论文内容。按照首发时的编辑状态，通常可分为3种：录用定稿、排版定稿、整期定稿。录用定稿是指某刊内容确定、通过同行评议、主编终审同意刊用的稿件。排版定稿是指录用定稿按照期刊特定版式（包括网络呈现版式）排版后的稿件，内容和版式确定，可能没有出版年、卷、期、页码。整期定稿是指出版年、卷、期、页码已确定的印刷或数字出版的整期汇编稿件。

④ 数据论文出版。

数据出版是指在互联网用出版的方式来发布数据。目前，以数据论文和数据集的方式实现数据出版。数据论文是通过网络在线方式出版的一种学术出版物，主要提供学术数据以及相关的信息，包括数据的采集、处理和分析方法等，但不一定提供科学结论。数据论文稿件由描述文档、数据集（或者数据集存储地址）、数据集元数据构成。

⑤ 个刊发行。

个刊发行指某个别期刊刊载的学术论文全文纸质版和电子版同时发行。

⑥ 独家收录。

独家收录指某期刊的数字化论文的全文单独由中国知网数据库收录。

（3）期刊标准编码。

期刊的标准编码是国际连续出版物编号（International Standard Serial Number，ISSN）是根据国际标准 ISO 3297 制定的连续出版物国际标准编码，其目的是使世界上每一种不同题名、不同版本的连续出版物都有一个国际性的唯一代码标识，但不反映出版物的语种、国别、出版者。ISSN 由 8 位数字分成两段组成，每段 4 位数字，中间用"-"隔开，如《四川轻化工大学学报社会科学版》ISSN 号为 2096-7535，前 7 位是期刊代号，末位是校验码。

期刊校验码是这样计算的：分别用 8、7、6、5、4、3、2 去乘以前 7 位数字，积的代数和去除以模值 11，最后用模值减去余数。以《四川轻化工大学学报社会科学版》为例，$8×2+7×0+6×9+5×6+4×7+3×5+2×3=149$，$149÷11=13…6$，$11-6=5$。

（4）期刊的特点。

学术期刊和杂志具有固定的名称和版式，有连续的出版序号，有专门的编辑机构编辑出版，出版周期短，刊载速度快，数量大，内容较新颖、丰富等特点。学术期刊能及时反映各学科发展的最新动向和科学研究的最新成果，是当代科研工作者极为重视的文献类型。

（5）期刊的用途。

利用杂志可寻找关于流行文化的信息和观点，得到当前事件的实时信息，寻找供某一领域非专业人士阅读的文章；利用学术期刊了解与自己的课题相关的研究状况，查找必要的参考文献，了解某学科水平动态，学习专业知识。

（6）期刊检索要素。

期刊检索要素包括刊名、ISSN 号、出版年、卷、期和刊号等。

3）会议文献

（1）会议文献的定义。

会议文献（Conference Literature）是指在各种学术会议上宣读和交流的论文、报告和其他有关资料，是报道研究成果的主要形式之一。

（2）会议文献的分类。

会议文献按产生的时间顺序可以分为会前文献、会间文献、会后文献三种。

① 会前文献。

会前文献（Pre-conference Literature），是指在会议前预先印发的资料。在会议开始前，主办者除了按计划发出会议通知外，还要求代表提交学术论文、报告提纲等。主办者通常将要在会上宣读的论文做成预印本（Preprint Advance Conference Paper）供会议代表讨论。它可以是全文，也可以是摘要，或是文章的缩写稿。

② 会间文献。

会间文献（Middle-conference Literature），是开会期间发给与会者的资料，包括在会议开幕式和闭幕式上的发言稿、与会者的名单、会议决议等。

③ 会后文献。

会后文献（Post-conference Literature），是指会议结束后，由会议主办单位等机构正式出版的会议论文集，也就是通常所说的会议录（Proceedings）。会后文献的其他英文名称还有Symposium（论文集）、Transaction（会议论文汇编）、Colloquium papers（学术讨论论文集）、Records（会议记录）、Reports（报告集）等。

会议文献按照交流范围划分分为世界会议、国际会议、全国性会议和地区性会议四种。

（3）会议文献的特点。

① 内容新颖。如计算机领域的研究成果有相当一部分是通过学术会议进行报道的。

② 专业性强，交流量大。学术会议大都围绕一个主题，与会者的研究领域大致相同，所交流的论文也基本是针对一个问题或一个学科。

③ 出版发行快，时效性强。

但会议文献存在下列不足：会议论文主要是同行交流的产物，使用范围有限；有的会议只出论文摘要，获取全文比较困难；目前，国内缺乏会议论文评价与激励机制，论文质量有待提高；会议文献出版无规律性，收集困难。尽管如此，学术会议文献仍然是科技人员掌握国内外研究动态的重要情报源。

（4）会议文献的用途。

利用会议文献可了解与自己课题相关的研究状况，查找必要的参考文献，了解某学科水平动态。

（5）会议文献检索要素。

会议文献检索要素包括会议名称、会址、会期、主办单位、会议录（论文集名称）的出版单位等。

4）学位论文

（1）学位论文定义。

学位论文（Thesis Dissertation）是高等院校或科研机构的学生为评定某种学位而撰写的学术论文。根据申请的学位，学位论文分为学士、硕士、博士学位论文；按照研究方法，学位论文可分为理论型、实验型、描述型三类；按照研究领域，学位论文可分为人文科学学术论文、自然科学学术论文与工程技术学术论文三类。

（2）学位论文特点。

学位论文属于非卖品，一般不出版发行，主要由原单位保存，比较难以获得。硕士和博士论文具有一定的学术性和独创性，其中博士论文具有以下特点：

① 选题新颖。不少选题涉足学科发展前沿。
② 论述系统。不但提供研究结论，还有具体的研究方法与研究过程。
③ 文后附有大量的参考文献，借此可以了解相关专题的发展过程。
④ 在某一学科学者、专家指导下完成，学术水平较高。
⑤ 实用性强。一些学位论文中的研究成果可以直接应用于实践，甚至直接转化为产品进入市场。

基于这些特点，学位论文是很好的情报源。

（3）学位论文的用途。

学位论文可用于科研开课前的文献调研；硕士、博士撰写开题报告时，学习学位论文的写作方法；追踪学科发展、研究过程。

（4）学位论文检索要素。

学位论文检索要素包括学位级别——博士/硕士、导师姓名、学位授予机构、学科专业名称等。

5）专利文献

（1）专利文献的定义。

专利文献（Patent Literature）是实行专利的国家、地区及国际组织在审批专利过程中产生的官方文件及出版物，狭义的专利文献包括专利请求书、说明书、权利要求书、摘要在内的专利申请说明书和已经批准的专利说明书的文件资料。广义的专利文献还包括专利公报、专利文摘，以及各种索引与供检索用的工具书等。专利文献是一种集技术、经济、法律三种情报于一体的文献资料。其载体形式一般为纸质型、缩微胶片型、磁带型、光盘等。

（2）专利文献的分类。

我国的专利一般分为三种类型：发明专利、实用新型专利和外观设计专利。其各自的要求和特点见表2-2。

表2-2 专利类型及特点

专利类型	保护时间	要求	特点
发明专利	20年	对产品、方法及其改进提出的新的技术方案	具有突出的实质性特点和显著进步
实用新型专利	10年	对产品形状、构造及其结合提出的实用方案	具有实质性特点和进步
外观设计专利	10年	对产品形状、图案、色彩或者其结合所做出的富有美感并适合于工业上应用的新设计	具有实质性特点和进步

在美国，可以申请的专利类型有三种：实用专利（包括发明专利）、设计专利、植物专利（果树、花卉、植物等）。

（3）专利文献的特征。

专利说明书作为最重要的技术情报源，具有以下特点：
① 内容新颖。

各国专利法规定发明专利必须具有新颖性,特别是由于大多数国家采用了优先申请原则,即同样的发明,专利权将授予最先申请者。这就使专利文献对新技术的报道早于其他类型的文献。

② 涉及领域广泛、实用性强。

专利文献覆盖的技术领域极其广泛,从生活日用品(如针、线)到各种尖端技术(如基因技术、纳米技术)几乎无所不包。因此对于在研究开发和生产活动中遇到的各种技术问题,几乎都能从专利文献获得有价值的解决方案。

③ 具有法律效力。

专利说明书是一种有法律效力的文件,是判断专利侵权的主要依据。专利权具有地域性和时间性,专利在申请国及有效期内受法律保护,过期便成为共用技术。各国专利保护期限不等,美国为17年,日本为15年,英国为20年,我国发明专利保护期限为20年(实用新型和外观设计专利为10年)。

④ 重复量大。

由于一项发明可以在多个国家申请专利,便有所谓的基本专利与同族专利,它们针对的都是同一项发明。基本专利指的是最先在某国申请并获得授权的专利,同族专利则是指在第一个申请国以外的其他国家申请获得授权的专利。它们的技术相同,但语言不同。另外,由于多数国家采用早期公开、延迟审查制度,使一项发明在审批过程中产生不同性质的说明书,如公开说明书、审定说明书、公告说明书等。据统计,全世界每年报道的专利说明书中只有1/3是新发明。

(4)专利文献的用途。

专利文献用于专利申请前查重;开发新产品;了解某领域的技术水平及发展的最新动态;为进出口业务做参谋;专利诉讼时查有无侵权。

(5)专利文献检索要素。

专利文献检索要素包括专利号、专利名称、发明人、申请人、申请号、公开号、申请时间、专利分类号等,更多有关专利检索字段详见4.8.2节。

6)标准文献

(1)标准文献的定义。

根据《中国大百科全书》(第二版)对标准给的定义:为了在一定范围内获得最佳秩序对活动或其结果规定共同的和重复使用的规则、导则或特性的文件。该文件经协商一致制定并经一个公认机构的批准,它以科学、技术和经验的综合成果为基础并以促进最佳社会效益为目的。因此,标准文献(Standard Literature)是技术标准、技术规格和技术规则等文献的总称,是经过公认的权威机构批准的标准化工作成果,反映了当时的技术工艺及技术政策。譬如工农业产品、工程建设质量、规格及其检验方法所做的技术规定,供人们遵照与参照。

(2)标准文献的分类。

标准文献分类有很多划分标准。

按标准的适用范围,标准分为国际标准、跨国区域标准、国家标准、行业标准、地方标准、企业标准。

① 国际标准。

国际标准,世界范围内统一使用,由国际化标准组织 ISO、国际电工委员会 IEC、美国电气与电子工程师学会 IEE 和国际电信联盟 ITU 制定的标准，以及由其他国际组织制定，经国际标准化组织确认并公布的标准。

② 跨国区域标准。

跨国区域标准，是指世界某一区域标准化团体制定，并在该区域使用的标准。表 2-3 给出了常见的跨国区域标准代号及含义。

表 2-3　常见的跨国区域标准代号及含义

代号	含义	机构
ARS	非洲地区标准	非洲地区标准化组织 ARSO
ASMO	阿拉伯标准	阿拉伯标准化与计量组织 ASMO
EN	欧洲标准	欧洲标准化委员会 CEN
ETS	欧洲电信标准	欧洲电信标准学会 ETSI
PAS	泛美标准	泛美技术标准委员会 COPANT

③ 国家标准。

国家标准，由国家标准化机构组织制定并在全国使用的标准。表 2-4 给出了标准文献中常见的国家（地区）或组织代码。

表 2-4　标准文献中常见的国别（地区）代码

代码	国家（地区）或组织	代码	国家（地区）或组织
ANSI	美国国家标准	GB	中国国家标准
BS	英国国家标准	IEC	国际电工委员会
CEN	欧洲标准化委员会	ISO	国际标准化组织
CENELEC	欧洲电子技术标准委员会	JIS	日本工业标准
CNS	中国台湾地区标准	NF	发达国家标准
DIN	德国国家标准	TOCT	俄罗斯国家标准

在中国除了 GB，目前中国还有一些国家级标准：

GBZ——国家职业卫生技术标准。

GBJ——工程建设国家标准。

GJB——国家军用标准。

④ 行业标准。

行业标准，对没有国家标准而又需要在全国某个行业范围内统一技术要求而由有关行政主管部门制定的标准，须报国家标准化行政主管部门备案，在国家标准公布后，相应行业标准废止。中国目前有 67 类行业标准，见表 2-5。

013

表 2-5　中国行业标准代号及含义

代号	分类	标准发布部门
AQ	安全生产	应急管理部
BB	包装	国家发展改革委
CY	新闻出版	国家广播电视总局
DB	地震	中国地震局
YD	通信	工业和信息化部
…	…	…

⑤ 地方标准。

地方标准，没有相关的国家标准和行业标准，而又需要在省、自治区、直辖市范围内统一工业产品的安全、卫生要求所制定的标准，由地方标准化行政主管部门制定，报国务院标准化行政主管部门和国务院有关行政主管部门备案。同样地，在国家标准或行业标准公布之后，相应地方标准废止。地方标准编号以"DB"开头。

⑥ 企业标准。

企业标准，企业范围内为了协调、统一技术要求而制定的标准，须报当地政府标准化行政主管部门和有关行政主管部门备案。企业生产的产品没有国家标准和行业标准时，应制定企业标准，作为组织生产的依据；已有国家标准或者行业标准的，国家鼓励企业制定严于国家标准或行业标准的企业标准，在企业内部使用。企业标准编号以"Q"开头。

按标准的使用目的，标准分为管理标准、工作标准、技术标准。

① 管理标准。

管理标准，对标准化领域中需要协调统一的管理事项所制定的标准。

② 工作标准。

工作标准，对工作的性质、权利、范围、质量要求、程序、效果、检查方法、考核办法所制定的标准。

③ 技术标准。

技术标准，对标准化领域需要协调统一的技术事项所制定的标准，可细分为基础、产品、工艺、检测试验方法、安全、卫生、环保等多类。

按标准的法律效力，标准分为强制性标准 GB、推荐标准 GB/T、指示性标准 GB/Z。

① 强制性标准。

强制性标准，是指在一定范围内，国家运用法律和行政法规强制性手段加以实施的标准。

② 推荐性标准。

推荐性标准，是提倡性、指导性、自愿性标准，但一经选定，则必须强制执行。

③ 指导性标准（文件）。

指导性标准（文件），为仍处于技术发展过程中的标准化工作提供指南或信息，供科研、设计、生产、使用和管理等有关人员参考使用而制定的标准文件。

按照标准的成熟程度，标准可分为法定标准、试行标准、标准草案和推荐标准。

按标准的内容，标准可分为基础标准、产品标准、方法标准、安全卫生标准等。

（3）标准文献的特征。

① 有法律约束力。

标准文献是经过权威部门批准的规范性文献，它是对标准化对象描述详细、完整，内容可靠、实用，具有法律性质，是生产的法规。

② 适用范围明确。

标准文献能较全面反映标准制定国的经济和技术政策，技术、生产及工艺水平，自然条件及资源情况等。不同种类和级别的标准只能在不同的范围内执行。如果是相关标准，必须技术上协调一致，相互配合，不能互相矛盾。

③ 时效性强。

标准文献以某一时间段的技术水平为上限，所反映的是当时普遍能达到的技术水平。

（4）标准文献用途。

标准文献用于产品设计、生产、检验；工程设计、施工；进出口贸易等领域。

（5）标准文献检索要素。

标准文献检索要素包括标准级别、标准名称、审批机构、颁布时间、实施时间等。

7）科技报告

（1）科技报告的定义。

科技报告（Science & Technical Report）又称研究报告和技术报告，是科学技术工作者围绕某个主题研究所取得的成果的正式报告，或对某个研究过程中各阶段进展情况的实际记录，要求科研工作者或者研究机构向资助者呈交的成果报告。

（2）科技报告的分类。

按时间划分为初期报告（Primary Report）、进展报告（Progress Report）、中间报告（Interim Report）、终结报告（Final Report）；按流通范围划分有绝密报告（Top Secret Report）、机密报告（Secret Report）、秘密报告（Confidential Report）、限制发行报告（Restricted Report）、公开报告（Unclassified Report）、解密报告（Declassified Report）等。

（3）科技报告的特征。

① 每份单独成册，有专门的编号（即报告号），通常由报告单位缩写代码+流水号+年代号构成。

② 内容具体。有各种研究方案的选择与比较、原始实验记录、实验数据、图表等。

③ 保密或控制发行，原文获取困难。科技报告是一种重要的科技情报源。据统计，科技人员对科技报告的需要量占其全部文献量的 10%~20%，尤其是在发展迅速、竞争激烈的高科技领域。

（4）科技报告的用途。

科技报告用于了解与自己课题相关的研究状况，查找必要的参考文献，研究尖端学科或某学科的最新课题。

（5）科技报告检索要素。

科技报告检索要素包括报告名称、报告号、研究机构、报告来源、完成时间、项目经费、计划名称、立项年度、项目/课题编号等。

8）政府出版物

（1）政府出版物的定义。

政府出版物（Government Publication）是指各国政府部门及其设立的专门机构发表、出版的行政性文件和科技文献，其中科技文献占 30%～40%。对于了解一国的科技、经济等方面的政策和事件有一定参考价值。

（2）政府出版物的分类。

① 行政性文献。

行政性文献（包括立法、司法文献），主要有政府法令、方针政策、规章制度、决议、指示、统计资料等，涉及政治、法律、经济等方面的内容。

② 科技文献。

科技文献，主要是政府部门的研究报告、标准、专利文献、科技政策文件、公开后的科技档案等，有些研究报告在未列入政府出版物之前已经出版，故它与其他类型的文献有重复。

（3）政府出版物的特征。

政府出版物具有政策性、指导性和权威性。内容数据真实可靠，通过这类文献可以了解一个国家的科技政策、经济政策、法令和规章制度。西方国家多设有政府出版物的专门机构，如英国的皇家出版局（HMSO）、美国政府出版局（GPO）。我国的政府出版物多是由政府部门编辑，由指定出版社出版。政府出版物大部分是公开的，可从发表该出版物的政府网站上免费获取；小部分具有保密性，由政府直接分发至某些部门或个人，在一定范围内使用，但经过一段时间后予以公开。

（4）政府出版物的用途。

政府出版物用于了解一个国家的科技政策、经济政策以及科技活动和水平，具有一定的参考价值。

（5）政府出版物检索要素。

政府出版物检索要素包括出版机构、报告名称、报告来源等。

9）产品资料

（1）产品资料的定义。

产品资料（Product Data）是指各国厂商为推销产品而出版发行的各种商业性宣传资料，如公司介绍、产品目录、样本、说明书等。产品目录包含产品生产制造商、供应商、出口商名录，并含有丰富的产品信息等；样本是由商家策划、专人设计，随产品投放市场一起提供给消费者的宣传广告册，是目前被生产厂家广泛采用的一种商业促销手段；说明书是对一种产品的性能、规格、构造、用途及其使用方法等的说明。

（2）产品资料的特征。

产品资料是技术人员设计、制造的，技术比较成熟，数据较为可靠，内容具体、通俗易懂，常附有较多的外观照片和结构简图，形象、直观，是计划、开发、采购、销售、外贸等专业人员了解各厂商出厂产品现状、掌握产品市场情况及发展动向的重要信息源。但产品资料时效性强，使用期短，且不提供详细数据和理论依据。多数产品样本以散页形式印发，有的则汇编成产品样本集，还有些散见于企业刊物、外贸刊物中，收集这类文献较为困难。

（3）产品资料的用途。

产品资料一般用于了解一种产品的性能、规格、构造、用途及其使用方法。

（4）产品资料检索要素。

产品资料检索要素包括公司名称、产品名称、样本名称、说明书名称、产品型号等。

10）档案文献

（1）档案文献的定义。

档案文献（Archival Documents）是指各级政府机构、企事业单位和某些个人在实践工作中形成立卷归档、集中保管、有历史价值的文字、图表、声像等形态的原始文献资料，它是科技、政治、经济、历史的真实记录，是科技工作者进行科研的重要参考资料。

（2）档案文献的分类。

从档案形成领域的公、私属性角度，可分为公务档案和私人档案；从档案形成时间的早晚以及档案作用角度，可分为历史档案和现行档案；从档案内容属性角度，可分为文书档案、科技档案、人事档案、专门档案等。其中科技档案（Technical Records）是指在科研生产活动中针对具体的工程对象形成的文献资料，如课题任务书、合同、试验记录、研究总结、工艺规格、工程设计图纸、施工记录、交接验收文件等。

（3）档案文献的特征。

档案文献内容客观、真实、可靠，通常由档案部门保存。

（4）档案文献的用途。

档案文献用于查找事实或者数据的原始记录。

（5）档案文献检索要素。

档案文献检索要素包括档案编号、档案名称等。

除了上述文献之外，还有报纸、新闻稿、工作札记等。

11）电子印本文档

（1）电子印本文档的定义。

上述不同文献类型的作者出于快速交流的目的，在正式出版前自愿将研究成果，通过邮寄或网络等方式网上公开，称之为预印本，但更多的是指提交给期刊的版本。电子印本文档库（E-print Archive）是开放仓储的主要形式。

（2）电子印本文档的分类。

电子印本（E-print）包括预印本（Preprint）和后印本（Postprint）。

后印本是指经同行评议之后的任何版本。

预印本与后印本之间的区别称作校勘本或勘误表（Corrigenda），因此，预印本加校勘本就相当于后印本，即 Preprint + Corrigenda = Postprint。有的出版商不允许作者进行后印本存档，作者可以先存储论文的预印本，等待论文正式发表后再补充勘误表，即预印本加校勘本的开放存档模式。

（3）电子印本文档特点。

与刊物发表的论文相比，预印本传播速度快，利于学术交流，多为免费网络资源，如 Arxiv 平台（https://arxiv.org），可免费检索有关数学、物理、计算机领域的预印本资源。从预印本网站上获取信息，一般电子预印本比印刷版论文发表早 1~2 年。这对前沿科学的研究人员有一定参考性。

小结：这些原始文献中，其中专利、标准具有法律性。文献的新颖性按科技报告、专利、会议文献、期刊、图书递减；信息报道速度按科技报告、期刊、会议文献、专利递减；交流范围广度按期刊、图书、会议文献、专利、政府出版物递减；发行量按期刊、专利、图书、会议文献递减；易于获取程度按期刊、图书、会议文献、专利、标准、政府出版物、学位论文、科技报告递减。

3. 按照文献信息内容的加工深度/处理级别划分

随着科学技术的飞速发展，文献数量急剧增长，再加上文献类型的多样化和文献分布处于离散、无序状态，用户想要准确而快捷地从海量文献中获取相关的信息如同大海捞针。为了便于人们更加有效利用文献信息，文献工作者将文献加工处理为不同的等级。按照加工深度划分，分为以下几种类型。

1）零次文献（Zero Document）

零次文献也叫灰色文献（Gray Document），是指未经记载、未公开于社会或尚未正式发表、出版的各种原始文献，如人们通过口头交谈、参观展览或听报告所获得的知识信息、实验记录、手稿、工程图纸、原始录音、原始录像、书信、笔记等。零次文献在内容上有一定的价值，一般在较小的范围内交流、使用和参考，难以获取。

2）一次文献（Primary Document）

从事科学研究的人群（文献用户群）在研究过程中，为了与他人交流，研究者将自己的研究成果，如观点和经验（知识产生），用文字等形式记录下来，这便是著作活动。为了扩大交流范围，还需要将著作出版发行（复制与分发）这就有了"一次出版物"，如专著、期刊论文、报纸论文、会议论文、学位论文、专利说明书、科技报告、政府工作报告、政策文件、产品目录、档案资料等。一次文献通常也称为原始文献或一级文献。一次出版物通过书店等的"一次分发"，以个人购买，或通过文献中心、互联网等途径传递到用户手中，其数量最大、种类最多、使用最广、影响最深，记录的知识比较新颖、具体、详尽，通常或多或少包含作者的创见。它是对知识信息的第一次加工，是人们进行信息检索的主要对象和获取目标，也是科研工作的主要信息来源；但是内容分散、无系统性、不便于管理与传播。

3）二次文献（Secondary Document）

二次文献是指文献中心（图书馆、情报研究所、出版社等）的文献工作者将大量分散、无序的一次文献进行筛选，通过加工整理、提炼和浓缩，并按其外部特征（如题名、作者、编码等）或内容特征（如分类号、主题词、关键词等）编排而成的一种系统化的工具性文献，如印刷型的书目、文摘、索引、简介或电子型的书目、索引以及文摘数据库等。二次文献具有汇集性、系统性和工具性等特点，它是对知识信息的第二次加工，揭示的不是一次文献本身的内容，而是某个特定范围或领域的一次文献信息的线索。二次文献是进行信息检索的主要工具，学习信息检索主要就是掌握二次文献的利用方法。

4）三次文献（Tertiary Document）

三次文献是指学术专家围绕某个主题,合理利用二次文献系统地检索出大量的一次文献，并对其运用科学的方法和专业知识进行深入研究后所撰写出的一种新文献。三次文献可以作为检索目标，又可作为检索手段。三次文献具有系统性、综合性、知识性和概括性等特点，它是情报研究的成果，是对知识信息的深加工（第三次加工），具有较高的实用价值。利用三次文献的研究动态综述文献资源，可短时间内了解相关研究领域的历史、动态、水平等。

三次文献主要包括两种类型。

（1）文献型。

文献型，旨在对某些具体研究课题的研究历史、当前现状和现有成果进行综述、分析和评论的基础上提出该课题的发展趋势，如专题报告、综述、述评等。

（2）数据事实型。

数据事实型，它是将发展较为成熟的知识信息系统化，以便人们查找、学习和利用，如百科全书、字典、词典、年鉴手册等。

总之，从一次文献到二次文献，再到三次文献，是一个由博到精，由分散到集中、由无序到有序、再由有序到有机的结构化、系统化的过程。由于在这个过程中，对文献进行了三次不同层次的加工，因此各级次文献所含信息的质和量是不同的，同时它们对于人们充分开发利用知识信息所起的作用也不同。一次文献是基础，是信息检索利用的主要对象，二次文献是信息检索一次文献的工具和手段，三次文献是一次、二次文献的浓缩和延伸，既是信息检索和利用的对象，又可作为信息检索工具来使用。从一次文献、二次文献到三次文献的加工反映了文献的集中和有序化过程，而用户对原始文献的求索则是一个逆向的过程。

清楚文献的分类，有利于文献用户者认识和使用文献。如果将多种文献分类结合起来使用，就能更好地认识某一特定文献。按照出版方式分类与加工层次分类的文献关系如图 2-1 所示。

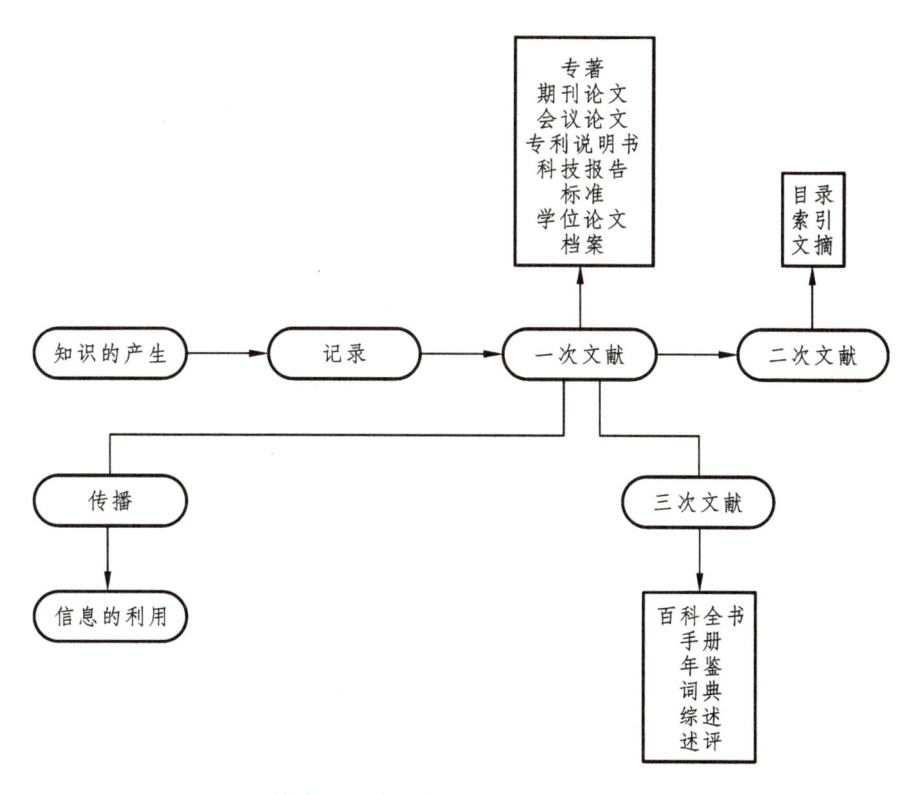

图 2-1 按出版方式分类与加工层次分类的文献关系

2.1.2.3 文献的作用

文献对于促进学术成果的交流与利用、减少无效劳动、推动科学技术发展起着重要作用，具体体现在以下几个方面：

1. 文献资料是科学研究的基础

事实上，科学研究的继承性也正是通过对文献的利用来实现的。从资料中可以了解前人已做过的事情，研究到什么程度，研究中有哪些问题存在，还有哪些问题值得研究，从而可以避免重复研究。同时，可以通过系统地阅读资料，可以获取研究过程中所需的思想与方法以及事实与数据。

2. 促进学术交流

科学文献作为研究成果的结晶，它们无论是在空间上还是在时间上都是记录和传递学术信息的有效手段。借助发表的论文，同行们可以重复实验，验证结论，评价研究成果。同时论文发表将促进研究成果的分享与利用。

3. 已发表的论文是确认研究成果优先权的基本依据

每一份科学文献记载了该研究成果是由谁、在何时何地完成的。发表论文为研究人员展示研究成果和确认自己的学术地位提供了一个平台，而成果优先权则是科学工作中一个重要的激励因素。

4. 科学文献的数量与质量是衡量研究人员创造性劳动效率的公认指标

科学文献数量是衡量个人、机构乃至国家科技水平高低的标志之一。根据科学文献的数量和影响力，可以有效判断个人、机构以及国家在某一学科领域的发展水平以及所取得的成就。

2.2 现代信息资源

2.2.1 图书馆资源

现代各种信息资源存在的空间，主要存在于不同类型不同级别的图书馆、书店、档案馆、博物馆、展览馆以及因特网。本章主要讲述图书馆资源和网络资源的概述，第 4 章和第 5 章将介绍馆藏资源和网络资源检索和利用。

2.2.1.1 图书馆定义和作用

中国大百科全书对图书馆给出的定义："收集、整理和保存文献资料并向读者提供利用的科学、文化、教育机构"。图书馆的功能体现在两个方面：保存人类知识和文化遗产；促进知识的传播与利用。图书馆作为文献信息中心，是获取文献资料的主要途径。正如德国柏林大学图书馆墙上刻着："这里是人类的知识宝库，如果你掌握其钥匙的话，那么全部知识都是你的。"

2.2.1.2 图书馆馆藏资源和服务

图书馆的馆藏资源（Library Holding）是指图书馆所能提供的文献资源的总和。现代图书馆的馆藏多为混合型馆藏，即纸质型和数字型馆藏资源并存、本地文献资源和远程文献资源无缝集成，有通过购买获得的仅有使用权的数据库，也具有所有权的自建数据库，故也称为复合型图书馆（Hybrid Library）。表 2-6 给出了现代图书馆的资源构成。

表 2-6　现代图书馆的馆藏资源构成

印刷型 （按出版类型分类）	声像型	网络数据库	
^	^	按数据库类型分类	按数据库所有权分类
图书	录音带、录像带、多媒体光盘、缩微胶片等	馆藏目录	购买的数据库，多数租用，仅有使用权
期刊、报纸	^	资源门户系统	^
会议录	^	文摘数据库	^
学位论文	^	电子图书	具有所有权的自建库
专利	^	电子期刊	^
标准	^	电子报纸	实体入馆的电子文献，如随书光盘
古籍	^	学位论文全文库	^
非公开出版物	^	事实数据库	网上免费学术资源，如开放电子期刊、预印本等
^	^	电子政府出版物	^

图书馆馆藏资源中，其数字馆藏的建设和使用，是当前网络环境下图书馆拓展服务范围和提高服务能力的重要手段，而服务则是图书馆存在和发展的永恒主题，图书馆常见的服务见表 2-7。

表 2-7　图书馆的服务类型与特点

服务类型	服务方式	服务特点
书刊阅览	可以利用图书馆联机公共目录，先检索到索书号，就可以直接找到所需书刊的具体位置	一般图书、期刊、报纸、工具书存放在不同地点的不同书库，需要到存放地阅览
书刊外借	^	只有办理借阅证的读者才能借阅，且有借阅数量和时间的限制
电子资源使用	电子资源因为版权限制，一般只能在一定 IP 地址范围内或注册用户使用，使用电子资源要注意其类型和收录范围	目前主要是期刊全文、电子图书和各种文摘数据库，电子资源有信息量大、检索方便、更新快等特点
咨询服务	在线实时咨询、电话咨询、邮件咨询、咨询台咨询	在利用图书馆资源与服务过程中遇到的问题时可以利用图书馆的咨询服务
文献传递与馆际互借	向其他图书馆或文献机构申请所需论文或者图书的扫描或复印并通过图书馆传递给用户	当所利用的图书馆馆藏资源不能满足需求时使用
培训与教育	信息资源利用讲座、信息检索课教学	提高用户信息素质与资源利用效率

2.2.2　网络资源

网络资源，是利用计算机系统通过通信设备传播和网络软件管理的信息资源，包括电子图书、商业信息、新闻、软件、数据库以及网络论坛（BBS）、博客、微博、生活、娱乐等内容。它已经成为全球范围内传播科研、教育、商业和社会信息的主要渠道。

2.2.2.1 网络基础知识

1. IP 地址

IP 是一种用于地址识别技术的 Internet 协议，是 Internet 上计算机之间的路由选择，可把不同网络的物理地址转换为 Internet 地址。IP 地址是识别主机的身份证，具有唯一性，分为数字型和字符型两种。

数字型 IP 地址用四组小于 256 的十进制数表示。

字符型 IP 地址，即域名（Domain Name），是由一串用点分隔的名字组成的 Internet 上某一台计算机或计算机组的名称。域名也由若干部分组成，各部分之间用小数点隔开。例如，四川轻化工大学的域名为：www（主机名）.suse（机构名）.edu（网络类型）.cn（最高域名）。

常见的最高域名见表 2-8。选择使用网络信息时，首选政府类、教育类、非营利性组织、科研机构资源，次选商业类、网络机构类资源。

表 2-8 常用的最高域名及其分类

分类	种类
按机构划分	com（商业机构）、net（网络机构）、gov（政府机构）、mil（军事机构）、org（非营利组织）、edu（教育机构）、int（国际组织）、info（信息机构）、ac（科研机构）
按地域划分	AU（澳大利亚）、CA（加拿大）、CN（中国）、DE（德国）、FR（法国）、JP（日本）、KR（韩国）、UK 或 UB（英国）、US（美国）等

2. 网络资源文件

一般说来，信息资源都是以文件的形式存放的。这些文件包括视频、音频、图片、文本等。文件名由文件主名和扩展名组成，中间用"."连接。文件名可以由使用者自行确定，扩展名则用来标注文件的类型，一般说来它是固定的，随意地改变扩展名就会改变文件的类型，会造成文件打开失败。例如，用记事本打开文本文件时，记事本会一次性把文件载入内存，完成字符转换，但文件过大时会出现无法响应的情况。这时可以通过将这些文件的扩展名由 txt 改为 doc，利用 Word 打开解决无法响应的问题。常见的文件类型及说明见表 2-9，常见文件类型的含义及其打开工具见表 2-10。

表 2-9 常见文件类型及说明

扩展名	文件类型及说明
COM、TXT	可执行程序文件
BAT	批处理文件
C、BAS、ASM	用程序设计语言编写的源程序文件
OBJ	源程序文件编译后产生的目标文件
DOC、XLS、PPT	MS Office 文档文件
BMP、JPG、GIF	不同格式的图像文件
WMV、RM、QT	能通过 Internet 播放的流媒体文件
ZIP、RAR	压缩文件
WAV、MP3、MID	不同格式的音频文件
HTML、ASP	网页文件

表 2-10　常见文件类型的含义及其打开工具

扩展名	含义及常见的打开工具
HTML	用 HTML 编写的网页（IE，网页编辑器）
PDF	Portable Document Format（可移植文件、Adobe Reader）
JPG	JPEG 图像文件（ACDSee、图片编辑器）
GIF	GIF 图像文件（ACDSee、图片编辑器）
SWF	Flash 动画（IE，Flash 播放器）
MP3	用 MPEG 音频压缩技术制作的音频文件（音频播放器）
TXT	纯 ASCII 文本文件（文本编辑器）
RAR	压缩文件（WinRAR）
RM	流媒体文件（Realplayer）

3. 网络资源下载与保存

1）保存网页中的文本

选择要保存的文本进行"复制"操作，打开文本编辑软件（如记事本或 Word）进行"粘贴"操作。

2）保存网页中的图片

在要保存的图片上右击，执行"保存"命令，选择保存目的地，单击"保存"按钮。

3）保存网页中的声音

一是在声音网址上右击，执行"保存"命令，选择保存目的地，单击"保存"按钮；二是用录音软件录音，推荐 Total Recorder。

4）保存网页中的 Flash

一是如果网站提供下载链接可以右击执行"保存"命令；二是用 FlashCap 下载工具；三是用迅雷自带的 Flash Video（Flv）资源嗅探的 IE 插件。

5）网页的保存

一是在打开的网页上，执行"文件"→"另存为"→选择目的地→"保存"命令；二是点击网页上的"菜单"，选择"保存网页"。

6）整个网站及其资源抓取

如 WebCopier、网文快捕等软件。

7）视频下载

利用迅雷、国际快车、影音传送带、硕鼠等下载软件。提示：在网上下载软件、游戏、歌曲、电影等资源时，要注意遵守《知识产权保护法》，下载的文件建议分别存放管理。

4. 网站及其识别

网络资源是通过网站（Website）这个平台来展示。网站是指在因特网上，根据一定的规则，基于 HTML 制作的用于展示特定内容的相关网页的集合。简单地说，人们一方面可以通过网站提供相关的网络服务；另一方面也可以访问网站，获取自己需要的资讯或者享受网络服务。

1）网站与网页

网页（Web Page），是指网站中的一页，通常是 HTML 格式，网页是构成网站的基本元素，是承载各种网站应用的平台。网站与网页的比较见表 2-11。

表 2-11　网站与网页的比较

网　页	网　站
浏览器显示的一个页面	一个机构/个人在网页上提供浏览或服务的站点
含文章、新闻、链接、图片、视频等	一个网站包括多个页面/网页
含超级链接（文字、图片），点击后显示新页面	主页/首页：网站的第一个页面（导引）
网页的标识是网址，如 http://www.suse.edu.cn/p/47/	网站的标识是域名，如 http://www.suse.edu.cn

2）如何认识与使用网站

在使网站时，通过以下途径可以快速从网站中找到所需信息。

（1）网站的背景可以通过"关于我们"或"××简介"进行了解。

（2）网站的全貌可以通过"站点地图（Sitemap）"或"网站导航"进行了解。

（3）网站的内容可以通过栏目浏览或网站提供的站内搜索引擎进行了解。

（4）要了解网站某一具体的内容，按 Ctrl+F 键，出现"查找"搜索框，键入所需要查找的关键词，可在当前网页中查找。

（5）查该网站的相关网站，可利用网站提供的"友情链接"或"网站链接"进行了解。

（6）要了解该网站的合法性与真实性，可查看网站首页底部的版权所有信息、许可证编号、地址与电话。

（7）要对网页进行放大与缩小，用户可以使用右下角的放大/缩小键或者 Ctrl+滚轮来进行对网页的缩放操作，从而变换网页中的图片或文字大小。

在浏览到不熟悉语言的网站后，可以利用百度翻译（http://fanyi.baidu.com）或谷歌浏览器翻译将整个网站的网页文本翻译成你熟悉的语言。

5．网站的识别

通常我们打开的是一个网页，如 http://www.gov.cn/guowuyuan/index.htm，要查看网站信息，就要进入目标网站的首页，方法就是去掉第一个"/"后面的部分，如本例输入 http://www.gov.cn 就可以进入网站首页。

（1）查有无网站备案号。在中华人民共和国工业和信息化部备案查询网站（http://www.miit.gov.cn），注册后登录后，输入网站首页网址或者输入备案编号即可查询备案情况。根据国家规定，没有备案的网站就是非法网站。

（2）查询网站拥有者的工商与税务信息。在网站首页都有"关于我们"或者"版权所有"栏目，从中可以找到该网站的所有者，可以在当地的工商行政主管部门主办的企业信用网和税务行政主管部门主办的税务网站查询所有者的注册与经营信息：所在地与注册地是否相同；有无经营执照与税务登记证；所有者经营是否正常，有无违规行为。

（3）查询该网站是否公布详细的经营地址和电话号码。虚假网站一般具有下列特征：没有提供实名（人名与地名）登记的联系方式；版权所有者与固定电话或手机地址（通过

http://www.hao123.com/haoserver/shoujicc.htm，查询手机所在地）不一致；只提供手机号而无固定电话；只有 QQ 号码无固定电话。

（4）检查网页内容。虚假网站容易出现以下情况：页面设计细节处理粗劣；网站中提供的货物价格低于正常价格甚至低于成本；网站要消费者通过银行、邮局汇款等方式将货款汇至指定账户；没有发帖论坛等。

（5）通过专业网站检查。

（6）冒名或山寨网站的识别与防止。真实网站一方面可以导航网站链接进入，另一方面可以多个搜索引擎搜索网站进行比较，看是否链接同一网站。

2.2.2.2 网络资源特点

Internet 作为最大的信息源，具有以下特点：

1）信息丰富

网络资源信息来源于各行各业，形式多样，包括文本、图像、图形、照片、动画、电影、音乐等，堪称多媒体、多语言、多类型的信息混合体。

2）简单易用

相当多的用户在查询资料时的首选不是图书馆，而是 Internet。

3）时效性强

Internet 已经成为继电视、广播和报纸之后的第四媒体。

4）发布自由，分散无序

任何组织和个人都可以将自己拥有的且愿意让他人共享的信息在网上发布。海量的信息和快捷的传播使得网络信息呈无序状态，许多信息资源缺乏加工和组织。

5）内容庞杂，质量不一

网络信息大都没有经过严格的审查，没有统一的标准，缺乏必要的质量控制和管理机制。

2.2.2.3 网络资源分类

网络资源分为政府信息源、企业信息源、高校或科研院所信息源、机构信息源、专题信息源、个人信息源和其他信息源。

1. 政府信息源

1）政策信息

来自政府网站（如中国政府网）发布的有关政策、法令、法规、报告等信息。

2）科技信息

来自政府科技部门（如科技部、各地科技厅、生产力促进中心等）网站发布的有关新产品、新技术、新工艺的科技成果、科技发展趋势等信息。

3）宏观经济信息

来自政府统计部门网站（国家统计局、地方统计局、各级部门统计局等）发布的有关国内生产总值、国民收入、经济发展速度等信息。

4）社会人文信息

来自政府行政管理部门网站（教育部、文化和旅游部、各地教育厅等）发布的有关教育水平、人口数量和结构、消费结构和习惯、宗教信仰、风俗习惯等信息。

5）政治信息

来自主管部门网站（新华网、人民网等）发布的有关政治动态信息等。

2. 企业信息源

企业信息源包括本地工商行政主管部门建立的企业信用网（如四川企业信用网）发布的企业信用信息；企业自身网站（如宜宾五粮液股份有限公司）发布的企业产品、经营管理、招聘信息等；行业协会网站（如中国材料学会）发布的行业状况、标准规范、行业统计等信息。

3. 高校或科研院所信息源

高校或科研院所信息源指的是由学校的主页、招生网、人事网（如四川轻化工大学）发布的招生、毕业分配、专业、学校发展信息，由学校各个院系发布专业、师资信息以及由学校教务网发布的有关课程资源、教材等信息。

4. 机构信息源

机构信息源是指由门户网站（如中国企业集成、搜狐、新浪、腾讯等）发布的有关各机构信息、新闻、财经、教育、读书、论坛等各种大众化、娱乐性信息以及由电子商务网站（如阿里巴巴、淘宝、京东商城）发布的商业化信息等。

5. 专题信息源

专题信息源是指由专题网站（如优酷网、酷我网、华军软件园等）发布的视频、音频、MP3、软件等信息。

6. 个人信息源

个人信息源是指由个人网站、博客、微博、专家在线等发布的个人资源、个人观点等信息。

7. 其他信息源

其他信息源包括由字典和词典、百科全书、类书、政书、年鉴、手册、名录、表普等网站（如在线汉语字典）发布的网络参考工具书；由考试题库、课程学习网站（如四六级委员会考试网站、爱课程、新浪公开课等）发布的课程学习资源、学习考试资源；由报名、考试题、报考专业、调剂、考研辅导机构等（如中国考研网、中国教育在线考研频道、中国研究生招生信息网）发布的考研信息；由留学资讯、各国院校信息网站（如国家留学网、教育部教育涉外监管信息网）发布的留学信息；由就业、公务员考试网站（如中国国家人才网、中国就业网、中国人力资源市场网、有关行业部委网、中国企业集成等、国家公务员考试网、公务员考试资料网）发布的就业信息等。

2.2.3　馆藏资源和网络资源比较

图书馆是学术资源中心，信息可靠、质量更高。馆藏资源非常丰富，我们可以利用百科全书和教科书获取有关课题背景知识，利用参考工具书可获得事实与数据，利用其他类型的文献可获得较新、较详细、较重要的情报专源。

网络资源时效性强，方便快捷、简单易用，是解决一般信息需求的最好途径。尤其是查找新闻事件、政府信息、大学和公司以及非营利机构信息、专家学者信息、个人观点信息等。网络信息的可靠性需要仔细判别。馆藏资源和网络资源的比较见表 2-12。

表 2-12 图书馆资源与网络资源的比较

比较项目	图书馆资源	网络资源
检索工具	目录系统、数据库系统	搜索引擎
服务对象	本馆读者	任何人
资源采集	根据读者需求选购	没有选择
使用特点	需要一定的检索技能	简单实用
资源质量	通过选择、加工，保证资源的可靠性、学术性，检索结果精确	内容庞杂，五花八门，质量不一，检索结果海量，准确率不高
资源类型	专业性、学术性资源	大众化一般资源
人力协作	专业人员服务，可直接、网络、电话获取帮助	仅部分商业性或经营性网站有人力协作
使用场合	科技论文写作；学科领域专题调研；产品开发；科学研究；项目申报或鉴定	了解时事新闻；获取企事业单位或政府信息；免费学术资源；大众化观点；生活、工作、学习查询或导航

第 2 章数字资源

第3章

现代信息检索技术

要想在现代浩如烟海的信息资源中快速准确查找到所需要的信息,那么首先要了解现代信息特征、检索语言、检索途径、数据库的构成、检索系统原理,然后熟练掌握现代信息检索的技术和技巧,最后还要知道查找的信息原文获取所需的途径、流程。

3.1 现代信息特征、检索语言与检索途径

3.1.1 现代信息特征

一篇文章、一本书、一份报告,一般都具有外部特征和内容特征。

3.1.1.1 外部特征

题目、作者、作者工作单位、专利号、报告号等,这些可以表征一篇特定文献的特征,可以在文献的封面或扉页,即使不打开书本,也不看文献的具体内容就可以确定一篇文献。

3.1.1.2 内部特征

深入文献内容中,则会发现还可以用另外两种方法来表征它。

1. 词 频

一般来讲,一篇文献都是论及某一方面的特定问题的,也就是说,与论题相关的词出现的频率较大。研究表明,无论哪一种类型的文献,若对其中出现的词进行频率统计,会发现所有的词可以分为以下三类:

(1)文献中出现频率最高的词为冠词、介词和连词等。
(2)文献中出现频率较低的绝大部分词。
(3)文献中出现频率不高也不低的词,这些词恰恰是与文献的主题相关度较大的词,通常称为主题词或关键词。

2. 体系分类

一篇文献还可以按照学科分类方法进行逐级归类,如科技论文—期刊科技论文—核心期刊论文,或者科技期刊论文—自然科学期刊论文—化学期刊论文—化学核心期刊论文,等等。

信息特征既是文献对象标识的基础，也是信息检索的基础。用信息的各种内容特征和外部特征作为检索出发点，可以从不同角度来检索相关信息。

3.1.2 现代信息检索语言

针对信息的内容特征和外部特征不同的描述，需要按一定规则来描述、标引，因此，检索语言就是指用于描述文献特征、用于标引和检索的人工语言。创建检索语言的目的是建立沟通标引与检索的桥梁。检索语言按不同标识系统组织文献，以适应不同检索需求，聚集相同学科门类和主题内容的文献，从而使杂乱无序的文献变得有序。

用户检索时，要对检索提问进行提问，使之形成能代表信息需求概念，并把这些概念转换成系统能接受的语言。检索语言是信息存储与检索共同遵循的规则，只有检索提问标识和信息特征标识一致时，相关的文献才能被检索出来。检索语言的分类如图 3-1。

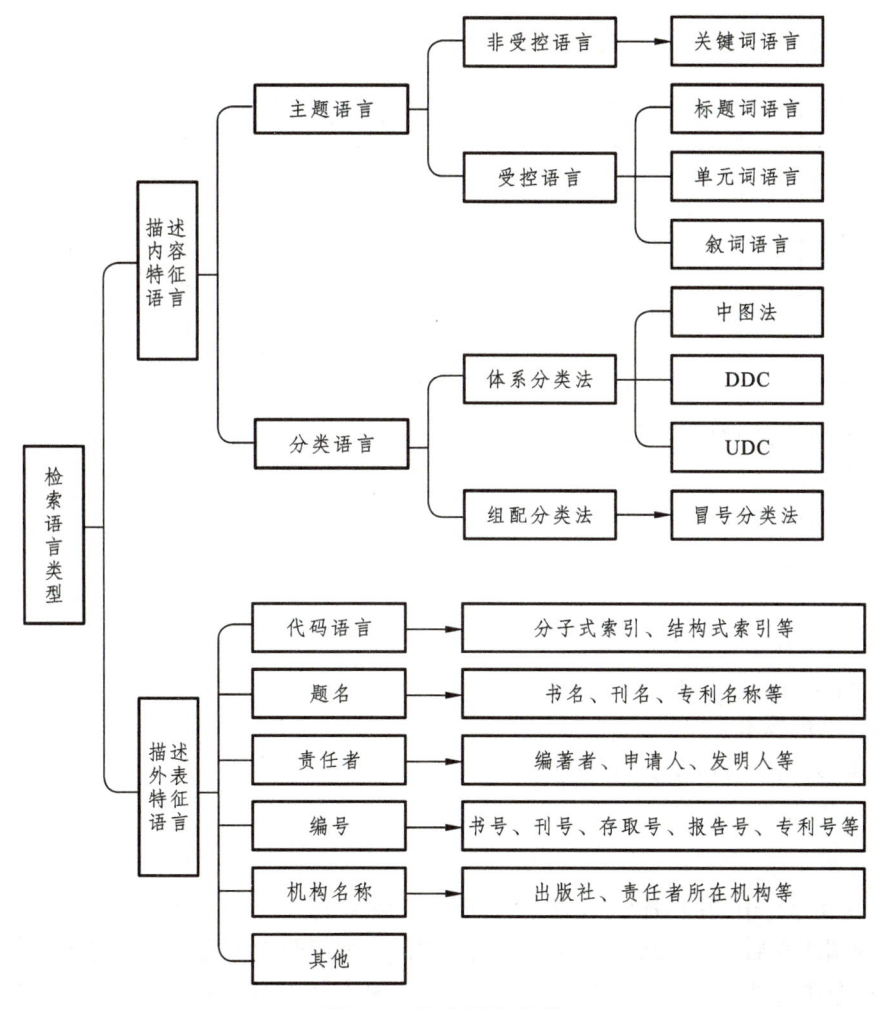

```
                              ┌─ 非受控语言 ──→ 关键词语言
                ┌─ 主题语言 ──┤
                │             │                ┌─ 标题词语言
                │             └─ 受控语言 ─────┤─ 单元词语言
描述内容特征语言┤                              └─ 叙词语言
                │                              ┌─ 中图法
                │             ┌─ 体系分类法 ──┤─ DDC
                └─ 分类语言 ──┤                └─ UDC
检索                          └─ 组配分类法 ──→ 冒号分类法
语言
类型            ┌─ 代码语言 ──→ 分子式索引、结构式索引等
                │
                ├─ 题名 ──→ 书名、刊名、专利名称等
                │
描述外表特征语言┤─ 责任者 ──→ 编著者、申请人、发明人等
                │
                ├─ 编号 ──→ 书号、刊号、存取号、报告号、专利号等
                │
                ├─ 机构名称 ──→ 出版社、责任者所在机构等
                │
                └─ 其他
```

图 3-1 检索语言分类

3.1.2.1 分类语言

分类语言是一种用分类号表述文献中各种概念，并以学科性质为主对各种概念加以分类

029

和系统排列的文献信息检索语言。分类语言通常以数字、字母或字母与数字结合作为基本字符，采用字符直接连接并以圆点（或其他符号）作为分隔符的书写法，以基本类目作为基本词汇，以类目的从属关系来表达复杂概念。它反映类目之间的内在联系，包括从属、并列、交替、相关等。较权威的图书分类法有中国图书馆分类法、美国国会图书馆分类法、国际十进制分类法、国际专利分类法等。

1. 国际十进制分类法

国际十进制分类法（Universal Decimal Classification，UDC），又称为通用十进制分类法。UDC 是以美国"杜威十进分类法"为基础编制而成的，广泛用于科学论文的分类，许多国家出版的期刊论文和特种技术资料都标有 UDC 分类号。主表分为以下十大类，见表 3-1。UDC 的辅助表有语言、文献类型、地点、民族和种族、时间、材料和任务等 8 个。由于 UDC 在等级列举制的基础上采取了多种符号进行组配，因而发展成一部等级列举与组配相结合的混合式分类法。

表 3-1 UDC 主表

数目	类别	数目	类别
0	总论、科学和知识	5	数学和自然科学
1	哲学、心理学	6	应用科学、医学、技术
2	宗教、神学	7	艺术、娱乐、体育
3	社会科学	8	语言、语言学、文学
4	语言	9	地理、传记、历史

UDC 采用单纯阿拉伯数字作为标记符号，它用个位数（0~9）标记一级类，十位数（00~99）标记二级类，百位数（000~999）标记三级类，以下每扩展（细分）一级，就加一位数，每三位数字后加一个小数点。例如：

6 应用科学、医学、技术

62 工程、技术（总论）

621 机械工程总论、核技术、电气工程

621.3 电工程、电技术、电气工程

621.39 电信技术

621.396 无线电通信设备和方法

621.396.9 雷达

2. 中国图书馆分类法

《中图法》是《中国图书馆分类法》（目前最新版本 2010 年出版的第五版）的简称，是中华人民共和国成立后编制出版的一部具有代表性的大型综合性分类法，是当今国内图书馆使用最广泛的分类法体系，有五大基本部类，即马克思主义、列宁主义、毛泽东思想、邓小平理论，哲学，社会科学，自然科学和综合性图书。在基本类部下又细分为 22 个基本大类，构成分类表的第一级类目。22 个基本大类与由其直接展开的一、二类目又形成简表，将简表展开的各种不同等级的类目所组成的类目表，组成《中图法》的详表。

《中图法》的标记符号采用汉语拼音字母与阿拉伯数字相结合的混合号码，即用一个字母表示一个大类，以字母的顺序反映大类的序列。字母后数字表示大类以下类目的划分。数字的编号使用小数制。五个基本部类及下设的 22 个大类用字母表示，见表 3-2，大类需要再细分，则在字母后面加数字，甚至小数点，以实现对类目的细分。例如：

自然科学

T 工业技术

TP 自动化技术、计算机技术

TP3 计算技术、计算机技术

TP36 微型计算机

TP368 各种微型计算机

TP368.3 个人计算机

TP368.32 笔记本计算机

所有具体分类可通过中图分类号查询网（http://www.ztflh.com）进行查询，也可以通过维普数据库（http://www.cqvip.com）的高级检索界面查询。

表 3-2 《中图法》大类表

基本部类	基本大类
马克思主义、列宁主义、毛泽东思想	A 马克思主义、列宁主义、毛泽东思想、邓小平理论
哲学	B 哲学、宗教
社会科学	C 社会科学总论 D 政治、法律 E 军事 F 经济 G 文化、科学、教育、体育 H 语言、文字 I 文学 J 艺术 K 历史、地理
自然科学	N 自然科学总论 O 数理科学和化学 P 天文学、地球科学 Q 生物科学 R 医药、卫生 S 农业科学 T 工业技术 U 交通运输 V 航空、航天 X 环境科学、安全科学
综合性图书	Z 综合性图书

在维普数据库高级检索界面，选择检索字段"分类号"，点击右边的"查看分类表"，进入页面后就可以查询更详细的分类类目和类号，如图 3-2 所示。

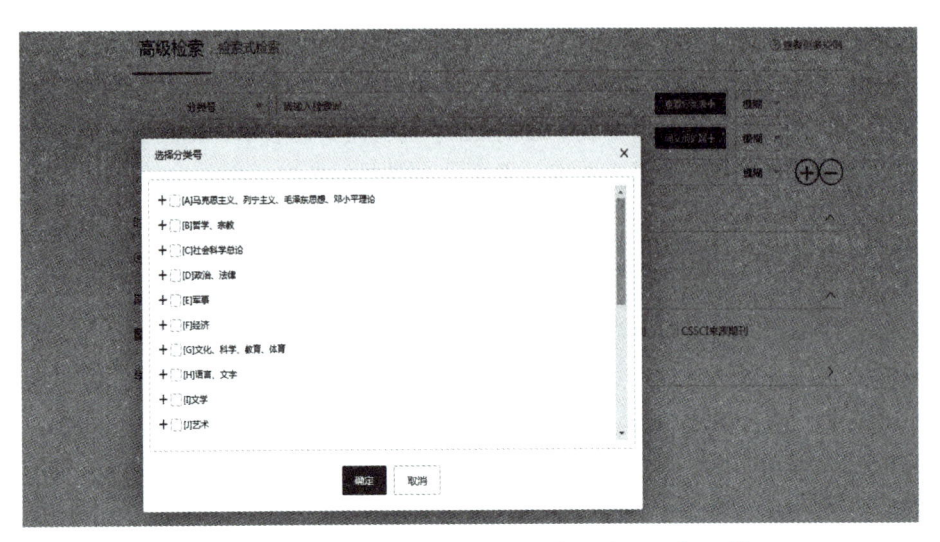

图 3-2　利用维普数据库高级检索界面查询中图分类示例界面

3.1.2.2　主题语言

主题是一组具有共性事物的总称，用以表达文献所论述和研究的具体对象与问题，即文献的中心内容，表达主题概念的词汇就是主题词。以主题词作为文献内容标识和检索依据的语言就是主题语言，它以自然语言的字符为字符，用一组名词术语作为检索标识。以主题语言来描述和表达信息内容的信息处理方法称为主题法，主题语言包括以下 4 种。

1. 标题词语言

标题词语言是最早使用的一种主题语言，它以规范化的自然语义作为标识，来表达文献涉及的主题概念，表达主题的词语称为标题词。有名的有美国的工程索引的《工程主题词表》（Subject Heading for Engineering，SHE）。

2. 单元词语言

单元词语言是从文献内容中抽选出来的最基本词汇，将代表最一般、最基本的、不可再分割的概念的词作为单独标引文献的单位。

3. 叙词语言

叙词语言是从自然语言中优选出来并经过规范化处理的名词术语，采用表示单元概念的规范化词语的组配，对文献内容主题进行描述，也是目前使用最广泛的主题语言。比较有代表性的叙词语言是英国科学文摘的《INSPEC 叙词表》。

4. 关键词语言

关键词语言是以关键词作为文献内容标识和检索依据的一种主题语言。关键词是指从文献内容中抽取出来的关键的、未经规范化处理的自由词汇，关键词不受词表控制。

3.1.2.3　代码语言

代码语言是指对事物的某方面特征，用某种代码系统来表示和排列事物概念，从而提供检索的检索语言。代码多种多样，通常用数字、字母或用他们结合的形式或以分段的方式表示其各部分的含义。例如，科技报告有报告号，还有合同号、拨款号等；专利文献有专利号、入藏号、公司代码；图书有 ISBN 号，期刊有 ISSN 号等。有关图书的 ISBN 号和期刊的 ISSN 号详见 2.1.2.2 节,关于专利文献的编号内容详见 4.8.2 节,有关标准文献的编号详见 4.9.2 节。

3.1.2.4 主题语言与分类语言的对比

主题语言以代表文献内容特征和科学概念的名词术语作为检索标识。因此，主题语言可以使检索具有直接性与直观性，适合于从事物出发按专题进行特性检索。但是主题语言也存在不足：缺乏按学科进行族性检索的能力；缺乏表述专指度较高的复杂概念的能力。

分类语言聚集相同学科门类和主题内容的文献，使杂乱无序的文献有序化。因此分类语言有如下优点：按学科分门类的集中文献，揭示各个类目在内容上的逻辑联系，提供从学科角度进行族性检索的途径，便于随时扩大或缩小检索范围。但是分类语言也有不足：无法反映新学科和新技术的内容；不能全面检索有关跨学科、跨专业的某一事物的所有文章；不适应新兴学科和边缘学科的检索。

3.1.3 现代信息检索途径

检索途径是指查找文献的途径，也称为检索点，它可以分为从文献内容特征入手和从文献外部特征入手两大类。前者有主题词（关键词、叙词）和分类号，后者有作者、机构名称、出版者、文献代码（专利号、科技报告号等）等途径。对计算机检索系统而言，检索途径即为检索字段。检索途径是检索语言的表现方式，有什么样的检索语言，就有相对应的检索途径。常见的检索途径的形式以及其特征、用途见表 3-3。

表 3-3 常用检索途径的形式、特征和用途

检索途径	常见形式	特征与用途
著者途径	著者、编者、译者、专利权人的姓名或机关团体名称	从文献的作者姓名出发来检索文献
分类途径	分类目录和分类索引	学科与事物的隶属、派生与平行的关系，便于从学科所属范围查找文献资料
主题途径	主题目录或索引，主题途径中最常用的是关键词途径	能集中反映一个主题的各方面文献资料，便于读者对某一问题、某一对象进行系统的专题性研究
引文途径	利用文献所附参考文献或引用文献	提供从被引论文去检索引用论文
题名途径	包括题名（篇名）、书名、刊名、标准名、文档名、数据库名等	直接利用信息的题名查找所需信息的方法，在计算机检索系统中应用较多
代码途径	专利号、报告号、合同号、标准号、书号和刊号等	指通过文献资料特定的序号进行检索的途径
机构途径	著者单位、图书出版发行单位、期刊编辑单位等	指通过机构名称进行检索的途径
内容途径	包括从文摘、全文、句子、参考文献、附录等进行检索的途径	基于计算机检索的一种新兴途径
专门途径	有关的名词术语、地名、人名、商品名、生物属名、年代等	文献信息所包含特定信息可以解决某些特别的问题

3.2 检索原理与检索系统

3.2.1 检索原理

所谓信息检索，广义地说，就是信息存储与检索，它是指将信息按照一定的方式组织和存储起来，并能够根据用户的需求找出其中相关信息的过程，即"存"与"取"两个部分。"存"，主要指面向来自各种渠道的大量甚至海量信息要进行的高度组织化的存储；"取"则要求面向随机出现的各种用户信息需求要进行的高度选择性的查找，尤其强调查找的便利和速度。因此，具体的存储载体可以选择卡片、书本、磁带/磁盘、光盘、数据库等；存储内容可以是文献的书目信息、文摘或全文，也可以是图像、音频或视频的数字化信息。具体的查找途径就会因存储信息类型的不同而不同，常见的检索途径有文献的作者、题名、主题或分类号、图像颜色、物体形状、音乐节奏或流派等。图 3-3 揭示了检索原理。

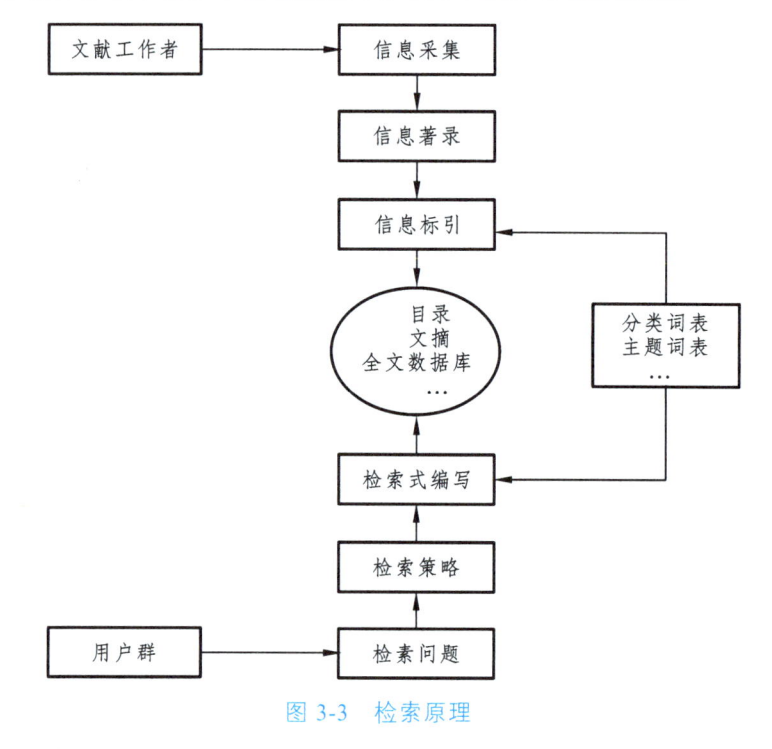

图 3-3 检索原理

通常情况下，信息检索着重指的是"取"，即主要关注从信息集合中识别或获取所需信息的过程及其采取的一系列方法、策略。所以说，狭义的"信息检索"也可以称为"信息查询"或"信息查找"。

3.2.2 检索系统

3.2.2.1 检索系统定义

信息检索系统是根据一定的社会需要和为达到特定的信息交流目的而建立起来的一种有序化的信息资源集合体。信息检索系统通常由以下 5 个要素组成：

（1）明确的目标。即检索系统应具有明确的服务对象，专业范围即用途。

（2）不可缺少的资源。即检索系统必须收集、加工、存储一定数量（或规模）的信息资源。

（3）技术装备。检索系统的技术装备主要涉及存储信息的载体、匹配机制的机具、信息的输入/输出/显示/传递等设备。

（4）方法和措施。包括标引方法、检索语言、信息的组织和管理方法即信息检索策略和技巧等。

（5）功能。即检索系统应具有的检索及其信息服务的功能。

3.2.2.2 信息检索系统分类

信息检索系统按照信息存储的载体和实现的查找技术手段可分为下列子系统。

1. 手工检索系统

这是一种以印刷检索工具为基础的系统。通过手翻、眼看、脑想做出判断而完成检索。这种检索系统的特点是检索者可以边查边思考，并随时修改检索策略，但检索的速度慢、检索效率低，且检索工具体积大、更替慢。

2. 穿孔卡片检索系统

这是利用探针及其辅助设备，对代表检索标识（分类号、主题词等）的穿孔卡片进行选取的系统。与纯手工方式检索相比，在一定程度上提高了检索效率。由于设备笨重，操作复杂，适用范围较窄。

3. 缩微品检索系统

这是以胶片和平片作为存储载体，利用相应的光学或电子技术设备的信息系统。这种检索系统需要借助影像显示设备。

4. 计算机检索系统

这是使用电子计算机来处理和查找信息的自动化检索系统。通常由计算机、数据库、检索软件、检索终端及其他外部设备构成。其结构、特点详见第 3.2.3 节。

5. 网络检索系统

网络检索系统主要指对 WWW（World Wide Web）网络信息进行采集、存储与检索服务的一类检索系统，又称搜索引擎。这类检索系统如何使用，详见 6.1 节。

3.2.3 计算机检索系统

在当前环境下，信息检索系统通常是指基于计算机和网络的人机交互式信息系统。计算机信息检索系统包括计算机、数据库、管理软件和通信网络检索终端，其核心是数据库。

3.2.3.1 数据库

1. 定义

数据库是指在计算机存储设备上合理存放的相互关联的数据集合。数据库收录对象为文献时，则称为文献数据库；收录对象为数值时，则称为数值型数据库；收录对象为事实时，则称为事实型数据库。能够在互联网上提供 Web 查询、检索的数据库，则称为在线数据库或网络数据库。

2. 分 类

1）按收录文件类型划分

按收录文件类型分为图书数据库、期刊数据库、会议论文数据库、学位论文数据库、专利数据库、标准数据库、产品数据库、报刊数据库等。

2）按收录的内容可划分

按收录的内容可划分为书目数据库、文摘数据库、全文数据库、事实数据库、多媒体数据库等。目前，部分文摘型数据库与全文数据库可实现链接。

书目数据库存储的是二次文献，包括文献的外部特征、题录、文摘和主题词，检索结果是所需文献的线索而非全文，如各高校的纸质图书书目数据库、《四库全书总目要览》等。

文摘型数据库是以单篇文献为单位，著录一次文献的题名、作者、来源和内容摘要，收录范围广、语种多，便于全面掌握某一专题或研究领域文献状况及最新成果。例如，中文的《全国报刊索引》数据库、英文的 SciFinder（美国化学文摘网络版）数据库等。

全文型数据库存储的是原始资料的全文，全文检索可以直接获取原始资料，而不是书目检索时的线索，提高了用户的检索效率。例如，中文的《超星电子图书》数据库、中国知网 CNKI 期刊全文数据库、外文的 Elsevier ScienceDirect 期刊全文数据库等。

数据型、事实型数据库其内容是特征型知识，如某概念的确切定义、某概念的背景知识、某一科学事实描述、某一专业型数据等。这种数据库主要有全球样本数据库、物理化学品数据库、词典、百科全书、图表、名录、指南、年鉴等。

多媒体数据库收录的内容主要是图像、音频、视频等，如新东方多媒体学习库、超星名师讲坛、职业全能培训库、爱迪科森网上报告厅、计算机技能自助式网络视频学习系统（软件通）等。

3）按数据库收录的学科范围划分

按数据库收录的学科范围划分为专业性数据库和综合性数据库。专业性数据库是收集某个学科文献资料的数据库，详细完整的专业信息极具针对性，如中国盐文化数据库、酿酒特色数据库；综合性数据库是收录多个学科文献资料的数据库，如中国知网、万方知识服务平台，但其加工深度不及专业性工具。

3. 结 构

数据库一般由字段、记录、文档组成。

1）字段（Field）

字段是对实体的具体属性进行描述的结果，是比记录更小的单位，是组成记录的数据项。一条记录的常见字段包含题名字段、著者字段、主题词字段、文献出处字段等多种字段。《中国机读目录格式》（CNMARC）规定了每一个用于交换的标准记录结构，必须由记录头标区、地址目次区、数据字段区和记录结束符组成。详细信息可参见图 3-4（中文图书书目数据 的一条 MARC 记录的具体字段展示示例）。

```
记录标识   001    CA20171616161
处理时间   005    20171205195600.0
I S B N    010    ▪a978-7-115-44297-0▪dCNY45.00
处理数据   100    ▪a20170228d2017 em y0chiy50 ea
作品语种   101 0  ▪achi
出版国别   102    ▪aCN▪b110000
编码数据   105    ▪aak a 000yy
形态特征   106    ▪ar
题名责任   200 1  ▪a汇编语言程序设计▪9hui bian yu yan cheng xu she ji▪dA guide for assembly language programming▪f刘慧婷,王庆生主编▪zeng
版本项     205    ▪a2版
出版发行   210    ▪a北京▪c人民邮电出版社▪d2017
载体形态   215    ▪a268页▪c图▪d26cm
书目附注   320    ▪a有书目 (第268页)
提要文摘   330    ▪a本书主要介绍基于80x86的汇编语言程序设计方法和技术,第1章~第10章为主体部分,包括计算机基本组成结构和指令系统,循环、分支、子程序和宏汇编技术的程序设计：第11章为输入输出的一些典型应用,其中基本每章配有一组实验,共有10组实验题供选用和参考。
对象附注   333    ▪a21世纪高等教育计算机规划教材
并列题名   510 1  ▪aGuide for assembly language programming▪zeng
普通主题   606 0  ▪a汇编语言▪x程序设计▪x高等学校▪j教材
中图分类   690    ▪aTP313▪v5
人名等同   701 0  ▪a刘慧婷▪9liu hui ting▪4主编
人名等同   701 0  ▪a王庆生▪9wang qing sheng▪4主编
记录来源   801 0  ▪aCN▪b人天书店▪c20170228
馆藏信息   905    ▪a251130▪b2433084-86▪dTP313▪e02542r
```

图 3-4　中文图书书目一条 MARC 记录的具体字段展示实例

2) 记录 (Record)

记录是描述一篇文献的所有字段组成一条记录,是对某一实体的全部属性进行描述的结果,是构成数据库的一个完整的信息单元。每条记录描述了一条原始信息的外部和内部特征,如一篇论文、一件专利、一本图书、一个标准的相关信息,都能够成为文档中的一条记录。书目数据库中的一条记录相当于一条文摘或题录,其他类型数据库中的记录可能是一种治疗方案、一组理化指数等。

3) 文档 (File)

文档是指按一定形式 (一段时间或某一主题范围) 组织多条记录所得到的集合。一个可检索的数据库应包含顺排文档和倒排文档。

(1) 顺排文档。

在顺排文档中,所有记录按记录存取号顺序排列,故只能实现顺序查找,而不能进行选择性查找。如果依靠浏览的方式定位一个包含数以百万条记录的记录文档时,需要大量人力和物力,查询效率低。为了提高查找效率,还需将记录按字段标识进行重新组合,建立各类索引文档。

(2) 倒排文档。

倒排文档是将记录的特征按字段标识重新组合,以形成多种索引文档。具体做法是：首先列出字段标识,其后列出含有此标识的全部记录的存取号,然后将字段标识集中起来按字顺排列,即构成倒排档。

书目数据库的倒排文档可分为基本索引文倒排文档和辅助索引倒排文档。

① 基本索引倒排文档。

基本索引倒排文档用于主题检索,包括题名、摘要、关键词等索引倒排文档。例如,查找"酿酒"方面的文章,用基本索引倒排文档。

② 辅助索引倒排文档。

辅助索引倒排文档用于从文献的外部特征查找某类文献,包括作者、机构、出版时间、出版者、语言等索引倒排文档。例如，查找"四川轻化工大学"发表的文章，用辅助索引倒排文档。查找"四川轻化工大学发表的有关酿酒"方面的文章，则同时使用基本索引字段和辅助索引字段。

因此，文献数据库或其子数据库由一个记录文档和若干个索引文档组成，大大提高了检索效率。

4. 认识了解一个数据库

如何了解认识一个数据库，表3-4列出了数据库的考查内容、内容特征和具体案例。

表 3-4 认识了解一个数据库名目

考察内容	内容特征	案例（超星电子图书数据库）
服务形式	Web、光盘、联机检索、单机	以 Web 形式提供服务
链接地址，有无镜像	校内、国内、国外	校园内或某地区内
涵盖范围	包含哪些学科或主题	所有学科
数据量	拥有多少记录	300 万余种
可使用数据量	购买可以使用的记录数	110 万余种
文献类型	有无全文	电子图书、全文
收录年代	收文献的时间范围	1977 年至今
文种	收录记录有哪些语言，界面语言是哪种	中文
更新频率	更新时间的长短	每天更新
访问模式	口令，IP 控制，还是免费自由使用	IP 控制
其他信息	帮助信息、出版者、发行者、在同行中的地位	最大的中文电子图书数据库

5. 获取数据库的服务

了解了一个数据库，如何获取数据库的服务呢？

1）个人直接向数据库公司申请账号

有很多专门提供数据库服务的公司，个人可以向这些公司申请账号（有的可网上申请，有的必须当面申请），从而获得数据库服务。国内的中国知网、超星、万方都可以注册个人账号，付费使用。

2）向有使用权的单位获取服务

例如，一般高校图书馆都有电子资源或者数据库列表，即由图书馆自主开发的或者已经由图书馆统一购买的，全校师生在合法 IP 地址范围内都可以免费使用。

3.2.3.2 数据库与计算机检索系统的关系

数据库与计算机检索系统是两个不同的概念。数据库是信息的集合体，是一种信息管理的方式。计算机检索系统是一种软件，主要用于检索数据库。一个计算机检索系统可以容纳上百个数据库，并可同时对上百个数据库进行检索。一个数据库可以依存于不同的检索系统。例如，中国知网就容纳了期刊全文数据库、学位论文数据库、专利数据等；专利数据可以依存于中国知网也可以依存于万方知识服务平台。

3.3 计算机检索技术

检索技术，是指利用光盘数据库、联机数据库、网络数据库、搜索引擎等进行信息检索采用的相关技术，主要包括布尔逻辑检索、截词检索、字段检索、位置检索、加权检索等。

3.3.1 布尔逻辑算符检索（Boolean Logic）

布尔逻辑检索是一种比较成熟，比较流行的检索技术，逻辑检索的基础是逻辑运算，目前绝大多数的搜索引擎和数据库都支持布尔逻辑检索。所谓布尔逻辑算符检索，就是指用布尔逻辑算符表达提问式中各个检索词之间的逻辑组配关系，确定文献的命中条件和组配次序的检索方法。

1. 逻辑与

用"AND"或"*"表示。当要在某个数据库中检索与两个指定的检索词 A、B 相关的文献时用此算符，即要求 A 和 B 在选定的检索项中同时出现，即表示为"A AND B"或者"A * B"。

2. 逻辑或

用"OR"或"+"表示。当需要查找与检索词 A、B 相关的文献，而且只要记录中出现其中任意一个词就命中，或者两个检索词同时出现，也符合检索要求。即表示为"A OR B"或"A + B"。此算符适于连接具有并列关系或同义关系的词。

3. 逻辑非

用"NOT"或"-"表示。用来排除含有某些指定检索词的文献。例如，"A NOT B"或"A - B"表示含有检索词 A 但不含有检索词 B 的文献为命中的文献。

例如，在中国知网跨库中，检索字段假若都选为主题字段，匹配方式都是"精确"。若只键入"计算机"，即"SU=计算机"，得到检索结果为 1 354 087，只键入"化工"，即"SU=化工"得到检索结果为 592 201；当检索字段分别输入"计算机""化工"，逻辑关系选择为"AND"，即"SU=计算机 AND SU=化工"，检索结果为 8 099；当检索字段还是不变，分别输入"计算机""化工"，逻辑关系选为"NOT"，即"SU=计算机 NOT SU=化工"检索结果为 1 345 988；检索字段还是不变，键入检索词也不变，逻辑关系选为"OR"，即"SU=计算机 OR SU=化工"，得到检索结果为 1 938 189（检索时间：2024 年 6 月 3 日）。

注意：逻辑运算符的优先顺序为 NOT>AND>OR，不同数据库和检索系统，布尔逻辑算符使用的符号不一定相同。

有些中文数据库（如中国知网、维普科技期刊服务平台等）的高级检索界面，为了避免缩略语和简称的混淆，同一字段（检索点）逻辑关系用符号"*""+""-"分别表示逻辑与、逻辑或、逻辑非，不用英语单词表示。

外文数据库 Weily 逻辑与可用"AND""+""&"；逻辑非可用"NOT""-"；逻辑或用"OR"。外文数据库 PQDT（学位论文库）不支持逻辑非算符。

百度的逻辑与可用"+"、空格；逻辑或可用"|"；逻辑非用"-"表示。但搜狗不支持用"-"表示逻辑非；不支持竖线"|"表示逻辑或。

3.3.2 截词检索（Truncation/Wildcats）

截词检索是指用给定的词干作为检索词，检索与含有该词干的全部检索词相关的文献。它可以扩大检索范围、提高查全率、节省检索时间等，对西文文献尤为重要。例如，名词的单复数形式、词的不同拼写法、词尾的不同变化、前缀、后缀的变化等。

截词检索按阶段部位划分为右截断、左截断、中间截断、复合截断等。按截断长度划分为有限截断和无限截断。

1. 右截断

右截断也称后截断，相当于"前方一致"。例如，"comput*"可检出：computer，computers，computing 等检索词的文献。

2. 左截断

左截断也称前截断。例如，"*logy"可检出：biology，technology 等检索词的文献。

3. 中间截断

中间截断相当于"含有"。例如，"wom?n"可检索出：woman，women 等检索词的文献。

4. 复合截断

复合截断，如"*chemi*"可检索出：chemical，chemistry，biochemistry 等检索词的文献。

5. 有限截断

有限截断允许截取有限个字符，截几个字符就加几个"？"。如："stud???"可检出 study，studied，studies，其词尾可有 0~3 个字母的变化。

6. 无限截断

无限截断允许截断无限个字符，又称开放式截断。如上面的右截断、左截断、中间截断和复合截断等。

注：通常情况下，"*"代表 0~无数个字符；"？"代表 1 个字符，这些符号是英文半角，不需要空格，如 Weily 和 Web of science 数据库。在不同的检索系统中，截词检索使用的标识符号可能不同，如有"*""？""$""%"等。使用检索工具前，应先阅读检索使用说明。

3.3.3 字段检索

字段检索是指将检索词限定在某个或某些字段中，用以检索某个或某些字段含有该检索词的记录。常用的检索字段详见表 3-5。

选择的字段不同，得到的检索结果也会不同。选择全文字段，得到的检索结果的数量最多，但相关度最低；选择题名和关键词字段，得到的检索结果的数量最少，但相关度最高；选择文摘字段，得到的检索结果介于两者之间。

表 3-5　常用的检索字段

英文字段名称	中文字段名称	简　称	英文字段名称	中文字段名称	简　称
Title	题名	TI	Journal Name	期刊名称	JN
Abstract	文摘	AB	Source	来源出版物信息	SO
Keywords	关键词	KY	Language	语种	LA
Subject/Topic	主题词	SU	Document Type	文献类型	DT
Author	作者	AU	Publication Year	出版年代	PY
Full-text	全文	FT	Document No	记录号	DN
Corporate Source	单位或机构名称	AF	Country	出版国	CO
All fields	全字段	ALL	Affiliation	机构（作者单位）	AF

3.3.4　位置算符检索

位置算符是表示所连接的各个单元词词间位置关系的符号，用位置算符可以限制两个检索词在文献中出现的先后顺序、间隔的距离等。

1. 两个检索词前后顺序受限制

不同的检索系统，表示两个检索词前后顺序受限制的算符符号不一定相同。

（1）一般地，A（W）B 表示在此算符两侧的检索词必须按输入的前后顺序排列，并且两词之间不得有其他的单词，W 是 With 的缩写。A（nW）B 表示允许在（W）连接的两个词之间插入 0～n 个单词。例如：

Potential（W）energy 可检索出：Potential energy。

Glass（1W）glass 可检索出：glass and glass，glass for glass，glass to glass。

算符（W）和（nW）可以在一个检索式中连续使用，即多个检索词之间连续使用。

（2）中国知网等中文数据中的专业检索，表示此类算符用"%""/PREV""/AFT"。

'A % B'，表示检索某个字段同时出现"A"和"B"，且"A"出现在"B"前面。

'A /PREV n B'，表示检索某个字段中同时出现"A"和"B"的文献，"A"出现在"B"前，且间隔不超过 n 个字词；

'A /AFT n B'，表示检索某个字段中同时包含"A"和"B"的文献，"A"出现在"B"后，且间隔不超过 n 个字词。

例如：

TI = '图书馆 % 数字化'，表示检索题名中同时出现"图书馆"和"数字化"，且"图书馆"出现在"数字化"前面，没有限定两个词之间词数。

TI = '图书馆 /PREV 2 数字化'，表示检索题名中同时出现"图书馆"和"数字化"，且"图书馆"出现在"数字化"前面，且间隔最多不超过 2 个词。

TI = '图书馆 /AFT 2 数字化'，表示检索题名中同时包含"图书馆"和"数字化"的文献，"图书馆"出现在"数字化"后面，且间隔最多不超过 2 个字词。

2. 两个检索词前后顺序不受限

同样地，不同的检索系统，表示两个检索词前后顺序不受限制的算符符号不一定相同。

（1）一般地，A（N）B，表示在此算符的两侧的检索词必须紧密相连，词间分别表示不能插入任何词。A（nN）B，表示在此算符的两侧的检索词必须紧密相连，词间分别表示允许插入 0～n 个单词，N 是 Near 的缩写。例如：

Money（N）supply 可检索出：money supply，supply money；

Econom?? (2N) recovery 可检索出 economic recovery，recovery of the economy，recovery from economic。

同样地，算符（N）和（nN）可以在一个检索式中连续使用，即多个检索词之间连续使用。

（2）在中国知网等中文数据中的专业检索，表达此类算符用"#""/NEAR n"。

'A # B'，表示检索某个字段同时出现"A"和"B"的文献，前后关系不受限制，且没有限定两个词之间可插入的词数。

'A /NEAR n B'，表示检索字段中同时出现"A"和"B"，前后关系不受限制，但两个词间隔不超过 n 个字词。

例如：

TI = '图书馆 # 数字化'，表示检索文献题名同时出现"人工智能"和"推荐算法"的文献。

TI = '图书馆 /NEAR 2 数字化'，表示检索文献题名同时出现"人工智能"和"推荐算法"，且间隔最多不超过 2 个字词的文献。

3.3.5 其他算符

1. 算符（f）

一般地，算符（f）要求被连接的检索词出现在同一字段中，字段类型和次序均不限，F 是 Field 的缩写。例如，queue（f）system。

2. 算符（C）

一般地，算符（C），要求连接的检索词出现在同一文献记录中，与布尔逻辑算符"AND"等价，C 是 Citation 的缩写。例如，computer（C）application。

3. 段落位置关系

在中国知网等中文数据中，'A /SEN n B'，表示检索全文中某个段落同时包含"A"和"B"的文献，且检索词所在句子间隔不超过 n 句。

'A /PRG n B'，表示检索全文中包含"A"和"B"，且这两个词所在段落间隔不超过 n 段。

例如：

AB = '图书馆 /SEN 2 数字化'，表示检索摘要中某个段落同时包含"图书馆"和"数字化"的文献，且检索词所在句子间隔不超过两句。

FT = '图书馆 /PRG 2 数字化'，表示检索全文中包含"图书馆"和"数字化"，且这两个词所在段落间隔不超过两段。

4. 检索词的匹配

在很多数据库高级检索界面，检索词的匹配方式有"精确""模糊""词频"的选择。选择"精确"，输入检索词的每个字中间不允许插入其他字词，且前后顺序固定；选择"模糊"，输入检索词的字中间有其他字词插入，且前后关系不固定。在很多外文数据库和搜索引擎中用双引号""（英文半角）表示短语或者精确检索，如 Weily 数据库和百度。全文和摘要字段检索时，可选择词频，检索结果为在全文或摘要范围内，包含检索词，且检索词出现次数大于或等于所选词频的文献，辅助优化检索结果。中国知网专业检索中用'A $ n'，表示检索在某个字段中"A"出现至少 n 次的文献。例如，AB ='大数据 $ 5'，表示检索在摘要中"大数据"至少出现 5 次的文献。

3.4　原文获取

利用上面讲的检索技术，输入检索词检索，根据检索结果去获取相应的原始文献，内容详见 4.11.2 节。

第 3 章数字资源

第4章

文献检索

第 2 章和第 3 章分别介绍了现代信息源和现代信息源的检索技术，本章和第 5 章将重点介绍如何检索现代信息。

现代信息检索根据检索的对象分为文献检索、事实检索和数据检索。

以文献为检索对象，从已存储的文献数据库中查找出特定文献的过程称为文献检索。

4.1 文献调研

4.1.1 文献调研的定义

文献调研是指研究者围绕研究项目或课题的需要而进行的有目的、有计划地查阅文献信息的行为。通过文献调研，研究者明确该领域研究背景、研究意义，了解该领域国内外研究现状和研究水平，分析和评价现有研究存在的不足和问题。所以，文献调研是科研工作者通向科研殿堂的一座金色大门，进行学术研究，在科研上有所突破和贡献的一个必需的环节。对于新研究者而言尤为重要。

4.1.2 文献调研具体内涵

1. 泛调研

当需要了解研究的历史背景，了解研究方向，掌握当前研究的概貌或者撰写综述时，需进行"泛调研"。

2. 精调研

当确定了研究课题，须进行"精调研"，重点关注与研究相关的理论与研究方法。

3. 跟踪最新信息

在学术进行中，还要追踪国内外同行发表的最新相关研究成果。

4.1.3 文献调研从何做起

文献从何找起呢？取决于对研究课题的了解程度。

对课题不太了解时，需要查找百科全书、专业字词典、手册来初步认识课题。

对课题有比较模糊的认识时，需要查找图书、期刊论文中综述性论文、学位论文的文献综述部分来进一步了解认识课题的基础与历史。

需追踪课题最新、最前沿的发展时，在课题研究过程中还需随时关注课题相关的最新期刊论文、会议论文、学位论文等。

如果需要了解科技创新的文献需要查找专利说明书。

目前，科技文献主要以印刷型和电子型的形式存在。印刷型文献存在于实体空间，如图书馆、档案馆、书店。电子型文献存在于各种学术文献数据库和网络资源中。印刷型文献和电子型文献在内容上有交叉关系，但有的只有印刷型，有的只有电子型，有的两种形式都有。因此，本章节阐述如何根据馆藏目录、不同文献类型的电子资源进行具体的文献调研。

4.2 馆藏目录检索

4.2.1 馆藏目录系统

读者在使用图书馆时，常常需要知道某个图书馆是否收藏了某本图书或期刊，这类问题称为查馆藏，特点是检索对象为完整的出版物，检索工具为馆藏目录系统。

馆藏目录系统是图书馆用来揭示本馆所收藏的图书、报刊等文献资料的工具。馆藏目录系统是开放的，所有联网计算机都可以免费访问。因此，馆藏目录也称联机公共查询目录，或者称为联机公共目录查询系统（Online Public Access Catalogue，OPAC）。

由于目前馆藏资源是混合型馆藏，故图书馆的馆藏目录系统通常由两个子目录系统构成，一个用来揭示纸质型的馆藏资料；另一个则用来揭示数字化的馆藏资源，如电子图书、电子期刊，以及各类数据库。在现代的计算机技术和网络技术支撑下，目前已有许多图书馆将这两个子系统加以整合、通过一个统一的检索页面向读者提供服务。图书馆界与不同软件商开发合作，因此有名称不同但功能相似的图书馆资源发现系统。例如，中国国家图书馆的"文津搜索"、清华大学图书馆的"水木搜索"、北京大学图书馆的"未名学术搜索"、上海交通大学图书馆的"思源探索"、四川轻化工大学的"超星发现"、香港大学图书馆的"Find@HKUL"、哈佛大学图书馆的"HOLLIS+"等。

馆藏目录可以提供资料的书目信息及馆藏信息。譬如纸本馆藏目录系统，它可提供的信息有：资料的书目信息（题名、作者、出版年、出版社、ISBN/ISSN、索书号、主题词等）和馆藏信息（馆藏地点和馆藏状态）。

4.2.2 馆藏目录检索的通用步骤

无论是国家级图书馆的馆藏目录还是大学图书馆的馆藏目录或者是联合目录，它们在使用上都有很多共通之处。

第一步：选择检索字段。

第二步：输入检索词，进行检索。

第三步：查看检索出来的书目记录。

检索出来的文献有些既有印刷型形态又有电子版形态，根据自己需要进行选择。如果只有印刷型形态，依据索书号，到馆藏地点查找所需文献；如果只有电子形态，依据提供的条件进行在线阅读或下载阅读。

4.2.3　典型的图书馆馆藏目录的检索

根据国际标准化组织 1974 年颁布的"国际图书馆统计标准"（ISO 2789-1974），图书馆可以分为国家图书馆、专业（行业）图书馆、公共图书馆、高校图书馆、学校图书馆、和其他主要的非专门图书馆六大类。学校图书馆是指中小学图书馆，其他主要的非专门图书馆是指具有学术特征的非专门图书馆。

4.2.3.1　国家图书馆馆藏目录检索

国家图书馆负责收藏本国的主要出版物，以及各种珍本、善本特藏文献，起着国家总书库的作用。

1. 中国国家图书馆及中国国家数字图书馆

中国国家图书馆（http://www.nlc.cn）旧称北京图书馆，现在称"国图"。资源类型包括多种纸质文献和电子图书、论文、期刊、报纸、古籍、音视频等，文种包括中文和外文。它全面收藏国内正式出版物，是世界上入藏中文文献最多的图书馆。同时重视国内非正式出版物的收藏，是国务院学位委员会指定的博士论文收藏馆、图书馆学专业资料集中收藏地、全国年鉴资料收藏中心，并特辟香港、台湾、澳门地区出版物专室。它也是国内典藏外文书刊最多的图书馆，并大量入藏国际组织和政府出版物，但不收藏专利和标准。它是查询国内图书与古籍最权威的去处。

北京市读者凭身份证直接去国家图书馆（自助）办理读者卡，有卡用户可远程免费使用 175 个数据库；外地读者可实名注册国家图书馆网站，认证后，可以免费访问一定的数据库资源，方便同学们在校外或毕业之后使用。

检索实例：访问中国国家图书馆，是否收藏了 2023 年由天津人民出版社出版的《你是人间四月天》，其存在形态是什么以及馆藏地址。

检索步骤：进入国家图书馆界面，点击"资源服务"，选择"馆藏目录"（见图 4-1），进入联机公共目录查询系统界面，可选择框式检索中"正题名"字段（需要进行二次检索，用"出版社"和"出版年"），也可直接选高级检索（题名、出版年、出版社等多字段）检索；根据检索结果，点击题名获知书目信息和馆藏信息：有声读物，MP3 的音视频文献。

图 4-1　国家图书馆界面

2. 大英图书馆

大英图书馆（http://www.bl.uk/）是世界上最大的学术图书馆之一，以收藏英国文学、古本书和珍本书为特色，藏有超过 1.7 亿件的物品，拥有从报纸到录音、专利、印刷品、图纸、地图和手稿的一切内容，有伦敦和约克郡两个网站，可搜索在线目录以及查找大部分印刷收藏品和一些免费提供的在线资源。

检索实例：大英图书馆是否收藏了"梁山伯与祝英台"相关文献。

检索步骤：进入大英图书馆界面，点击"research"，然后点击"Search the catalogue"，可选择框式检索或者高级检索，输入中文题名或者汉语拼音题名，得到检索结果（有顾希佳编著的图书和何占豪、陈钢作曲的曲谱），点击题名，可获得具体书目信息和馆藏信息。

3. 美国国会图书馆

美国国会图书馆（http://www.loc.gov/）保存各类收藏近 1.2 亿项，2/3 以上的书籍是以多媒体形式存放的，包括大量图书、特色馆藏、电影胶片、录音、立法、手稿、地图、音乐、照片和电视片等。

检索实例：美国国会图书馆是否收藏了"资治通鉴"这本书。如有，请问这书在美国国会图书馆的索书号是什么？

检索步骤：登录美国国会图书馆网站，在首页右上角搜索区选择类型"Books/Printed Material"，输入关键词"Zi zhi tong jian"，找到结果，在书目详情界面，找到"Library of Congress Control Number"著录项，即可得馆藏号是 2 021 666 361。

4.2.3.2 专业（行业）图书馆馆藏目录检索

专业（行业）图书馆是指由协会、学会、政府部门、商业机构或其他团体支持的图书馆，主要针对部委下属企业与科研单位而设立，其馆藏有针对性。

1. 国家科技图书文献中心（NSTL）

国家科技图书文献中心（National Science and Technology Library，NSTL），其网址为 http://www.nstl.gov.cn，是科技部联合财政部、机械工业信息研究院图书馆、冶金工业信息标准研究院图书馆、中国化工信息中心图书馆、中国农业科学院图书馆、中国医学科学院图书馆等六部门，经国务院领导批准，于 2000 年 6 月 12 日成立的一个基于网络环境的虚拟科技文献信息资源服务机构。NSTL 全面收藏和开发理、工、农、医等四大领域的科技文献，已发展成为集中外文学术期刊、学术会议、学位论文、科技报告、科技文献专著、专利、标准和计量规程等于一体，形成了印本和网络资源互补的保障格局，资源丰富、品种齐全的国家科技文献信息资源保障基地。

NSTL 提供期刊、会议、报告、文集汇编、图书、学位论文、专利、标准和计量规程等题名和文摘的浏览服务。用户选择需要的数据库进行浏览或检索，查看文章题名和文摘，申请全文。

NSTL 还提供国际科技引文服务、代查代借传递全文、预印本服务系统、重点领域信息门户服务。

NSTL 免费全文资源有：

（1）外文现刊数据库（https://cds.nstl.gov.cn）。

（2）外文回溯期刊全文数据库（http://archive.nstl.gov.cn/Archives/）。

（3）开放起源集成获取系统（http://oar.nstl.gov.cn）。

检索实例：检索2024年发表的有关"硫酸钙晶须"的外文文献，哪些单位收藏了这些外文文献及其馆藏号。

检索步骤：进入国家科技图书文献中心网页（见图4-2），选择高级检索，输入关键词"Calcium sulfate whisker"，时间选择"2024—2024"，点击搜索。

图 4-2 国家科技图书文献中心检索界面

浏览检索结果：得到3条文献记录（检索时间：2024年4月24日），点击文献题名，即可获知文献收藏信息。

① 题名：Effects of calcium sulfate whiskers and basalt fiber on gas permeability and microstructure of concrete。

收藏单位：中国科学技术信息研究所。

馆藏号：TU-042。

有无全文链接：有。

② 题名：Mechanical strength measurement of needle-shaped CaSO 4 microcrystals by a three-point bend test。

收藏单位：中国计量科学院文献馆。

馆藏号：无信息。

有无全文链接：有。

③ 题名：Application of Calcium Sulfate Whiskers to Cement-Based Materials: A Review。

收藏单位：无信息。

馆藏藏号：无信息。

有无全文链接：有。

2. 中国科学院国家科学图书馆

中国科学院国家科学图书馆（Chinese Science Digital Library，CSDL），其网址为http://www.las.ac.cn/，立足中国科学院、面向全国，主要为自然科学、边缘交叉科学和高技术领域的科技自主创新提供文献信息保障、战略情报研究服务、公共信息服务平台支撑和科学交流与传播服务，同时通过国家科技文献平台和开展共建共享为国家创新体系其他领域的科研机构提供信息服务。

CSDL已经建成了拥有专家学者、科研机构、学术期刊、资助机构、科研项目、学术会议、情报资讯、科技政策、论文、专利、报告、获奖、专著、标准、软著等10多种基础数据资源。同时，该基础数据资源库也集成了NSTL研制的STKOS（科技知识组织体系），其中规范概念超过65万，规范术语超过230万，覆盖理、工、农、医。

CSDL提供联合编目网上服务、馆际互借与文献传递服务、跨库检索服务、跨库集成浏览服务、参考咨询服务。

检索实例：检索我国著名院士卢嘉锡一生的学术成就和学术风范。

检索步骤：登录中国科学院科学图书馆界面，选择"特色资源"，点击"院士文库"，检索框键入"卢嘉锡"，即可看到有关"院士介绍""学术成就""学术风范"和"时光剪影"等信息（见图4-3）。

图4-3 中国科学院科学图书馆检索实例结果

4.2.3.3 地方公共图书馆藏目录检索

1. 公共图书馆概述

公共图书馆是指那些免费或只收取少量费用，为一个区域的公众服务的图书馆，主要收藏大众化和地域化读物，以书籍为主，公共图书馆由文化和旅游部牵头建立。所有县级以上地方政府都有图书馆，服务本地群众，如重庆市图书馆、自贡市图书馆。公共图书馆的资源与服务和当地的经济发展水平密切相关。其特点是生活化和地方化资源丰富，读者主要为当地市民。

2. 公共图书馆检索实例——上海图书馆及上海科学技术情报研究所

上海市图书馆（http://www.library.sh.cn）是一个研究性公共图书馆。1995年1月与上海科学技术情报研究所合并，成为国内第一个省（市）级图书情报联合体。拥有图书、报刊和科技资料近5 200万册（件）及15万余张老唱片等非书资料。上海市图书馆是国内外收藏中国家谱最多的图书馆，拥有家谱342姓氏1.8万余种，还拥有中国文化名人手稿5万余件。上海市图书馆特色是向读者提供免费参考咨询，读者有问题可以邮件咨询。

检索实例：上海图书馆是否收藏了屠姓的家族图谱，是否有全文。

检索步骤：进入上海图书馆网页界面，点击"资源"，选择"历史文献资源"，点击"家谱"，键入"屠"，得到检索 4 记录（检索时间：2024 年 4 月 24 日），点击任一条记录的"PDF 全文"，即可免费阅读。

4.2.3.4　大学图书馆馆藏目录检索

1. 大学图书馆概述

高校图书馆是指各类高等院校图书馆，是学术资源最集中的地方，是高校师生查阅各类文献信息的资源中心，是高校的一个重要组成部分。大学图书馆主要职能之一是为本校的教学和科研提供文献资源保障体系，根据本校的学科发展，有选择地收藏用于教学和科研的文献。

2. 大学图书馆检索实例

检索实例：图书《"一带一路"沿线农业概览》在重庆大学图书馆的索书号和馆藏地址。

检索步骤：进入重庆大学图书馆网页（http://lib.cqu.edu.cn/），选择"图书"，搜索框键入"'一带一路'沿线农业概览"，检索得到记录，点击题名，即可获知其索书号（F31 2021 5）和馆藏地址信息（A 区图书馆逸夫楼二、三楼社科图书阅览室）。

4.2.3.5　联合目录检索

如果想同时一站式查询到多家图书馆的馆藏信息可以利用联合目录。所谓联合目录就是，揭示与报道多个文献收藏单位所收藏文献的目录。

1. 联机计算机图书馆中心（OCLC）

WorldCat（OCLC 联机联合目录，其网址：http://www.oclc.org）是一个独一无二的数据库，是唯一一个全球图书馆联合目录。WorldCat 是全世界在网络上最大的数字图书馆，包含了 OCLC 的近 2 万所会员图书馆的馆藏信息。目前，WorldCat 数据库共有 4.9 亿多条的独一无二的书目记录、30 多亿条馆藏记录，是 OCLC 为世界各国图书馆中的图书及其他资料所编纂的目录。主题范畴广泛，覆盖了自公元前 4 800 年至今的资料，基本上反映了世界范围内的图书馆所拥有的文献资源，主要类型有图书、期刊与杂志、报纸、地图、乐谱、手稿本和网络资源等。该数据库又称通往全球图书馆的窗口，是世界上最大的书目和馆藏信息数据库。目前，国内用户访问网络不稳定，且需要取得授权才能访问检索。

2. 中国高等教育文献保障系统（CALIS）

1）CALIS 概述

中国高等教育文献保障系统（China Academic Library & Information System，CALIS），其网是 http://www.calis.edu.cn/，是经国务院批准的我国高等教育"211 工程""九五""十五"总体规划中三个公共服务体系之一。

CALIS 资源来自全国多家高校图书馆，同时还有国家图书馆、上海图书馆等众多公共图书馆，NSTL、科学院图书馆为代表的各类科技情报所，CASHL、外国教材中心，大学数字图书馆国际合作计划（CADAL）等为代表的教育部资源共享项目，以及中国知网，方正、维普资讯为代表的国内数据库商参与。CALIS 目前成员馆已经超过 1 800 家。

CALIS 为读者提供电子原文下载、文献传递、馆际互借、订购文献，电子书租借等多种文献获取服务；还可以通过图书馆馆员做文献传递（为保护知识产权，通过 CALIS 进行文献传递时，同一本书中的提供文献传递的章节不超过全书的 1/3），代查代检服务。在 CALIS 各类检索工具覆盖的文献资源之外，CALIS 还帮助读者在全国或全世界范围查找并索取包含中外文的图书、期刊、学位论文、会议论文、专利标准等各类电子或者纸版资源全文。

2）CALIS 的外文期刊网（CASHL）

CALIS 外文期刊网（其网址是 http://ccc.calis.edu.cn/）是外文期刊综合服务平台，它全面包含了高校纸本期刊和电子期刊，为用户提供一站式期刊论文检索及获取全文服务。服务内容包括期刊导航、期刊论文检索、文章全文链接、文献传递获得全文、期刊分析与管理以及图书馆本地化服务。

3）CALIS 的检索

"开元知海·e 读"（http://www.yidu.edu.cn）学术搜索旨在全面发现全国高校丰富的纸本和电子资源，它与 CALIS 文献获取（e 得）、统一认证、资源调度等系统集成，打通从"发现"到"获取"的"一站式服务"链路，为读者提供全新的馆际资源共享服务体验。

e 读为一筐式检索，既可输入检索词，也可输入检索式检索；得到检索结果，可检索纸本资源和电子资源；不显示报纸文章；可在显示全国高校资源、本校资源、显示本市资源和本省资源中限定显示范围；也可在出版年、语种、类型、学科、收录数据库（如 SCI、EI、Elsevier 等）和收录馆精简检索结果；可按出版年升降排序。

获得的检索结果如能获得全文，可直接下载；如不能下载全文，可通过文献传递获得全文。

检索实例：利用 CALIS 平台，了解国内哪些高校收藏了图书《现代白酒酿造微生物学》。

检索途径 1：访问开元知海·e 读网页，搜索框键入"现代白酒酿造微生物学"，勾选左边"类型"中的图书，即可得到所需记录，浏览左边的"收录管"，即可获知国内哪些高校图书馆收藏了该书（大连工业大学图书馆等 23 个图书馆）。

检索途径 2：打开 CALIS 联合目录公共检索系统（http://opac.calis.edu.cn/），选择"题名"，键入"现代白酒酿造微生物学"，再点击"馆藏"也可看到相同的检索结果。

3. 四川高校文献保障系统（SCALIS）

四川高校文献保障体系简称 SCALIS（http://www.scalis.superlib.net/），该系统整合了四川省本科及高职等 76 所院校的所有资源，打造了一个真正意义上的图书馆联盟，从而实现四川省各高校资源的共建、共知及共享。通过 SCALIS 系统，使在校的老师和学生不仅能检索并利用本学校购买的所有资源，更重要的是可以检索并利用四川省其他高校所拥有的所有资源，从而保障学校师生对资源、资料的需求。其检索界面与 CALIS 联合目录公共检索系统相似。

4. 自贡文献信息资源共享平台

自贡市文化信息资源共享平台（http://www.zg.superlib.net/），利用现代网络技术整合集成自贡市各系统图书馆（包括四川轻化工大学图书馆）各方面现有的文献信息资源，印刷版与电子版信息互为补充，实体资源和网上虚拟资源相互依存的图书馆文献信息资源保障体系。平台于 2008 年开通运行，检索界面与 CALIS 联合目录公共检索系统相似。

4.3 电子资源概述

电子资源是指一切以电子数据的方式把文字、图像、声音、动画等多种方式的信息存储在光、磁等非纸介质的载体中，并经过网络通信、计算机等终端等方式展现出来的资源。电子资源多以数据库的形式存在，是集成化的信息资源。集成化信息资源，指不同的多种信息融合在一起，通过某个数据库或工具书集中展现。数据库包括电子全文图书、电子书目、期刊、会议、专利等的全文数据库或者索引数据库等。工具书包括字典、词典、百科全书、手册、名录、年鉴、表谱等。

电子资源具有储存形式多样化、内容丰富、方便实用、更新快、易获取等特点。现在，很多学术数据库和网络平台，提供了一定数量的预印本/网络首发（如数学、物理、计算机等学科领域）。所以，为了快速检索和获取，查找文献应按照先电子资源，后印刷资源的选择原则进行。

要使用电子资源，就要知道电子资源的授权使用、服务方式以及常见的问题。

4.3.1 电子资源的授权使用

网络电子学术资源分为商业性资源（Commercial Resources）和开放资源（Open Access Resources）。在学习工作生活中，访问一些网络电子学术资源时，需要用密码登录、认证授权等限定。

4.3.1.1 商业性电子学术资源的使用

图书馆的电子资源有些是免费开放的，如馆藏目录，但绝大部分则为授权访问，如电子全文图书、电子期刊，读者在访问时需要资格认证。这些授权访问的电子资源是图书馆向数据库商家购买的，且多数属于租用性质，图书馆通过网络向读者提供这些资源时必须遵守使用许可协议。

（1）如果数据库仅限于教育用途，那么任何读者不能将其用于商业用途。

（2）图书馆不得向任何第三方透露密码。

（3）只对使用许可协议中指定的用户有效，其他用户即使付钱也不可能从租用方获得电子资源的使用权。

（4）用户对电子资源的使用方式可能因许可协议的规定而受到限制，譬如不少电子书只能在网上浏览，而无法下载。

例如，四川轻化工大学的读者从校园网内的计算机终端访问时，可直接点击图书馆网页上的数据库名称使用，从校外的计算机终端访问时，需从"校外访问"入口访问，且输入协议许可的用户名和账号才能使用，毕业或调离学校后的读者无权再使用。

电子资源易于复制与传播，这使得版权问题突出。虽然图书馆在签订数据库购买合同时，数据库商并没有对数据库下载量做出明确的限制，但他们会利用各种先进的技术等手段对数据库的使用情况进行实时监控。一旦有"滥用"行为，系统就会禁止相关 IP 段的用户访问。为了避免版权纠纷，读者在使用电子资源时应遵守一定的行为规范，如不得使用下载软件下载；不集中连续系统地批量下载；不私自设置代理服务器；不将所获得的文献资料用于个人学习和研究之外的其他用途。

4.3.1.2　开放电子学术资源

根据 2002 年签署的《布达佩斯开放获取宣言》，开放存取（Open Access，OA），是指通过公共网络可以供所有用户免费使用，包括阅读、下载、复制、传递、打印、检索全文信息。简单地说，"Free Availability And Unrestricted Use"，即免费获取，不限制使用。

2016 年 1 月，Emerald 的出版公司对被该数据收录论文的 1 000 多位作者，参与了一项关于学术交流的调查：98%的被调查者通过传统出版发表成果，18%的被调查者使用开放获取的途径进行出版。传统的商业出版仍然是目前学术出版的主流模式，但是，开放获取资源也逐渐成为未来学术研究不可或缺的重要资源，尤其在生命学科、医学、数学、物理等领域尤为突出。

从全球来看，不少国家政府、大学及研究机构、基金机构推动开放资源，如美国国家健康研究院和英国研究理事会，强制性要求其所支持的公共项目研究成果在一定时间内开放存取，以促进科学交流与科学发现。

在中国，2014 年 5 月中国科学院和国家自然科学基金委联合发表政策声明：受公共资金资助的科研项目论文在发表后 12 个月内实施开放存取，以促进中国科研成果的公开、共享。

随着开放资源存取运动的发展，不少商业出版公司推出了相应的开放获取资源政策。例如，Elsevier 推出了相应开获取资源，目前达到 330 多万篇（检索时间：2024 年 5 月 6 日）。

因此，作为用户可以有更多开放资源使用；作为研究人员或未来研究人员，有责任了解这些开放存取政策，积极支持开放存取和科学交流。有研究表明，开放存取资源平台发布研究论文，可以尽早宣布知识发现的优先权，提高文献被发现率和引用率。

4.3.2　电子资源服务方式

目前，电子资源的服务方式有以下三种：

1. 专线方式

数据库商通过租用网络专线提供服务。终端用户可免费直接访问数据库。这是最常见的服务方式。如美国电工与电子工程师学会的出版物全文数据库(IEL)采用这种方式提供服务。

2. 因特网方式

数据库商通过因特网提供服务。终端采用访问数据库时需要支付通信流量费。

3. 本地镜像服务方式

数据库商将系统软件和数据都在本地服务器上复制一份。如清华同方的《中国学术期刊全文数据库》(简称 CNKI《期刊库》)在清华大学图书馆及全国各地建有多个镜像站点，为用户提供服务。镜像服务方式的最大好处是，校园网的用户无须登录，访问快捷方便。此外，在本地服务器上有一份副本，这有利于资源的拥有与长期保存。

但镜像服务模式也存在着诸多问题：

（1）本地图书馆需要承担镜像服务器的日常维护。

（2）数据更新滞后和数据缺失。本地镜像服务器数据更新通常采用邮寄光盘或 FTP 的方式进行，数据更新比主站点慢，同时还存在数据缺失的问题。

（3）服务内容有限。相对于主站点上的丰富的内容与服务而言，镜像站点有很大局限性，如投稿指南，预印文章（In Press）等内容多数只在主站点上提供。

4.3.3 使用电子资源的常见问题

使用电子资源的常见问题归纳如下：

1. 并发用户数限制

指可同时访问某个数据库的人数限制。

2. 可访问的期刊量及数据年代

一些数据库中只有部分期刊可以看到全文，如 EBSCO 数据库就是一个部分全文数据库。有些期刊虽同时被多个数据库收录，但数据年代不完全相同。如 Science 周刊除了在主站点上可以访问外，还可以通过以下数据库访问，但数据库年代不同：PrpQuest（1988—2005），EBSCO（1997—2004），JSTOR（1880—2001）。有些平台同时包含多个数据库，用户只能访问已购买的子数据库。

3. 电子期刊与纸本期刊不同步

有些数据库提供的期刊与纸本刊相比有一定的滞后，如中国知网的期刊库一般比纸本刊滞后 3~6 个月，EBSCO 数据库中的一些全文则只能提供一年前的数据。此外，一些镜像服务器与主站点的数据更新不同步。

4. 全文阅读器与专用插件

多数电子图书阅读全文时都需要下载安装专用的阅读器，如超星电子图书；一些数据库需要下载安装客户端软件、专用插件等，如联机光盘库、四库全书、四部丛刊，畅想之星电子图书和随书光盘；有些数据库对浏览器的版本、设置有要求，如 Elsevier ScienceDirect。

5. 下载与打印

全文电子期刊数据库一般都提供在线浏览、打印和下载，而电子图书一般只能在线浏览。各个数据库均有说明页和使用指南，使用前应仔细阅读。遇到问题时应充分利用联机帮助。

4.4 图书检索

要全面、系统地获取某一专题的知识，阅读图书是行之有效的方法。但如果要追踪课题最新前沿的发展，图书不是一个好的选择。

图书检索可以用关键词、主题词、分类号等描述图书内容特征的字段，也可以用图书的题名、ISBN 号、出版社、出版时间、作者等描述图书外部特征的字段进行检索，还可以利用出版年、出版者、语种、资料类型、馆藏地点等限制条件进行检索。

检索纸质图书有 3 大途径：搜索国家级图书馆的馆藏目录，搜索大学图书馆的馆藏目录，搜索网络书店。

4.4.1 电子图书特点

1. 电子图书概述

电子图书，也称 E-book，是指以电子形式存放文本、图像、声音和动画等多种形式的信息，通过磁盘、光盘、网络数据等电子媒体出版发行，并借助于计算机或便携式阅读器进行阅读的一种新媒体工具。电子图书的检索除了与上面的馆藏目录纸质图书检索途径相同之外，还可以用目录进行检索。

电子图书最为成功的例子就是美国科幻小说家斯蒂芬·金 2001 年 3 月 14 日通过自己网站（www.stephenking.com）发行自己的电子作品《骑弹飞行》(*Riding the Bullet*)。这本 66 页"小书"两天内有 50 万人次登录浏览，网上发行 1 个月，作者获利 45 万美元。此事成为出版史上的一次标志性事件。从此，电子图书声名鹊起，成为出版商、图书销售商、信息技术服务商关注与投资的对象。电子图书的出现使知识的传播与利用方式发生巨大变革。

2. 电子图书的优缺点

与传统的纸质图书相比，电子图书具有以下优点：

（1）价格低廉。电子图书的出版发行实现了无纸化和零库存，极大地降低了图书制作与发行成本。电子图书的平均价格比相应的纸本图书的平均价格低 35%。

（2）发行速度快、更新及时、易于传播与共享。

（3）存储密度高，便于携带，并可有效解决收藏空间不足的问题。

（4）功能强大，使用方便。除了提供书签、标注、摘抄等功能外，许多电子图书系统还提供图书内容的查找功能。

（5）可以分章节购买。

当然，目前电子图书还存在一些不足：

（1）舒适性差，不具备传统的阅读体验。对大多数读者而言，纸本图书看起来更加亲切，阅读效率高。

（2）过长时间使用显示器容易造成视觉疲劳。

（3）阅读软件种类繁多，互不兼容，给读者用户使用带来不便。

（4）出版内容还不够丰富。目前，网络电子图书主要集中在人文社科方面，如小说、娱乐休闲类文本，而自然科学方面的相对较少。

4.4.2 电子图书的使用

1. 安装专用阅读浏览器

通常来说，电子图书检索是免费的，但阅读全文需要注册或者付费。有些电子图书使用 IE、火狐浏览器，有些采用 PDF 阅读器；还有的需要下载安装指定专用阅读软件，如超星电子图书、方正电子图书等。而外文电子图书基本上都使用 PDF 阅读器。

2. 检索电子图书方法

一般地，检索专业相关的图书用书名或主题词或图书分类导航；检索特定的图书用高级搜索；检索相关内容的图书章节，用全部字段；检索专业相关新书和热门书籍使用系统提供

055

的推荐功能。中文电子图书检索一般只有书名、作者、出版社等字段检索。外文电子图书可以对书名、章节名、作者等进行检索，详见表4-1。

表4-1 电子图书检索方法

方 式	手 段	使用方法
浏览	按学科浏览	进入相应学科后，可以进行进一步检索
	热门书籍浏览	直接点击书名或图标，就可以阅读
	新书浏览	单击书名或图标，就可以阅读
检索	简单检索	单字段，一般用标题进行检索
	高级检索	多字段，通常包括标题、作者、出版社等

3. 阅读、保存、下载图书

不同阅读器提供的功能不同，通常的功能包括下载、文字识别、图像复制、引用格式、书内搜索、标注、翻页、到指定页面等。可供阅读电子书的平台越来越多，除了现有的计算机、PAD、手机、电子书阅读机之外，电视、手表、冰箱等也都有可能成为其平台。

电子图书一般可以保存、打印、下载、文献传递，如超星、读秀可全文下载。有些图书电子数据库大都有页码限制或者需要以"借阅"的形式下载，下载后需用专门的阅读软件阅读，"借阅"期满后则无法阅读，如方正电子图书馆。

4.4.3 电子图书资源

电子图书资源分为商业性图书资源和开放图书资源。

4.4.3.1 常见的中文商业电子图书资源

1. 畅想之星电子图书及非书资源

畅享之星电子图书及非书资源（http://www.bj.cxstar.cn）由北京畅想之星信息技术有限公司独立研发的一个集版权管理、新书发布、纸书荐购、电子图书阅读与知识发现于一体的综合性文献服务平台，该平台有400余家出版机构入驻，电子图书70余万种，其中近3年出版电子图书近8万种。阅读或下载全文时需要下载安装指定的客户端。

2. 超星汇雅电子图书

超星汇雅电子图书（http://book.chaoxing.com，http://edu.sslibrary.com）由北京世纪超星信息技术发展有限公司1993年开始开发，收录文献类型只是图书，涉及从马列毛泽东思想到综合性所有学科专业，收录的电子图书时间范围从1977年到现在。目前，其电子图书收录量有300余万种图书（学术性、专业性），是世界上最大的中文在线数字图书。该数据库图书每日更新，其中大部分图书可供免费浏览。

3. 书香中国

书香中国（http://www.chineseall.cn）聚合国内400多家出版机构与大量知名作家的作品，图书涵盖科普、人文、地理、历史、文学、史记、人物传记等22个大类。此外，还提供3万多集网络畅销小说、书评、相声等500 GB以上的优质有声读物。

4. 方正电子图书

方正电子图书（http://www.apabi.com）也称阿帕比电子图书——中华数字书苑，由北大方正阿帕比技术有限公司提供。收录了新中国成立以来的部分图书全文资源、全国各级各类报纸及年鉴、工具书、图片等特色资源产品，包含 110 万电子图书库、220 万种书目信息、500 种数字报纸库、2 000 种工具书库、1 500 种年鉴、20 万张艺术图片。所有内容持续更新。阅读全文需下载安装"方正电子书阅读器 Apabi Reader"。

5. 书生之家电子图书

书生之家电子图书（一般链接在已购买单位的网页）由北京书生科技公司提供。该库提供 10 多万种图书全文在线阅读，内容涉及各学科领域，较侧重教材教参与考试类、文学艺术类、经济金融与工商管理类。

6. 京东读书专业版

京东读书专业版是一个以新书为主的专为高校读者打造的不限时间和空间的、能看书和听书的电子图书阅读平台，拥有 20 万册正版电子图书资源，涉及哲学、经济学、法学、文学、历史学、医学、管理学、艺术、工业科技等十多个学科，满足各种阅读需求，新书多，更新快，每周有新书上线，年更新量 3 万至 5 万种，手机、平板、计算机多终端使用。

7. 中国大百科全书网络版

中国大百科全书网络版（https://h.bkzx.cn/）由《中国大百科全书》出版社提供，以《中国大百科全书》和中国百科术语数据库为基础，向局域网用户提供在局域网范围内检索使用，共收条目 78 203 条，计 12 568 万字，图表 5 万余幅。内容涵盖了哲学、社会科学、文学艺术、文化教育、自然科学、工程技术等 66 个学科领域。

8. 《文渊阁四库全书》电子版古籍类

《文渊阁四库全书》电子版古籍类（http://www.sikuquanshu.com）内联网 3.0 版可按类目浏览直接翻开各书页，也可全文检索，检索范围包括全文、注释、标题及图像标题、书名、著者和四库类目范围，也可根据需要选定关键词的关联字一并进行检索。数据库还配备了多种参考工具。

9. 大学数字图书馆国际合作计划

大学数字图书馆国际合作计划（China-American Digtial Academic Library, CADAL），其网址为：http://cadal.edu.cn/index/home，将数字化 100 万册中英文图书。其中，从美国数字图书馆联盟高校选择 50 万册英文图书资源进行数字化转换，50 万册中文图书资源进行数字化转换。目前，古籍、民国书刊之类没有版权限制的文献可让大家共享，高校普通读者只能免费阅读不存在版权问题图书的全文。

CADAL 与 CALIS、CASHL 共称为国内 3C 资源联盟。

4.4.3.2 常见的外文商业电子资源

1. Springer 电子图书

Springer 电子图书（https://www.springer.com/cn）由德国施普林格（Springer-Verlag）出版集团提供。所有图书划分为 12 个学科：建筑学、设计和艺术，行为科学，生物医学和生命科学，商业和经济，化学和材料科学，计算机科学，地球和环境科学，工程学，人文、社科和法律，数学和统计学，医学；物理和天文学。

2. Knovel 电子图书

Knovel 电子图书（https://app.knovel.com/kn），目前收录 100 多家重要科技出版商以及包括 AIAA、AIChE、ASME 和 NACE 在内的专业学会出版的 3 000 多本重要参考工具书。

3. EBSCO 电子书

EBSCO 电子书（https://search.ebscohost.com）内容涉及商业与经济、计算机科学、教育、工程与技术、历史、法律、数学、哲学、心理学、政治学、社会学、艺术与建筑等。所有电子图书都内嵌了在线字典，方便查询词义和读音。

4. 不列颠百科全书

不列颠百科全书（https://www.britannica.com/），也称大英百科全书，是一部英语百科全书，涵盖了各种学科和主题，包括历史、科学、文学、艺术、哲学、宗教和社会科学等。它的历史可以追溯到 1768 年，是世界上最古老、最全面的百科全书之一。不列颠百科全书以其权威性、深度和广度而闻名，并被广泛认为是学术和文化界的重要参考资料。

4.4.3.3 开放的电子图书资源

1. Doab 资源

开放存取书籍目录(directory of open access books, Doab)，其网址为:https://www.oapen.org/，针对以开放获取模式出版的同行评审单行著作及汇编出版物，现收录 22 个学术出版社的 4 000 多种图书，提供搜索和浏览查找功能，可在线阅读，可下载。

2. 古腾堡项目

古腾堡项目（https://www.gutenberg.org/）1971 年建立，以文学为主，也有医学、自然科学领域图书，收录了 6 万多种，有些提供 Kindle 版本，可在线阅读，可下载。

3. NAP 免费电子图书

NAP 免费电子图书（https://nap.nationalacademies.org/）由美国国家科学院下属的学术出版机构 The National Press 提供。主要出版美国国家科学院、国家工程院、医学研究所和国家研究委员会的报告。目前，通过其主站点可以免费浏览 3 000 多种图书，内容覆盖环境科学、生物学、医学、计算机科学、地球科学、数学和统计学、物理、化学、教育等领域。

4. HathiTrust 数字图书馆

HathiTrust 数字图书馆（https://www.hathitrust.org）由美国多所高校和谷歌等机构联合开发，于 2008 年开始建设的非营利性电子图书馆。目前，该馆已数字化文献达 1 700 万余册，其中有两万余册中文图书可供免费浏览下载。

5. 世界数字图书馆

世界数字图书馆（http://www.wdl.org/zh）由美国国会图书馆提供，包括世界数字图书馆项目期间收集的文化遗产资料。世界数字图书馆所有描述性元数据均由英文翻译而成，并以另外六种语言（西班牙语、葡萄牙语、法语、阿拉伯语、俄罗斯语、中文）提供，七种语言元数据均可下载数据集。

6. 中国国家图书馆

中国国家图书馆（http://www.nlc.cn），普通用户，注册账号后有条件地免费使用一定量的数字资源。

4.4.4 电子图书使用实例——超星汇雅电子图书数据库

1. 数据库访问

单个用户需注册使用。购买数据库单位的集团用户（如高校）读者通过所在单位网页上链接访问。例如，四川轻化工大学的读者在校内访问时，可直接点击图书馆网页上的数据库链接；校外访问时，通过图书馆的"校外访问"入口，经过权限识别后就可使用。

2. 数据库检索

1）浏览检索

超星电子图书的浏览检索按《中国图书馆分类法》的分类进行浏览，每一类目给出了类目名称，单击某类即显示该类下的图书列表，提供了三级类目，可逐层打开，如图4-4所示中的黑框1。

2）框式检索和高级检索

在图4-4中，黑框3就是数据库提供的框式检索和高级检索。框式检索提供了书名、作者、目录和全文检索字段。高级检索提供书名、作者、主题词检索，字段之间只支持逻辑与算符，除此之外，还提供时间、中图分类号的限制检索。

图4-4 超星电子图书检索界面

3. 电子图书阅读

该数据库主要提供超星阅读器阅读和网页阅读，部分图书提供了EPUB阅读和PDF阅读等方式。

1）网页阅读

网页阅读即在线阅读，不须安装阅读器。在网页阅读界面，单击"目录"，如图4-5中的黑框1所示，可显示该书的目录内容，再点击"目录"，目录内容则隐藏起来了。如果需要书中某段或某几行文字，则点击如图 4-5 中所示的黑框 2 的"文字摘录"。如果需要从网页阅读切换到阅读器阅读，可点击图 4-5 中所示的黑框 3 的超星阅读器图标。

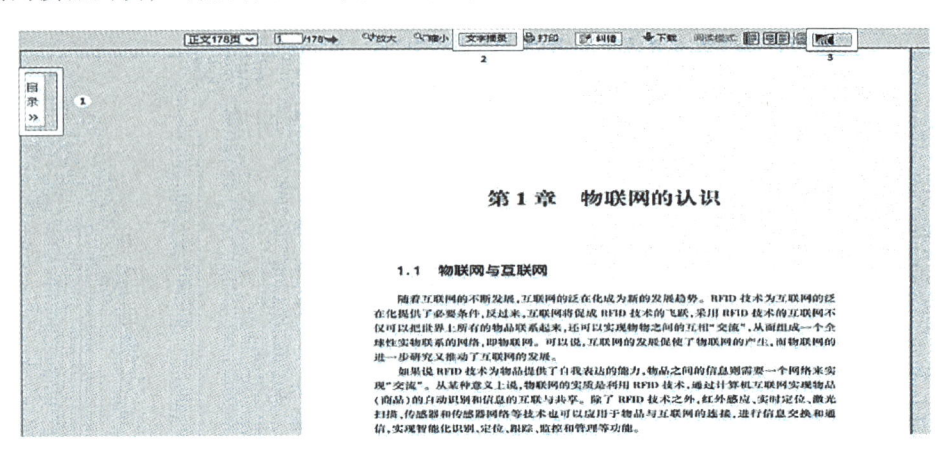

图 4-5　超星电子图书网页阅读实例界面图

2）EPUB 阅读

EPUB 阅读指即 Adobe Digital Editions，一种可以"自动重新编排"的内容，也就是文字内容可以根据阅读设备的特性，以最适于阅读的方式显示，比如让你可以点击放大查看图片，可以修改字体、字号之类的。

3）PDF 阅读

PDF 阅读，指需要安装 PDF 阅读器，就可以阅读。这个阅读界面的文字可以直接复制。

4）阅读器阅读

阅读器阅读指专指安装指定的超星阅读器才能阅读。安装超星阅读软件，点击图 4-4 中所示的黑框 2"客户端下载"，下载并安装，就可以使用了。在阅读器阅读界面，点击图 4-6 中所示的黑框 1，可以显示或隐藏图书目录，点击图 4-6 中所示的黑框 2，可以对书中所需要的文字进行识别、复制；还可以点击文字识别右边的"标注绘制"按钮，可对书中的内容进行标注。

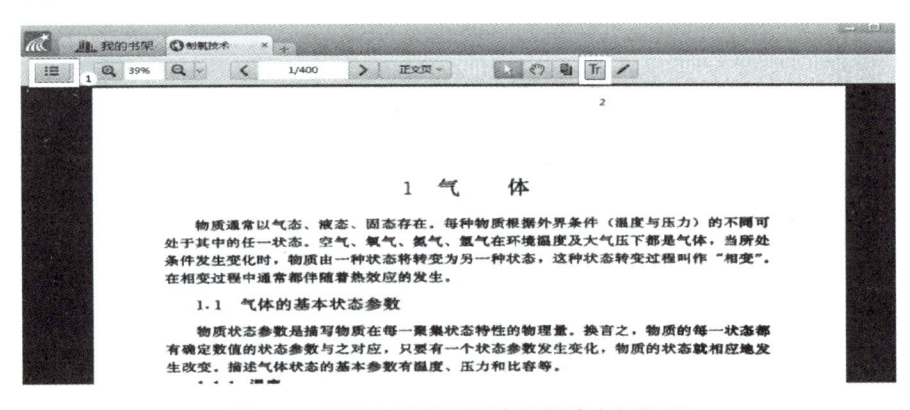

图 4-6　超星电子图书阅读器阅读实例界面

4. 电子图书下载

超星电子图书数据库可以对整本书下载，下载的图书支持阅读器阅读。由于超星公司通过技术手段实现了图书版权的网上保护，对于直接下载的电子图书只限本机上阅读和使用，如果确有必要将电子图书移动到其他计算机上使用，则读者必须先注册一个用户名，然后再进行下载，并在其他计算机上以该用户名进入 ssreader 即可阅读和使用。

4.5　学术期刊文献检索

4.5.1　期刊文献概述

1. 期刊概述

期刊文献"能及时反映各学科发展的最新动向和科学研究的最新成果，是当代科研工作者极为重视的文献类型"。因此，"了解与自己的课题相关的研究状况，查找必要的参考文献；了解某学科水平动态；学习专业知识。"就需要查找期刊文献。

期刊是学术研究采用最多、应用最广的文献类型。一般检索工具都会收录期刊，目前，绝大多数检索系统都会提供电子期刊。

期刊数据库的检索特点是检索入口多，除了题名、主题、关键词、文摘、作者、作者单位，还可以按刊名、ISSN 号检索和浏览。可对期刊类型进行选择，中文期刊类型包括全部期刊、核心期刊、EI 来源期刊、CAS 来源期刊、CSCD 来源期刊、CSSCI 来源期刊；外文期刊类型包括 Subscribed Publications、Open Access Articles。

馆藏目录的纸质期刊检索与图书的馆藏纸质图书检索相似，这里就不再赘述，下面主要谈谈电子期刊文献的检索。

2. 电子期刊

电子期刊（E-Journal）是指以数字形式存在，通过网络传播的期刊。它包括只在网上出版发行的纯电子期刊以及数字化的纸本期刊。

目前电子期刊的来源有两大途径：一是由大型出版社提供，这类情况多是以某个大型出版社出版的期刊为主，因此收录比较稳定，如 Elsevier ScienceDirect、SpringerLink 等；二是由数据集成商提供，如 CNKI 期刊库、维普期刊库、万方数字化期刊等，由于所收录的期刊并不是专属期刊，涉及出版社向集成服务商授权的问题，期刊来源不太稳定，且电子版通常较印刷版滞后 3~4 个月，有许多期刊同时被多个数据库重复收录。

与纸本期刊相比，电子期刊数据库具有以下特点：

1）时效性强

电子期刊基于网络平台的出版发行，没有传统的邮寄问题，因而可以比纸本刊更快地与读者见面，越来越多的期刊通过"Article In Press"或者"网络首发"等方式提供已录用的文章，当纸本还在排版印刷时，读者就已经能在网上看到全文了。

2）功能强大

电子期刊数据库提供期刊浏览与检索、期刊导航以及期刊投稿信息查询等功能。有些电子期刊数据库还提供文章的增补内容，如因版面限制而不能发表的文字、表格、图片等附加材料。此外，同一份电子期刊可供多位读者同时使用。

3）信息通报（Alert）

系统按用户设置自动将有关的最新文献信息定期发送到用户邮箱，如 Elsevier

ScienceDirect 的 Alert 服务提供的最新目次、最新的文章信息以及最新的文章被引用信息等。

4）参考文献链接

一些电子期刊数据库还提供参考文献链接（也称引文链接），单击参考文献的篇名就可以看到原文，如中国知网数据库的"知网节"界面的"引文网络"。

5）通过各自的平台提供服务

国内外常用的综合性全文电子期刊一般都有各自的服务平台，如 Elsevier 的 ScienceDirect 平台、Springer 的 SpringerLink 平台，这些平台主要是各出版社用来为自己出版的期刊或相关出版物服务的。

6）访问权限控制

电子期刊数据库一般采用 IP 地址控制访问权限，少数采用 IP+账号密码方式；电子期刊数据库的题录信息一般是免费开放的，而全文只有订购用户才能浏览、下载。此外，一些电子期刊数据库还有并发用户数的限制，即限制同时访问数据库的用户数量。

4.5.2 常用的中文期刊数据库介绍

4.5.2.1 三大中文学术平台概述

查找国内学术期刊论文，主要利用三大中文平台：中国知网、万方知识服务平台和维普资讯。

1. 中国知网（CNKI）

中国知网（http://www.cnki.net.），中国国家基础设施工程（China National Knowledge Infrastructure，CNKI），始建于 1999 年 6 月，由清华大学、清华同方发起，是清华大学重点项目。

中国知网是全球领先的数字出版平台，是一家致力于为海内外各行各业提供知识与情报服务的专业网站。目前，中国知网服务的读者超过 4 000 万，中心网站及镜像站点年文献下载量突破 30 亿次，是全球备受推崇的知识服务品牌。收录中国期刊、博硕士论文、报纸、会议论文、年鉴、工具书、百科全书、专利、标准、科技成果及法律法规等各种资源，囊括了中国近 90% 的信息资源，还与 Springer、Taylor & Francis 和 Wiley 等重大国际出版物整合，形成中外文知识网络服务系统，是目前资源类型完整、内容全面的国家知识资源保障体系。

其中，学术期刊库实现中、外文期刊整合检索。其中，中文学术期刊 8 450 余种，含北大核心期刊 1 970 余种，网络首发期刊 3 010 余种，最早回溯至 1915 年，目前共计 6 280 余万篇全文文献；外文学术期刊包括来自 80 多个国家及地区 900 余家出版社的期刊 7.5 余万种，覆盖 JCR 期刊的 96%，Scopus 期刊的 80%，最早回溯至 19 世纪，共计 8 800 余万篇外文题录，可链接全文（检索时间：2024 年 6 月 7 日）。

2. 万方知识服务平台

万方知识服务平台（Wanfang Data Knowledge Service Platform，其网址为：http://www.wanfangdata.com.cn），国家科技支撑计划资助项目，是在原万方数据资源系统的基础上，整合数亿条全球优质学术资源，集成期刊、学位、会议、科技报告、专利、视频等十余种资源类型。

万方数据库库中的中国学术期刊数据库（China Online Journals，COJ），收录始于 1998

年，包含 8 500 余种期刊（检索时间：2024 年 6 月 7 日），其中包含北京大学、中国科学技术信息研究所、中国科学院文献情报中心、南京大学、中国社会科学院历年收录的核心期刊 3 300 余种，国外期刊共包含 40 000 余种世界各国出版的重要学术期刊，主要来源于 NSTL 外文文献数据库以及数十家著名学术出版机构，及 DOAJ、PubMed 等知名开放获取平台。年增 300 万篇，每周更新 2 次，涵盖自然科学、工程技术、医药卫生、农业科学、哲学政法、社会科学、科教文艺等各个学科。

万方平台提供的服务有：万方检测、万方分析、万方书案、万方学术圈和万方选题以及在线投稿服务等。

1）万方检测

万方检测（WF Similarity Detection）于 2016 年在检测算法、数据积累、用户体验等方面都进行了全面的升级并更名。该系统采用先进的检测技术，实现海量数据全文比对，秉持客观、公正、精准、全面的原则，提供多版本、多维度的检测报告，检测结果精准翔实，为科研管理机构、教育领域、出版发行领域、学术个体等客户和用户提供各类学术科研成果的相似性检测服务。

2）万方分析

万方分析（WFStats）针对科研人员、科研管理人员、科研决策人员等不同用户群体，提供主题研究现状分析、学科发展动态跟踪、分析学者/机构的学术能力监测、期刊学术影响力评价、地区科研水平定位等服务，为科学研究、科研决策、学科建设等提供数据支持和科学解决方案。

3）万方书案

万方书案（WFDesk）满足用户文献管理、知识组织、知识重组等需求的在线个人管理。万方书案紧密嵌接资源检索和利用过程，提供高效的管理、组织、阅读、引用等辅助功能，帮助用户建立并不断完善个人知识体系与学习框架，从而增进知识理解、促进知识决策、推进知识创新。

4）万方学术圈

万方学术圈（WFLink）基于优质学术内容的轻社交平台，提供学术文献分享、科研档案展示、学术认知交流等功能，营造轻松、友好、专业的学术氛围，帮助学者们进行学术探讨与交流互动。

5）万方选题

万方选题（WFTopic）利用数据挖掘算法、知识关联技术深度挖掘中外文海量学术资源，揭示学科研究热点与新兴研究前沿，帮助科研人员快速把握选题方向、客观评估选题价值，为科研立项、论文选题等科研过程提供专业化支撑服务。

万方知识服务平台提供的检索方法有万方智搜（也即框式检索）、高级检索和专业检索。

3. 维普资讯

重庆维普资讯有限公司（www.cqvip.com），简称维普资讯，成立于 1995 年，公司前身为中国科学技术情报研究所重庆分所数据库研究中心。经过多年的运营，维普资讯已经从专业学术数据服务商，发展成为提供科学大数据管理、应用及服务一体化解决方案的综合信息服务商。服务产品有中文期刊服务平台、论文检测系统、科技查新、智立方学科分析平台、维普考试服务平台、优先出版平台。收录的文献类型有期刊论文、学位论文、会议论文、报纸文献、专利文献和标准文献。

其中,维普中文期刊服务平台主要资源是中文科技期刊数据库,收录了从1989年至今的15 300余种期刊论文,涵盖社会科学、经济管理、图书情报、教育科学、自然科学、医药卫生、农业科学和工程技术等学科。

检索框内,支持布尔逻辑运算:AND(and / *)、OR(or / +)、NOT(not / -);支持英文半角括号()、引号""。若检索词中包含 AND、OR、NOT、()等运算符或特殊字符时,需加""单独处理,如 "Protein Solvation and Hydration"、"multi-display"、"C++"。精确:不做分词处理,允许前后加内容;模糊:允许分词及位置调换。作者/第一作者/导师/刊名/分类号/专利分类字段除外,此类字段精确为完全命中召回。

4.5.2.2 三大平台收录文献交叉情况

三大中文学术平台在期刊文献收录上有交叉重复情况,可参见表4-2(因更新较快,表中数据仅作参考)。

表4-2 三大中文学术平台收录期刊重复情况[1]

数据库	期刊重复数
维普与中国知网	5 845 种
维普与万方	5 718 种
中国知网与万方	5 157 种
维普、中国知网与万方	4 650 种

三大数据库虽然有重复收录的期刊,但是收录期刊文献的起止时间也不尽相同。例如,《通信学报》,万方的中国学术期刊数据收录的是1998年至今,维普科技期刊数据收录的时间是1989年至今,中国知网中的学术期刊全文库收录的时间是1980年至今。

三大数据库收录的期刊也有各自独家收录的期刊。例如,《中国社会科学》是中国知网学术期刊全文数据独家收录的学术期刊,在维普科技期刊数据库和万方数据库库中的学术期刊库不能获取全文,只能"文献传递"才能获取全文。因此,要想比较全面地检索中文学术期刊论文,三大中文平台都要使用。

除了期刊文献,万方知识服务平台、中国知网和维普资讯在收录学位论文、会议论文、专利文献、标准文献等与期刊文献同样也存在交叉收录和不重复收录情况。

4.5.2.3 三大中文学术平台功能

三大平台主要功能:

1. 检索功能

三大平台论文都可免费检索,提供多种检索方式,有基本检索(初级检索或者框式检索)、传统检索(如维普数据)、高级检索、专业检索、期刊导航等,中国知网数据库还提供了作者发文检索、句子检索,引文检索和知识元检索。

---

[1] 刘素清,廖三三. 用户视角下的电子资源利用障碍及对策[J]. 图书情报工作,2013(21):48-51.

2. 阅读功能
可以在线或下载阅读全文，但都需要付费。

3. 支持多种文献管理软件
可以把检索到的论文信息导入 Refworks、EndNote、NoteExpress 等个人文献管理软件。

4.5.2.4 其他中文期刊数据库介绍
除了三大中文学术平台可以检索中文期刊文献，还有其他数据库或平台也可检索中文期刊文献。

1. 人大复印资料
中国人民大学书报资料中心（http://zlzx.ruc.edu.cn/）成立于1958年，是新中国成立后最早从事人文社会科学学术研究文献搜集、整理、评价、编辑的学术信息资料出版机构和服务机构。书报资料中心的核心业务是学术期刊和专业期刊出版。现正式出版发行148种期刊，包括复印报刊资料、人文社科文摘、报刊资料索引和原发期刊四大系列。严格遵循学术成果评价标准，复印报刊资料系列期刊已成为中国人文社科领域影响巨大的学术品牌。书报资料中心从1994年开始研发数字产品，实施了数字化转型战略，相继开发了复印报刊资料全文、专题目录索引、中文报刊资料索引、人文社科文摘、专题研究和数字期刊等六大系列数据库产品。

自2024年1月1日起，中国人民大学书报资料中心"复印报刊资料"系列数据库产品的经营主体由人大数媒科技（北京）有限公司（以下简称人大数媒）变更为中国人民大学书报资料中心（以下简称中心），即该数据库产品的所有销售、运营、维护与服务等工作即日起由中心负责。

2. 中文社会科学引文索引
中文社会科学引文索引（Chinese Social Sciences Citation Index，CSSCI），其网址为：https://cssrac.nju.edu.cn/cpzx/zwshkxywsy/index.html，是由南京大学投资建设、南京大学中国社会科学研究评价中心开发研制的人文社会科学引文数据库，CSSCI 遵循文献计量学规律，采取定量与定性评价相结合的方法从全国 3 500 种左右的中文人文科学、社会科学学术期刊中精选了 500 多种学术水平较高、参考文献等引文比较规范的学术期刊作为 CSSCI 的源刊，可从来源文献和被引文献两个方面向用户提供信息。CSSCI 是一项凝聚了国内学术界、期刊界、管理部门集体智慧的知识创新成果，南京大学拥有 CSSCI 数据库的知识产权和相关领域的商标所有权。

3. 晚清期刊全文数据库（1833—1911年）全文电子期刊
晚清期刊全文数据库（1833—1911年）全文电子期刊（http://www.cnbksy.cn），收录了1833—1911年间出版的 300 多种期刊，几乎囊括了当时出版的所有期刊，拥有众多的"期刊之最"，是研究晚清历史专业人士必备的数据库检索工具。

4. 大成老旧期刊全文数据库
大成老旧刊全文数据库（http://www.dachengdata.com/）收录了清末到1949年近百年间中国出版的7 000多种期刊，共14万多期，很多期刊属于国内不多见的珍本，史料珍贵、内容丰富、检索方便；资料涉及文史教育、哲学经济、政治军事、工农交通、天文医药等等各大门类；在中国近代的历史、文学、教育、哲学、政治、科技史等方面尤其有着很强的研究价值。

5. 龙源电子期刊

龙源期刊网（http://www.qikan.com.cn）是根据客户的特点和需求，将 1 900 多种人文大众类数字化期刊按时事政治、现代文学、文化艺术、管理财经等九大类进行归集整理，每个大类的每个刊物都是以正刊现刊网络出版的方式呈现的。

6. 博看网

博看网（http://new.bookan.com.cn/）收录 3 000 多种，6 万余本畅销报刊，提供在线阅读。

4.5.2.5　开放的中文学术期刊文献资源

1. 中国国家图书馆的民国期刊

民国时期期刊全文数据库（1911—1949 年）（http://www.nlc.cn/），已出版 1~10 辑，共收录 17 500 余种期刊的 830 万多篇文章。中国大陆用户可通过国家图书馆注册登录，即可免费在线检索阅读全文。

2. 汉斯出版社（Hans Publisher）

汉斯出版社（https://www.hanspub.org/）聚焦于国际开源（Open Access）中文期刊的出版发行，覆盖以下领域：数学物理、生命科学、化学材料、地球环境、医药卫生、工程技术、信息通信、人文社科、经济管理等。秉承着传播文化，促进交流的理念，该社积极探索中文学术期刊国际化道路，并积极推进中国学术思想走向世界。目前，汉斯出版社的期刊已被维普、万方、超星等数据库收录。其中，23 本被美国《化学文摘》（Chemical Abstracts）收录。

3. 中国科学网络版

中国科学网络版（https://www.sciengine.com/），也称科学引擎或赛擎，收录了由中国科学院主办和中国科学杂志社出版的"中国科学"系列刊物、"Science in China"（英文版）、"科学通报""Chinese Science Bulletin"（英文版）等，这些刊物是我国自然科学基础理论研究领域里权威性的学术刊物，在国内外都有着长期而广泛的影响，多年来被国际上多种权威检索刊物收录。

4. 中国光学期刊网

中国光学期刊网（http://opticsjournal.net/Home/Index）是由中国科学院上海光学精密机械研究所主办，以收录国内光学、光电类期刊，为研究技术人员提供专业的资源支持为目标，国内光学期刊资源全收录。目前全文收录了国内 34 种光电类中文核心精品期刊；另外收录 16 种光学期刊的文摘，还有部分外文文献。其中：SCI 收录的有 5 本刊物：Chinese Optics Letters、Light: Science & Applications、Photonics Research、《光谱学与光谱分析》《红外与毫米波学报》；EI 收录的有 12 本刊物：Chinese Optics Letters、Frontiers of Optoelectronics、Optoelectronics Letters、Photonic Sensors、《发光学报》《光谱学与光谱分析》《光学精密工程》《光学学报》《光子学报》《红外与毫米波学报》《红外与激光工程》《中国激光》。

4.5.3　中文期刊全文数据库检索检索举例——中国知网学术期刊全文数据库

本节以中国知网为例,介绍中文学术论文的查找。

中国知网提供多样化个性化的检索方式,包含框式检索、专业检索、高级检索、作者发文检索、句子检索和引文检索。

个人用户,可以通过购买 CNKI 检索阅读卡使用。对于机构用户,中国知网 CNKI 一般采用 IP 地址加账号密码控制访问权限,有并发用户数限制。当并发用户数满时,在检索界面上的专辑导航名称后显示加锁图标,此时,可以检索,但无法下载全文。中国知网数据库有自己专用的阅读软件 CAJViewer 阅读器。

1. 文献类型选择、设置

进入中国知网数据库界面,如果需要指定文献类型的选择检索,可在检索框下面进行文献类型的选择设置,如检索期刊文献,就去掉其他文献勾选,或者只点击"学术期刊",如图 4-7 所示。

图 4-7　中国知网数据库首页——文献类型选择示例界面

2. 了解检索字段

在检索框,点击下拉式菜单,可看到中国知网提供的检索字段,有主题、篇关摘、关键词、篇名、全文、第一作者、通讯作者、基金、摘要、小标题、参考文献、分类号、文献来源和 DOI。

DOI(Digital Object Unique Identifier-DOI)是用来标识在数字环境中的内容对象,即用来标识该文献的代码。

通讯作者往往指课题的总负责人、学术指导人或导师,承担课题的经费、设计、文章的书写和把关,是文章和研究材料的联系人,担负着文章可靠性的责任,负责与编辑部的一切通信联系和接受读者的咨询等。论文的第一作者必须是第一线操作的实施者和原始数据的收集和处理人,又是初稿的执笔人,第一作者当然要对研究结果和数据的真实性负首要责任,因此研究生论文的第一作者必须是研究生本人,不是导师或领导。

3. 框式检索(即快速检索)

将检索功能浓缩至"一框"中,根据不同检索项的需求特点采用不同的检索机制和匹配方式,体现智能检索优势,操作便捷,检索结果兼顾查全率和查准率。

一框式检索既可进行单库检索,也可进行跨库检索。

检索实例 1:篇名中出现雾霾防治的文献。

选择检索字段:篇名。

提取检索词:雾霾防治。

点击检索，检索结果界面如图 4-8 所示（检索时间：2024 年 4 月 25 日）。

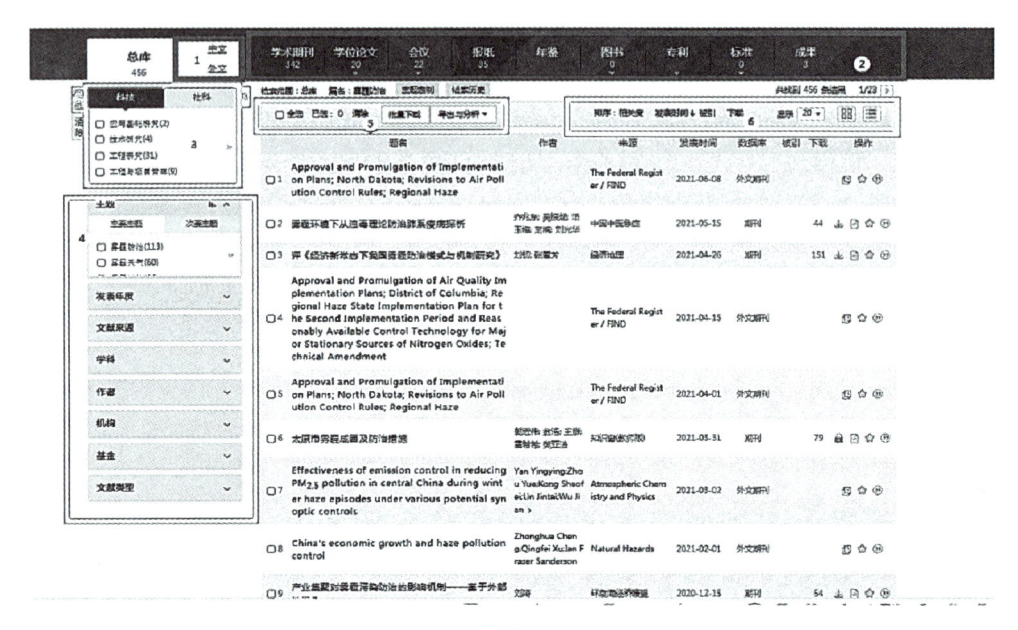

图 4-8　中国知网检索实例 1 的检索结果界面

4. 高级检索

中国知网高级检索提供多字段组合检索，也可选择单库检索或者跨库检索。

1）进入检索界面方法

在图 4-7 所示的界面中，点击框式检索右边的按钮"高级检索"，进入中国知网高级检索界面，如图 4-9 所示。

图 4-9　中国知网高级检索界面

2）学科选择

在高级检索界面的左边，有 10 个学科大类可供选择。每个大类下面还可展开进行更细的学科分类选择。

3）检索词的匹配方式（精确/模糊；词频）

该节内容详见 3.3.5 节。

4）其他限制条件选择

在高级检索界面，是多个检索字段与布尔逻辑算符的组配使用。除了这些，还有"网络首发""增强出版""基金文献""中英文扩展""同义词扩展""时间范围"等限制条件的选择，以满足不同的检索需要。

检索实例 2：城市改造中的旧城区问题。

选择检索字段：关键词。

提取检索词：旧城区　城市改造。

检索词之间逻辑组配：旧城区　AND　城市改造。

检索：检索结果为 6 条记录。

检索时间：2024 年 4 月 25 日。

分析检索结果：检索结果不多，为了防止漏检，还应考虑同义词和相关词，才能较全面检索出相关文献。

"旧城区"同义词"老城区"，逻辑组配关系为旧城区 OR 老城区；

"城市改造"同义词"城市建设"，逻辑组配关系为城市改造 OR 城市建设。

所以，最后的检索式为（关键词：旧城区+老城区（精确））AND（关键词：城市改造 + 城市建设（精确））。在高级检索界面输入示例如图 4-10 所示，检索结果为 31 条，（检索时间：2024 年 4 月 25 日），大大提高了检出率。

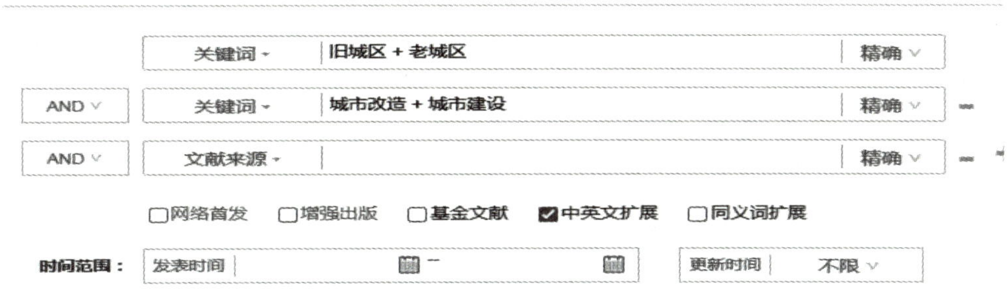

图 4-10　中国知网高级检索实例输入示例

检索实例 3：用中国知网查找 2015-2019 年间国内核心期刊上登载的有关《纳米材料》方面的文章。

选择子数据库：中国知网的"学术期刊"。

检索字段：篇名。

检索词：纳米材料。

学科选择：分类目录全选。

数据年代：2015—2019 年，精确匹配。

检索范围：核心期刊。

检索结果：882 条记录。

检索时间：2024 年 4 月 25 日。

检索实例 4：在中国知网"学术期刊"中查找 2018 年有关计算机病毒方面的资料，请说明下面哪种检索方式更合适。

检索式 1：篇名=计算机病毒。

检索式 2：篇名=病毒。

检索式 3：中图分类号=TP309.5。

数据年代：2018—2018 年。

检索结果及分析见表 4-3。

检索时间：2024 年 4 月 25 日。

表 4-3　检索实例 4 的检索记录及结果分析

检索式	命中篇数	检索结果及分析
篇名=计算机病毒	66	无法检索出类似于木马病毒、蠕虫病毒等文献
篇名=病毒	6 570	同时检索出"计算机病毒"和"医学病毒"
中图分类号=TP309.5	102	检索出的结果均为计算机病毒方面的资料

检索小结：检索概念与检索名称不一一对应问题时，采用分类号检索查找更为可靠。

5. 专业检索

在高级检索界面（见图 4-9），有专业检索选项的选项。专业检索适于图书情报专业人员查新、信息分析等工作，使用运算符和检索词构造检索式进行检索，是比较复杂的一种检索方法。在专业检索界面右侧，给出了专业检索的"使用方法"。

专业检索的一般流程：确定检索字段构造一般检索式，借助字段间关系运算符和检索值限定运算符可以构造复杂的检索式。

专业检索表达式的一般式：<字段><匹配运算符><检索值>。

在文献总库中提供以下可检索字段：SU=主题，TI=题名，KY=关键词，AB=摘要，FT=全文，AU=作者，FI=第一责任人，RP=通讯作者，AF=机构，JN=文献来源，RF=参考文献，YE=年，FU=基金，CLC=分类号，SN=ISSN，CN=统一刊号，IB=ISBN，CF=被引频次。

运算符构造检索表达式需要注意：

（1）使用 AND/*、OR/+、NOT/- 可以组合多个字段，构建如下的检索式：<字段><匹配运算符><检索值><逻辑运算符><字段><匹配运算符><检索值>，逻辑运算符"AND（与）""OR（或）""NOT（非）"前后要有空格。

（2）多个复合运算符组合可以用"()"来改变运算顺序。

（3）"#""%""/NEAR n""/PREV n""/AFT n""/SEN n""/PRG n"是单次对单个检索字段中的两个值进行限定的语法，仅限于两个值，不适用于连接多值进行检索。

（4）对于中文数据中使用算符时，需用一组英文半角单引号将检索值及其运算符括起。

检索实例 5：检索龚敏以材料腐蚀与防护四川省重点实验室或者四川理工学院材料与化学工程学院材料腐蚀与防护四川省重点实验室为机构发表的题名包含 2205 双相不锈钢的文章。

检索式：AU=龚敏 AND TI=2205 双相不锈钢 AND（AF=材料腐蚀与防护四川省重点实验室 OR AF=四川理工学院材料与化学工程学院材料腐蚀与防护四川省重点实验室）。

6. CNKI 其他检索方法

1）句子检索

句子检索适用于片段信息检索。通过输入的两个检索词,查找同时包含这两个词的句子,找到有关事实的问题答案。

检索实例 6：信息素养的定义。

选择字段：同一句。

检索词：信息素养 定义。

2）引文检索

引文检索适用于了解学术工作者或者某机构或某篇论文或者某期刊的学术影响力。

检索实例 7：了解钟南山院士学术成果影响力。

选用数据库：中国知网中的中国引文库。

检索字段：被引作者。

检索词：钟南山。

3）作者发文检索

作者发文检索适用于统计某一科研工作者发文信息。通过作者姓名、单位等信息,查找作者发表的文献及被引和下载情况。

检索实例 8：屠呦呦发表的论文被中国知网收录情况。

检索字段：作者。

检索词：屠呦呦。

7. 检索结果的处理

以前面检索实例 1 为例,来举例说明检索结果的处理。

1）资源类型选择

在检索结果界面,同样可以进行文献类型的选择,如图 4-8 中的框 2 所示,总的检索结果为 456 条记录,如果只需要期刊文献,则点击期刊,就只有 342 条记录。

2）检索文献语言选择

在检索结果界面（图 4-8 中的框 1 处）可以对检索结果的语言进行选择,如在选择的 342 条期刊记录中,选择"中文",检索结果就只有 271 条记录。

3）学科大类选择

在检索结果界面（图 4-8 所示的框 3 处）可以对检索结果进行学科大类（科技、社科）选择。

4）多角度多方面的统计筛选

在检索结果界面（图 4-8 所示的框 4 处）可对检索结果从主题、次要主题、发表年度、期刊、来源类别、学科、作者、机构、基金等不同方面进行快速选择、统计,以及获取可视化统计图。

5）浏览结果界面切换

在检索结果界面（图 4-8 所示的框 6 处）可对检索结果按"详情""列表"显示检索结果。

6）检索结果排序

在检索结果界面（图 4-8 所示的框 6 处）检索结果还可按"相关度""发表时间""被引"

次数和"下载"次数排序。

7）检索结果的导出与分析

在检索结果界面（图 4-8 所示的框 5 处）可以对检索结果进行批量下载，也可以对选择的某一条或者某几条全部检索结果进行导出与可视化分析。

文献导出根据需要进行导出格式的选择，如图 4-11 所示，导出的引文的相关信息，也有多种选择（复制到剪贴板、电子表格 Excel 文档、Word 文档等）。

图 4-11　中国知网检索实例 1 文献导出实例界面

8）全文获取

如果需要获取全文，检索结果界面如图 4-8 所示，可以全部选择进行批量下载全文，也可选择某一篇或者某几篇文献下载全文。

如需要其中某一篇，点击文章篇名，打开节点界面，如图 4-12 所示。在节点界面，可以看到文献的目录，题名、摘要、关键词、作者、工作单位等信息。

图 4-12　中国知网检索实例 1 文献节点界面

9）有关引文文献概念。

在节点界面，读者可以根据"核心文献推荐"和"引文网络"可以获取更多相关、相似文献。

参考文献：反映本文研究工作的背景和依据。

二级参考文献：本文的参考文献的参考文献，进一步反映本文研究工作的背景和依据。

引证文献：引用本文的文献。本文研究工作的继续、应用、发展或评价。

二级引证文献：本文的引证文献的引证文献，进一步反映本文研究工作的继续、应用、发展或评价。

同被引文献：与本文同时被作为参考文献引用的文献，与本文共同作为进一步研究的基础。

共引文献：也称同引文献，与本文有相同参考文献的文献，与本文有共同研究内容。共引文献数量越多，文献间的相关性越大。

相似文献：内容相似的文献。

4.5.4 主要外文数据介绍

4.5.4.1 外文数据库概况

根据是否直接提供论文的全文，外文数据库可分为文摘数据库和全文数据库。

1. 文摘数据库

文摘数据库收录来自不同出版机构文献信息，提供多种检索途径，为读者高效找到相关课题所需论文，提供论文的题名、关键词、摘要、作者、作者单位等信息，但不直接提供论文的全文。

1）涉及多学科的文摘数据

涉及多学科的文摘数据比较著名的有 Web Of Science、Scopue 等。

有关 Web of Science 数据库介绍详见 4.5.5 节。

Scopus（https://www.scopus.com/）是全球最大的同行评审文摘和引文数据库，收录全球 105 个国家、7 000 多家出版商的近 40 000 多种期刊文摘和引文数据，其中持续不断更新有 27 000 多种。Scopus 收录 26 万种图书、1 100 万篇会议论文、4 700 万条国际专利。Scopus 收录超过 950 种中文同行评议的核心期刊（含 80% 的中国卓越计划期刊）。Scopus 数据库是全球主流大学排名 QS、THE、上海软科中国最好大学排名、"中国高被引学者"、斯坦福"全球前 2% 科学家"等国际主流评价指标、大学排名数据来源，也是教育部第五轮学科评估数据来源。

Scopus 数据库包括 7 000 多个机构和 1 700 多万名学者的信息，为每位收录学者提供独立的 Author ID；支持一键生成作者的文献产出分析、引文报告，并可以灵活选取去除自引、去除图书引用等。研究人员可快速获取个人、同行、机构科研产出特点，发掘潜在合作对象。

2）理工科类常用文摘数据库

（1）EI 文摘库。

EI 是 Engineering Index（美国工程索引）的简称，由 Engineering Information Inc（美国工程信息公司）编制出版，国内读者访问网址为：https://www.ei.org.cn/。EI 创刊于 1884 年，它是世界文献史上最悠久的、全球公认的和享有盛誉的工程技术文献信息检索工具。EI 全面涵盖世界工程技术领域最重要、最有影响的研究成果，而且这些研究成果代表着世界工程技术科学和应用科学研究的最高水平。目前，它已成为我国工程技术界评价科学研究实力、学术发展水平、学科专业建设、博士学位点申报、高级专业技术职称评定、重点实验室评估等工作的重要标准和依据之一。

（2）INSPEC文摘库。

INSPEC是Information Service in Physics, Electro-Technology, Computer and Control数据库的简称，其前身是"科学文摘"（Science Abstract or SA，始于1898年）。学科涵盖：物理、电气和电子工程、计算机科学、控制技术、通信与信息技术、生产和制造工程等，并且覆盖光学技术、材料科学、海洋学、核能工程、交通运输、地理、生物医学工程、生物物理学和航天航空等领域。可从以下数据库平台也可以访问INSPEC：Web of Science（推荐使用）、EBSCOhost、Engineering Village。

（3）CA文摘数据库。

《化学文摘》（Chemical Abstracts，CA），由美国化学文摘社（Chemical Abstracts Service，CAS）编辑出版，创刊于1907年，是世界最大的化学文摘库，也是目前世界上应用最广泛，最为重要的化学、化工及相关学科的检索工具。CA报道的内容几乎涉及了化学家感兴趣的所有领域，除了包括无机化学、有机化学、分析化学、物理化学、高分子化学外，还包括冶金学、地球化学、药物学、毒物学、环境化学、生物学以及物理学等诸多学科领域。CA特点：收藏信息量大、收录范围广。现在访问平台是SciFinder，其网址为：https://scifinder-n.cas.org/，需注册账号有偿访问。

（4）MathsciNet。

MathSciNet数据库（http://mathscinet.ams.org/mathscinet/）是美国数学学会出版的 *Mathematical Reviews*（《数学评论》）和 *Current Mathematical Publications*（《最新数学刊物》）的网络版，包含《数学评论》自1940年出版以来的所有评论文章，包括期刊、图书、会议录、文集和预印本。其中对来自全世界250多家专业出版社的2 000多种期刊做评选，对500余种数学核心期刊做出全评。目前，中国近150种期刊被选评。MathSciNet含有原始文献的280多万条记录以及160多万多个链接。数据库每年会增加10万多条新记录。数据库每年还会增加8万多篇由专家所写的评论。MathSciNet是检索世界领域数学文献的重要工具数据库。全球现有超过2 000个学术单位通过集团订购方式在使用MathSciNet。

（5）BP文摘库。

美国生物科学数据库（BIOSIS Previews，BP）广泛收集了与生命科学和生物医学有关的资料，涵盖生命科学的研究主题，如生物学、生物化学、生物技术、医学、药学、动物学、农业等，收录世界上100多个国家和地区的5 500种生命科学期刊和1 500种非期刊文献如学术会议、研讨会、评论文章、美国专利、书籍、软件评论等，每年大约增加28万条记录，可从Web of Science平台访问该数据库（推荐使用）。

（6）Рж（AJ）文摘库。

俄罗斯《文摘杂志》（www.russ.ru）是由全俄科学技术情报所编辑出版的一套完整的综合性检索刊物，它收录约130个国家和地区66种文字出版的2.2万种期刊和6千多种连续出版物，每年还收录1万多种图书、15万件专利及科技报告、会议文献、各种标准，收录内容遍及自然科学、应用科学。

3）文科类常用文摘数据库

（1）ERIC 文摘库。

ERIC（Educational Resource Information Center，教育资源信息中心）是美国教育部的教育资源信息中心数据库，收录 980 多种教育及和教育相关的期刊文献的题录和文摘，包括 250 多种 EBSCO 收录的全文杂志教育文献数据库，数据年限为 1967 至今。ERIC 访问可从 EBSCOhost 数据库进入。

（2）PsycINFO 文摘库。

PsycINFO 数据库（心理学文摘数据库，简称 PI）是心理学学科的国际性权威数据库，由美国心理学学会（APA）出版，从深度和广度全面覆盖行为科学与心理健康领域，是收录完整且回溯久远（最早可回溯至 17 世纪）的行为科学及心理健康文摘库，目前已达 400 万笔记录。PI 收录的期刊、书籍和论文摘要等资源，99% 均为同行评审。该库涵盖心理学相关学科文献，如：医药、神经病学、教育、法律、犯罪学、社会科学、商业、组织行为、语言学等。PI 包括了来自 50 多个国家的 2 500 种多语种期刊的国际文献。由心理学专家执笔的精确索引和专业的文摘，每周更新。PI 访问网址：https://library.harvard.edu/services-tools/psycinfo。

（3）Econlit 文摘库。

EconLit 经济学文献数据库，由美国经济协会提供，收录管理、工农业经济、商业金融和投资、会计学、消费经济学、国际经济学、劳工、市场、人口、福利等，收录文献类型涉及 400 多种经济学方面的主要期刊、论文集、会议录、书籍、书评、学位论文及剑桥大学出版的经济学论文文摘，收录年限从 1969 年至今，该数据库访问可从 EBSCOhost 数据库进入。

2. 全文数据库

比较著名的外文全文数据库分为下面三种类型。

1）专业学会的全文数据库

美国数学学会数据库 AMS、美国物理学会数据库 APS Journals、美国土木工程师学会数据库 ASCE、美国机械工程师学会数据库 ASME 等都是专业学会的全文数据库。这类数据库特点：收录的期刊通常是该专业领域学术质量较高的期刊；期刊数量有多有少；期刊更新快；期刊的投稿指引在期刊页面明显位置；除了收录期刊，有些学会还收录学会组织召开的会议文献、标准、图书等。

2）出版商的数据库

Elsevier ScienceDirect、Springer Link、Wiley Online Library 等都是出版商的数据库。这类数据库特点：检索功能较为完善；与学会数据库相比，期刊和会议的量多，覆盖多个学科；更新快。

3）集成商的数据库

集成商的数据库有 EBSCO、ProQust……。这类数据库的特点：整合多家出版商的期刊，数量多，覆盖多个学科；但收录的期刊不稳定，部分论文更新滞后。

4.5.4.2　常见的英文期刊全文数据库一览表

常见英文期刊全文数据库见表 4-4。

表 4-4　常见英文期刊全文数据库一览表

数据库名称	年　代	内容介绍
ACS Publications	1879—	美国化学学会出版的 40 种期刊，内容涉及生化研究、药物化学、有机化学、普通化学、环境科学、材料学、植物学、毒物学、食品科学、物理化学、环境工程学、工程化学、应用化学、分子生物化学、分析化学、无机与原子能化学、资料系统计算机科学、学科应用、科学训练、燃料与能源、药理与制药学、微生物应用生物科技、聚合物、农业学
AMS Journals	1995—	美国数学学会出版的期刊
APS Journals	1893—	美国物理学会出版的 8 种期刊
ASCE	1995—	美国土木工程师学会出版的 30 种期刊，以及会议录、图书专论、委员会报告、手册和标准等
ASME	2000—	美国机械工程师学会出版的 19 种期刊和 Applied Mechanics Reviews（应用力学评论）
SLAM Journals	1952—	美国工业与应用数学会出版的 13 种期刊，内容涉及应用与计算数学
SPIE Digital Library	1998—	美国光学工程学会的会议录及期刊
IEL	1988—	美国电气电子工程师学会和英国工程技术学会出版的 280 种期刊、7 151 种会议录、1 590 种标准全文
OSA Publications	1917—	美国光学学会出版的 14 种期刊和会议录
Science Online	1995—	美国科学促进会出版的 Science 周刊，内容为科学新闻、研究论文、一般性论文、具有影响力的科学研究报告以及书评等
EBSCO	1960—	由 EBSCO 公司提供。其中，学术期刊数据库（Academic Search Premier）有近 4 700 种出版物全文，包含 3 600 多种同行评审期刊。内容涵盖社会科学、人文、教育、计算机科学、工程、物理、化学、艺术、医学等。商业资源数据库（Business Source Premier）有 9 000 种出版物，其中包含同行评审期刊 1 100 多种。内容覆盖营销、经济管理、金融、会计、经济学、劳动人事、银行以及国际商务等
Emeraldinsight	1994—	Emeraldinsight 检索平台提供：① Emerald Management Xtra《Emerald 管理学全集》，包含了 160 种期刊；② Emerald Engineering Library《Emerald 工程图书馆》（文摘数据库）。另外还有 ManagementFirst、Emerald Conferences 等栏目。内容涉及会计金融和法律、经济和社会政策、健康护理管理、工业管理、企业创新、国际商务、管理科学即研究、人力管理、质量管理、市场学、营运与后勤管理、组织发展与变化管理、财产与不动产、策略和通用管理、培训与发展、教育管理、图书馆管理与研究、信息和知识管理、先进自动化、电子制造和包装、材料科学与工程等
Elsevier ScienceDircet	1995—	Elsevier 出版集团所属的 2 200 多种同行评议期刊和 2 000 多种系列丛书、手册及参考书等，内容分为物理学与工程、生命科学、健康科学、社会科学与人文科学四大类
LexisNexis	1790—	由 Reed Elsevier 集团下属的 LexisNexis 公司提供。内容涉及法律研究、新闻报纸、杂志、学术期刊以及商情信息

续表

数据库名称	年代	内容介绍
First Search-Wilson Select Plus	1994—	由 OCLC 提供，包含 2 393 种期刊全文，内容涵盖科学、人文、教育和工商等方面
JSTOR	从创刊—2003	JSTOR 是一个过刊库，是以人文及社会科学方面的期刊为主，收集从创刊号到 2003 年的过刊 700 多种
Kluwer Online	1994—	Kluwer Academic Publisher 出版的 800 种电子期刊
Nature 网站	1997—	提供 Nature 周刊即 Nature 出版集团出版的 8 种期刊、6 种评论月刊以及 3 种重要的物理与医学方面的参考工具书
ProQuest Science Journals	1994—	由 ProQuest Information and Learning 公司提供。包含原 Applied Science and Technology Plus 数据库的全部期刊，内容涉及计算机、工程、物理、通信、运输等领域。收录学术期刊 622 种，部分有全文
Muse Scholary Journals Online	1995—	由 Johns Hopkins 大学出版社和 Milton S.Eisenhower 图书馆提供。目前提供 73 个出版社的 350 余种期刊的全文访问，每年有新刊增加。收录期刊的重点为文学、历史、地域研究、政治和政策研究
Royal Society Journals	创刊—	英国皇家学会出版的 7 种期刊。内容涉及生物、物理、一般学科、科学史等领域。可以访问期刊从创刊年以来的所有文章
RSC Publications	1997—	英国皇家化学学会出版的 20 多种电子期刊
SAGE Premier	1999—	由 SAGE 出版公司提供，包含 452 种期刊全文。内容涉及传播媒体、教育、心理与咨询、社会学、犯罪学、城市研究与规划、政治和国际关系、商业管理和组织学、观光旅游学、青少年及老年研究、方法学、考古人类学、语言学、视频科学、信息科学、数学与统计学、化学和材料科学、工程、环境科学、生命科学、护理学、健康科学与临床医学等
Taylor & Francis Online Journals	1997—	Taylor & Francis Group 出版的期刊全文数据库，内容涉及数学、物理学、化学、生命科学、材料科学、工程技术、计算机科学、经济管理、法律、人文艺术、社会科学等领域。凡订购了 Taylor & Francis Group 印刷版期刊的用户，可以免费访问相应的电子期刊全文
Wiley InterScience	1997—	John Wiley & Sons Inc.出版 482 种期刊全文。内容涉及商业、化学、计算机、地球环境科学、工程、法律、生命科学、数学与统计、医学、物理与天文学、聚合物与材料科学、教育学、心理学、社会科学等
WorldSciNet	2000—	由新加坡世界科学出版社提供，有 84 种全文电子期刊，涵盖数学、物理、化学、生物、医学、材料、环境、计算机、工程、经济、社会科学等领域

4.5.4.3　开放的外文英文期刊全文数据库资源

1. RePEc

经济学科的 RePEc(Research Papers in Economics，RePEc)，访问网址为 http://repec.org/，RePEc 是 103 个国家的数百名志愿者的协作努力，旨在加强经济学和相关科学研究的传播。该项目的核心是一个分散的工作论文、期刊文章、书籍、书籍章节和软件组件的书目数据库，所有这些都由志愿者维护。然后将收集的数据用于各种服务，这些服务将收集的元数据提供给用户或增强它。该项目始于 1997 年，它的前身 NetEc 可以追溯到 1993 年。

迄今为止，来自 103 个国家的 2 200 多个档案馆已从 3 750 种期刊和 5 400 篇工作论文系列中贡献了约 380 万个研究项目。超过 64 000 位作者已注册，每周提供 80 000 封电子邮件订阅服务。

RePEc 由圣路易斯联邦储备银行研究部赞助并使用其 IDEAS 数据库，提供超过 1 200 000 篇全文文章的链接。大多数贡献都可以免费下载，但版权归作者或版权所有者所有，它是世界上最大的学术资料互联网存储库之一。

数据库中的信息用于对 50 000 多名注册经济学家进行排名，也有按国家和子学科的排名。

2. Cogprints

CogPrints（http://cogprints.org/）认知学科预印本，是一个由英国南安普敦大学电子与计算机系开发的认知科学（认知科学是心理学、神经医学、语言学、计算机科学、生物医学、人类学乃至自然哲学等交叉发展的学科）的电子文档仓储库。CogPrints 提供已出版的、同行评审期刊的印后本，以及未正式出版、未经评审的预印本，覆盖心理学、行为生物学、计算机科学、语言学、人工智能以及哲学等各个认知学科的相关领域。

3. PLOS 期刊

PLOS（The Public Library of Science，美国公共图书馆）由生物医学科学家哈罗德·瓦尔缪斯（Harold E. Varmus）、帕克·布朗（Patrick O. Brown）和迈克尔·艾森（Michael B. Eisen）创立于 2000 年 10 月，是一家由众多诺贝尔奖得主和慈善机构支持的非营利性学术组织，是为科技人员和医学人员服务且免费获取的公共资源，访问网址：https://plos.org/publications。

4. Arxiv

Arxiv（https://arxiv.org），Arxiv 发音同"archive"。1991 年美国洛斯阿拉莫斯国家实验室建立，2001 年转由康奈尔大学维护。它是世界第一个预印本数据库，物理、数学、计算机以及相关领域专家、学者经常使用的文献宝库，既包括未正式出版的预印本（Preprint），也收录已出版的同行评审期刊的印后本（Postprint），可在线浏览或下载全文。

5. BMC 期刊

BMC（BioMed Central），其网址为 https://www.biomedcentral.com/，现有 300 种同行评议期刊，大部分为生物医学领域的期刊。该中心出版的期刊又称 BMC 期刊，可免费检索和全文获取的功能。BioMed Central 是 OA 运动的一个典型机构，所出版的期刊大多为同行评审刊，论文质量非常高。

BioMed Central 期刊学科范围涵盖了生物学和医学的所有主要领域。其精选刊物包括 BMC Biology、BMC Medicine、Genome Biology、Genome Medicine 和 BMC Global and Public Health，学术期刊包括 Journal of Hematology & Oncology、Malaria Journal 和 Microbiome，以及 BMC 系列期刊。BMC 现在隶属 Springer Nature 旗下。

6. DASH 资源

DASH（Digital Access to Scholarship at Harvard）是收录哈佛大学教研人员研究成果的开放学术资源库，访问网址为 http://dash.harvard.edu/。

7. DOAJ 资源

DOAJ（Directory of Open Access Journals）由瑞典 Lund 大学图书馆创建和维护。该系统收录期刊的文章都是经过同行评议或严格评审的，质量高，包括很多 SCI 收录的期刊。DOAJ 收录的 OA 期刊数量非常多，属于最好的 OA 期刊目录网站（访问网址为 https://doaj.org/）。DOAJ 除了查询 OA 期刊外，还可以查询部分期刊的文章内容。目前 DOAJ 收录了 11 645 份学术期刊，其中 2 436 份期刊可以搜索到文章内容，大概有 478 311 篇论文。

8. Free Medical Journals

Free Medical Journals 免费医学期刊网（http://www.freemedicaljournals.com/），提供 990 余种网上免费的生物医学全文期刊，还可看到大部分期刊的影响因子，以及免费可得到部分的重要医学教科书的全文链接。

9. OpenDOAR

OpenDOAR 是由英国的诺丁汉大学和瑞典的伦德（Lund）大学图书馆于 2005 年 2 月共同创建的开放获取仓储检索系统，提供全球高品质开放获取信息资源库清单，目前已有超过 2 600 家学术科研机构加入，其中包括中国境内中国科学院及下属各研究机构、清华大学、北京大学、厦门大学、香港大学、澳门大学等 40 所机构仓储库。用户可以通过机构名称、国别、学科主题、资料类型等途径检索和使用这些仓储中各种类型的学术信息资源（期刊论文、会议论文、学位论文、技术报告、专利、学习对象、多媒体、数据集、研究手稿、预印本等）。访问网址为 https://v2.sherpa.ac.uk/opendoar/。

10. Chicago Journals

Chicago Journals（https://www.chicagojournal.com/），收录 1995 至今由芝加哥大学出版社出版的 53 种期刊，内容涉及天文学、教育、人文、法律、生命科学、医学、社会科学领域。凡订购了该出版社印刷版期刊用户，可免费访问相应的期刊电子全文。

11. Cambridge Journals

Cambridge Journals（https://www.cambridge.org/core），收录从 2000 年至今由英国剑桥大学出版社出版的 336 种期刊，内容涉及数学、物理学、政治学、经济学、法学、生物医学、心理学。凡订购了该出版社印刷版期刊用户，可免费访问相应的期刊电子全文。

4.5.5　外文文摘数据库检索操作举例——Web of Science

4.5.5.1　Web of Science 数据库简介

Web of Science，又称为 Web of Knowledge，简称 WOS，收录了论文中所引用的参考文献，并按照被引作者、出处和出版年代编制成独特的引文索引。通过独特的引文索引，用户可以用一篇文章、一个专利号、一篇会议文献、一本期刊或者一本书作为检索词，检索它们的被引用情况，轻松回溯某一研究文献的起源与历史，或者追踪其最新进展；可以越查越广、越查越新、越查越深。

1. 历史沿革

1997 年，Thomson（汤姆森）公司将 SCI（Science Citation Index，科学引文索引，创立

于 1963 年），SSCI（Social Science Citation Index，社会科学引文索引，创立于 1973 年）以及 AHCI（Arts & Humanities Citation Index，艺术与人文科学引文索引，创立于 1978 年）整合，利用互联网开放环境，创建了网络版的多学科文献数据库——Web of Science。2016 年 7 月，Onex Corporate 与 Baring Private Equity Asia 完成对 Thomson Scientific 的收购，将其更名为科睿唯安（Clarivate Analytics）。

2. 地位

WOS 是全球最大、覆盖学科最多的综合性学术信息资源，收录了自然科学、工程技术、生物医学等各个研究领域最具影响力的 2 万多种核心学术期刊。而 WOS 推出的影响因子（Impact Factor, IF）现已成为国际上通用的期刊评价指标，它不仅是一种测度期刊有用性和显示度的指标，而且也是测度期刊的学术水平，乃至论文质量的重要指标。

3. 收录文献

WOS 内容涵盖自然科学、工程技术、生物医学、社会科学、艺术与人文等领域，最早回溯至 1900 年，是获取全球学术信息的重要数据库，由以下几个重要子数据库组成：

（1）Science Citation Index-Expanded（SCI-EXPANDED，科学引文索引，简称 SCI），收录 9 300 多种期刊，收录时间 1900 年——至今。

（2）Social Sciences Citation Index（社会科学引文索引，简称 SSCI），收录 3 400 多种期刊，收录时间 1900 年至今。

（3）Arts & Humanities Citation Index（艺术人文引文索引，简称 A&HCI），收录 1 800 多种期刊，收录时间 1975 年—至今。

（4）Conference Proceedings Citation Index（会议论文引文索引，CPCI）以及 Conference Proceedings Citation Index Social Sciences & Humanities（社会科学和人文科学会议文献引文索引，CPCI-SSH），收录了 224 000 多种会议录，收录时间 1990 年至今。

（5）Book Citation Index（图书引文索引，简称 BCI），目前收录了 101 800 多种图书，同时每年增加 10 000 种新书。

（6）Emerging Sources Citation Index（新兴资源索引，简称 ESCI），主要定位于拥有"活力和潜力"，且在学术界已经产生"地区"影响力的新刊。ESCI 收录的期刊已经通过了初始的期刊评价。

（7）Current Chemical Reactions（当前化学反应，简称 CCR），收录了 1840 年以来的化学反应的事实性数据。

（8）Index Chemicus（化学索引，简称 IC），收录了 1993 年以来的化学物质的事实性数据。

（9）Derwent Innovations Index（德温特专利索引，简称 DII），用户不仅可以通过它检索专利信息，而且可以通过专利间引用与被引用这条线索帮助用户迅速地跟踪技术的最新进展；更可以利用其与 WOS 的连接，深入理解基础研究与应用技术的互动与发展，进一步推动研究向应用的转化。

（10）BIOSIS Previews（美国生物科学文摘数据库，简称 BP），涉含生命科学与生物医学研究工具，内容涵盖临床前和实验室研究、仪器和方法、动物学研究等，收录时间 1994 至今。

（11）Current Contents Connect（现刊期刊目次库，简称 CCC），包含世界一流学术性期刊和图书的完整目录和题录信息，以及经过评估的相关网站和文献，收录时间为 1998 年至今。

4. 数据库登录

WOS 数据库国内个人用户访问网址为 https://webofscience.clarivate.cn/，需注册使用。单位订购的集团用户（如高校），可直接从所在高校图书馆网页的数据库链接登录使用。

5. 检索技术

WOS 数据库文献检索提供的检索字段有：Title（题名）、Author（作者）、Publication Titles（出版物名称）、Year Published（出版年）、Affiliation（工作单位）、Address（地址）、Document Type（文献类型）、DOI 等 24 个字段。若检索的过程中，需要输入更多的检索条件，点击"Add row"添加。通过下拉菜单选择检索字段。可以检索引用了个人著作的参考文献；与文献管理软件 Endnote 无缝对接，可以创建自己的私人文献库，方便论文管理。

WOS 数据库引文检索提供的检索字段有：Cited Title（被引题名）、Cited Author（被引作者）、Cited Year（被引年代）等 7 个字段，若检索的过程中，需要输入更多的检索条件，点击"Add row"添加。

Web of Science 两种检索类型都提供了框式检索和高级检索，支持"*""?"截词算符，也支持"双引号"来实现精确检索。

4.5.5.2 WOS 服务功能

1. 同时提供多个数据库检索

点击链接"WOS 核心合集（指 SCI、SSCI、AHCI、ESCI、CPCI、BKCI）"，可进入引文索引数据库首页（见图 4-13）。用户可以选择检索类型、选择子数据库及数据年代。除了能检索到 WOS 核心合集外，还能检索到：BIOSIS Previews（美国生物科学文摘数据库）、Chinese Science Citation Database（中国科学引文数据库）、Data Citation Index（数据引证索引）、Derwent Innovations Index（德温特专利索引）、INSPEC（前身是英科学文摘）、KCI-Korean Journal Database（韩国期刊数据库）、MEDLINE（医学索引）、Russian Science Citation Index（俄罗斯科学引文索引）、SciELO Citation Index（科技电子在线图书引文索引）。系统默认同时在这些数据库中检索，用户也可选择其中的某个子库检索。在 WOS 中的数据年代指文献收录时间，而不是文献的发表时间。

图 4-13 WOS 数据库首页

2. 提供领域发展趋势与科研动态追踪

通过对检索结果进行分析，利用引文报告功能可以查看每年该领域发文数目等信息，判断领域的发展趋势，同时，也可以很方便地知道该领域最具影响力的论文（包括领域中的高被引论文以及热点论文等），主要研究机构，领域内的知名研究人员等。通过创建检索历史跟踪服务（Email 定题服务）可以很方便地知道所检索内容的最新进展，也可以追踪某一期刊的最新论文等。

3. 收录与引用查询

可以很方便地知道论文是否被 WOS 收录，论文自引，他引次数等信息。论文的收录引用情况在申请基金，申报职称时都必不可少。

4. 期刊学术水平的影响评价

科睿唯安 Clarivate Analytics（Thomson Scientific）每年都会推出期刊影响因子 Journal of Citation reports（JCR），发布各期刊新一年的影响因子。

4.5.5.3 WOS 检索实例

检索实例 1：检索"四川轻化工大学"（SUSE）和"重庆农业科学院"（CQAAS）两个机构在 2019—2023 年，这 5 年间被 WOS 数据库收录的文献，并分析这两个机构引文趋势和主要研究学科领域。

检索类型：文献检索。

检索字段：Affiliation(工作单位)，分别键入"Sichuan University of Science & Engineering" "Chongqing Academy of Agricultural Science"，点击"Add date range"（时间范围），选择"Index date"，键入"2019-01-01"，to"2023-12-31"。

检索结果：分别如图 4-14（a）和图 4-14（b）所示（检索时间：2024 年 6 月 11 日）。

检索实例 1 检索结果分析如下：

1) 分析文献检索结果

点击"Analyze Results"（分析结果），即可看到按学科类别的统计分析数据（分析结果还可以下载导出），如图 4-15 所示。图 4-15（a）所示为根据检索实例 1SUSE 得出排在前面 10 名的结果，SUSE 主要研究领域材料学、化学和化学工程、食品科学等；图 4-15（b）所示检索实例 1CQAAS 排在前面 10 名的结果，CQAAS 主要研究领域植物科学、农学、环境科学、食品科学技术、基因遗传等。两个机构在"食品科学"领域都涉及。

2) 查看引用报告

点击"Citation Report"（引证报告），即可生成引用报告，可以看到指定时间段引用时间趋势图（见图 4-16），也可以看到具体某一篇文献引用数据，其结果仍可下载导出。

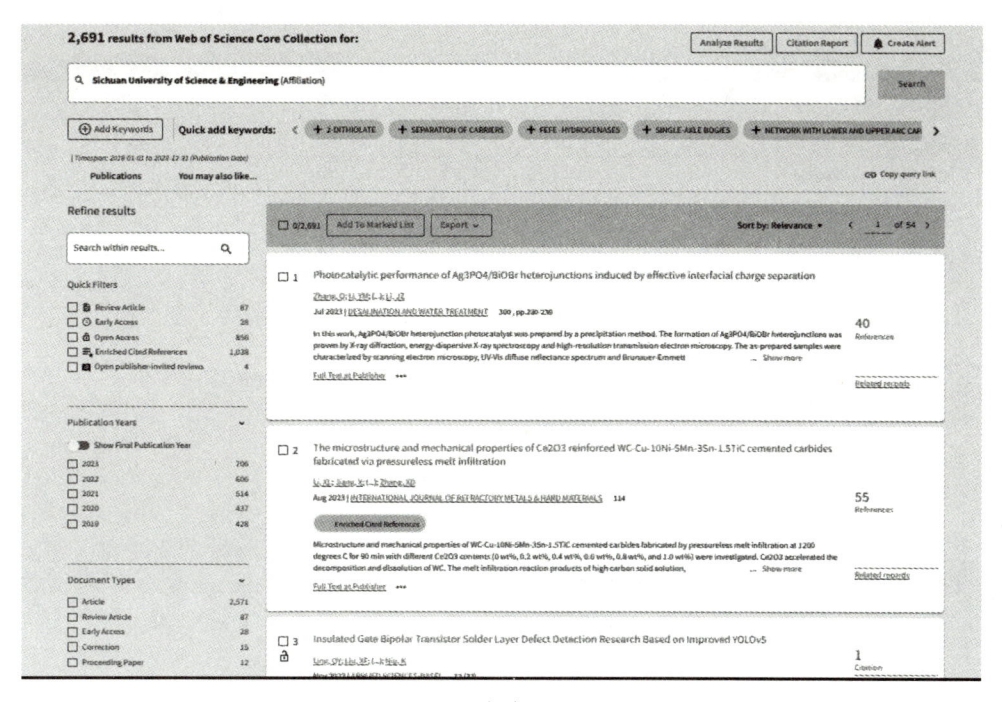

（a）

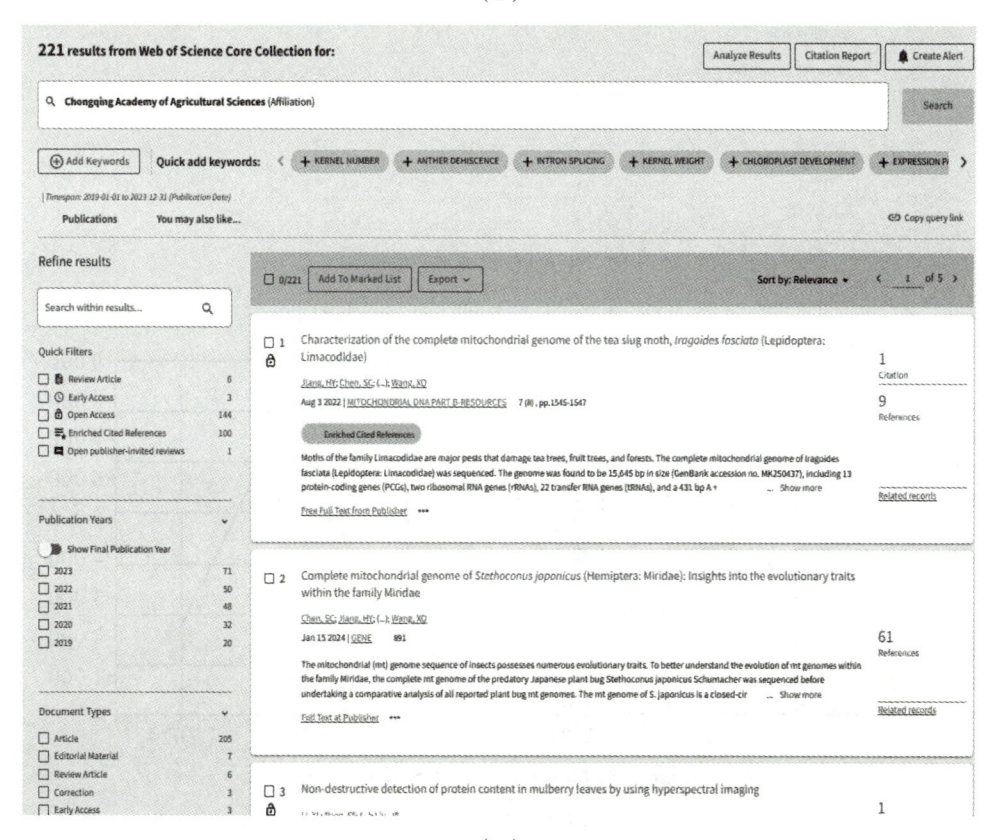

（b）

图 4-14　WOS 检索实例 1 文献被收录结果

Select All □	Field: Web of Science Categories	Record Count	% of 2,691
□	Materials Science Multidisciplinary	423	15.719%
□	Chemistry Physical	361	13.415%
□	Physics Applied	253	9.402%
□	Chemistry Multidisciplinary	225	8.361%
□	Engineering Chemical	178	6.615%
□	Engineering Electrical Electronic	171	6.355%
□	Chemistry Inorganic Nuclear	168	6.243%
□	Food Science Technology	139	5.165%
□	Physics Condensed Matter	126	4.682%
□	Metallurgy Metallurgical Engineering	120	4.459%

(a) SUSE 的前 10 名学科

Select All □	Field: Web of Science Categories	Record Count	% of 221
□	Plant Sciences	65	29.412%
□	Agronomy	31	14.027%
□	Environmental Sciences	26	11.765%
□	Food Science Technology	25	11.312%
□	Genetics Heredity	20	9.050%
□	Biotechnology Applied Microbiology	16	7.240%
□	Biochemistry Molecular Biology	12	5.430%
□	Horticulture	12	5.430%
□	Entomology	10	4.525%
□	Soil Science	9	4.072%

(b) CQAAS 的前 10 名学科

图 4-15　WOS 检索实例 1 统计分析结果

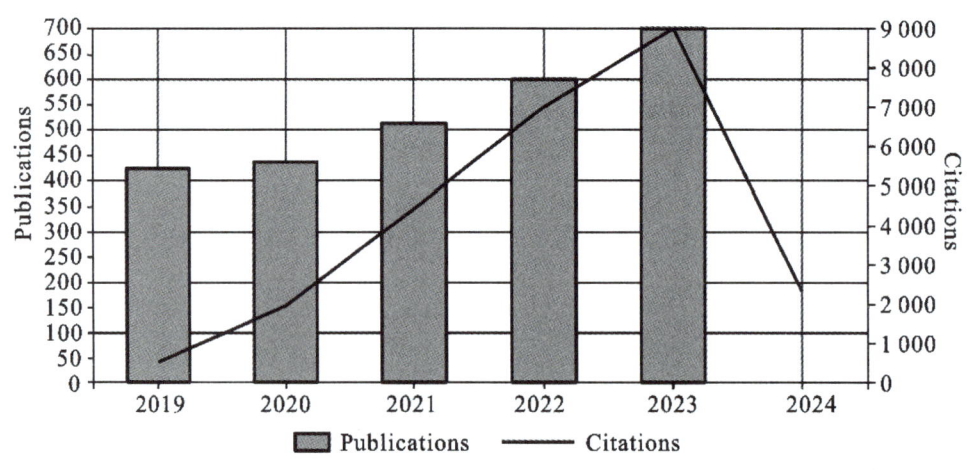

(a) SUSE 的引用时间趋势

（b）CQAAS 的引用时间趋势

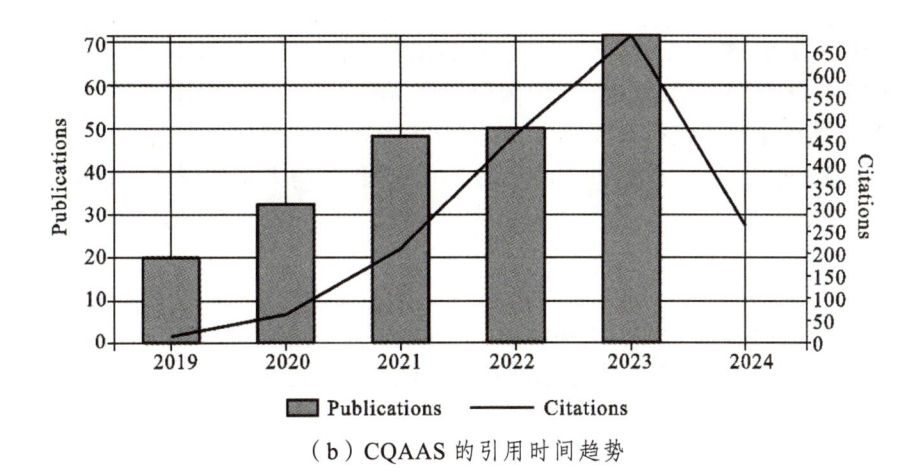

图 4-16　WOS 检索实例 1 引用时间趋势

3）创建通知（"Create Alert"）等

可免费注册账号，登录后通过邮箱跟踪上述检索条件的最新结果。

在检索结果界面[见图 4-14（a）]，在界面的左边可以选择"quick filters"（快速过滤）、"Publication Years"（出版年）、"Document Types"（文献类型）等筛选细目精炼检索结果。例如，选择"rsearcher profiels"（研究者档案），可以看到四川轻化工大学 2019—2023 年按发文数量排序的作者姓名和发文数量，点击某一作者姓名，还可看到该作者详细通讯信息和发文的详细信息，可对选定的发文作者进行"Analyze Results""Citation Report"和"Create Alert"。

检索实例 2：检索文章《N 掺杂 TiO_2 在去除有机污染物方面具有优异的可见光响应光催化性能》的引证报告。

首先，找到该中文文献题名的英译名，然后再检索操作。

检索类型：引用参考文献。

检索字段：Cited Title，键入"Excellent visible light responsive photocatalytic behavior of N-doped TiO2 toward decontamination of organic pollutants"。

则可以看到该文的引文网络、Web 核心集被引次数、所有数据库引用次数、引用参考文献，以及该文的作者、文献类型、资助基金、收录信息和发文期刊等信息。

4.5.6　外文全文数据库检索举例——Elsevier ScienceDirect

4.5.6.1　数据库概况

Elsevier ScienceDirect，简称 SD，由数据库出版公司 Reed Elsevier（里德·爱思唯尔）提供，Elsevier 于 1580 年创立，现在总部设在荷兰，是一家在全球很有影响的出版商和信息供应商。ScienceDirect 是它的网络全文期刊数据库平台系统。

SD 数据库收录了 4 000 余种科技期刊，目前平台还提供了有 330 多万余篇开放获取论文，最早可以回溯到 1823 年，内容覆盖 24 个学科领域，可供读者在线阅读或下载阅读。除了期刊外，ScienceDirect 还收录了 2 000 多种图书，包括丛书、手册、参考工具书以及单行本电子图书。

Elsevier 公司出版的期刊、图书是业界公认的高质量学术出版物，其出版的期刊大多数为同行评审的核心期刊，被许多著名的二次文献数据库所收录（约 1 400 种期刊被 SCI 收录），全球超过 1 100 万科研人员在阅读，是中国用量最高的外文全文数据库。

SD 数据库覆盖学科领域有物理学与工程（Physical Sciences and Engineering）、生命科学（Life Sciences）、健康科学（Health Sciences）、社会科学与人文科学（Social Sciences and Humanities）四大类。

4.5.6.2　SD 数据库登录

SD 数据库个人用户访问网址为 www.sciencedirect.com，需注册使用。单位订购的集团用户（如高校），可直接从所在高校图书馆网页的数据库链接登录使用。

4.5.6.3　SD 数据库检索

SD 数据库分四个大类，每个大类下面又分为几大主题，如物理学与工程类下面分为 Chemical Engineering、Computer Science、Chemistry、Earth and Planetary Sciences、Energy、Engineering、Materials Science、Mathematics、Physics and Astronomy、Chemical Engineering。每个主题下面又分为副主题，如 Chemical Engineering 又分为以下几大副主题：Bioengineering、Catalysis、Chemical Engineering (General)、Chemical Health and Safety、Colloid and Surface Chemistry、Filtration and Separation、Fluid Flow and Transfer Processes、Process Chemistry and Technology。根据需要，点击相应的大类、主题、副主题，然后还可以根据图 4-17 所示的界面，对出版物类型（Publication Type）、期刊状态（Journals Status）、存取类型（Access Type）进行精炼选择。

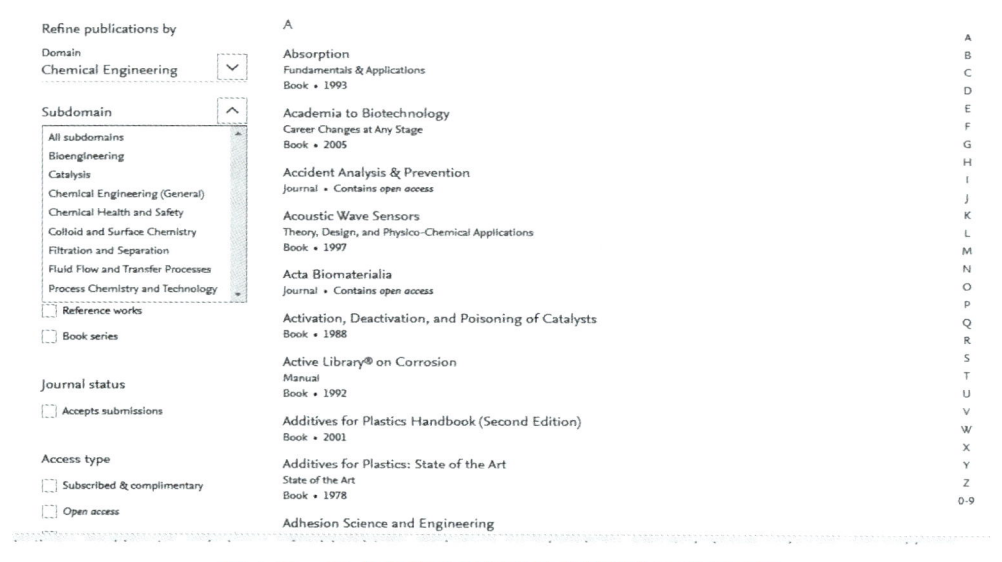

图 4-17　SD 数据库学科浏览检索精炼筛选示例界面

1. 初级检索

在数据库的框式检索界面，可以用关键词、作者、题名、卷期等字段进行检索。

2. 高级检索

在框式检索界面，点击"advanced search"，进入 SD 数据库高级检索界面，如图 4-18 所示。该界面检索字段默认的是逻辑与算符。该外文数据不支持"*"和"?"截词算符。两个以上的检索词可用双引用""限定前后关系且中间不允许插入其他单词,实现精确检索。

该全文数据库支持 PDF 阅读器,可在线阅读也可下载全文。

图 4-18　SD 数据库高级检索界面

4.5.7　查找高水平期刊论文

学习了中外文期刊论文检索,下面讲述如何获取高质量的学术期刊全文。

4.5.7.1　查找高倍引用论文

引频次是引文分析用于科技评价中最具代表性的科学计量指标,广泛用于论文评价、期刊评价、科学家评价、机构评价甚至国家层面的评价,通常被看作学术影响力或研究质量的重要标志。所以可以根据数据库提供的论文引用次数(见图 4-8)排序来筛选所需要的学术期刊论文。

4.5.7.2　查找核心期刊论文

出版发行学术期刊很多(《乌利希国际期刊指南》收录的全球学术期刊有 15 万余种),但核心期刊不太多,故通过查找核心期刊,也是获取高质量学术期刊论文的一种途径。

核心期刊:原指刊登与某一学科或专业有关的论文较多的那些期刊,现指引用计量学的方法筛选出来的高质量期刊,是进行刊物评价而非具体学术评价的工具。

1. 遴选中文学术核心期刊常用的体系

1)《中文核心期刊要目总览》

《中文核心期刊要目总览》(http://hxqk.lib.pku.edu.cn)，是由北京大学图书馆及北京十几所高校图书馆众多期刊工作者及相关单位专家完成的中文核心期刊评价研究项目成果，目前已经出版了1992年版、1996年版、2000年版、2004年版、2008年版、2011年版、2014年版、2017年版、2020年版、2023年版共10版。其主要是为图书情报部门对中文学术期刊的评估与订购、为读者导读提供参考依据。在2008年之前，每4年更新研究和编制出版一次；2008年之后，改为每3年更新研究和编制出版一次，每版都会根据当时的实际情况在研制方法上不断调整和完善，以求研究成果能更科学合理地反映客观实际。

2) 中国科学引文数据库来源期刊

中国科学引文索引数据库（Chinese Science Citation Database，CSCD），由中国科学院编制，偏重基础科学领域的期刊。CSCD创建于1989年，收录我国数学、物理、化学、天文学、地学、生物学、农林科学、医药卫生、工程技术和环境科学等领域出版的中英文科技核心期刊和优秀期刊千余种。从1989年到现在的论文记录有481余万条，引文记录6 085余万条。

中国科学引文数据库除具备一般的检索功能外，还提供新型的索引关系——引文索引，使用该功能，用户可迅速从数百万条引文中查询到某篇科技文献被引用的详细情况，还可以从一篇早期的重要文献或著者姓名入手，检索到一批近期发表的相关文献，对交叉学科和新兴学科的发展研究具有十分重要的参考价值。中国科学引文数据库还提供了数据链接机制，支持用户获取全文。

中国科学引文数据库具有建库历史悠久、专业性强、数据准确规范、检索方式多样、完整、方便等特点，从提供使用以来，深受用户好评，被誉为"中国的SCI"。

3) 中国科技核心期刊

中国科技核心期刊是指科技部中国科学技术信息研究所出版的中国科技论文统计源期刊，中信所用于科研绩效评估，评价期刊学术质量和影响得出，是国内比较公认的科技统计源期刊目录，学科范畴主要为自然科学领域。

4) 中文社会科学引文索引期刊

详见4.5.2.4节内容。

5) 中国人文社会科学核心期刊

中国人文社会科学核心期刊（AMI），由中国社会科学院文献信息中心提供，采用《A刊AMI评价指标体系》，对1304种中国人文社会科学学术期刊进行评价，评出5种顶级期刊、56种权威期刊、519种核心期刊和711种扩展刊。

6) 中国人文社科学报核心期刊

中国人文社科学报核心期刊，由中国人文社会科学学报学会提供，国内运用较少，不用于评价。

7) 中国核心期刊遴选数据库。

中国核心期刊遴选数据库（China Core Journal Alternative Database），由万方数据公司提供，但中国核心期刊（遴选）数据库≠核心期刊，不用于评价。

2. 国外核心期刊信息

如果要系统查阅国外的期刊信息，翻阅工具书《国外科技期刊手册》《国外科技核心期刊总览》等，也可访问科睿唯安（Clarivate Analytics）的主期刊列表（https://mjl.clarivate.com/home）查询，获取 web of science 核心合集中的 SCI、SSCI、A & HCI 的相关期刊信息；还可访问爱思唯尔的期刊查询器（Elsevier's Journal Finder，https://journalfinder.elsevier.com/）获取期刊信息。

4.5.7.3 查找数据库刊源

数据库刊源是指被国内外有一定学术影响力的数据库收录的学术期刊。

国内有一定学术影响力的数据库有中国科学引文数据库 CSCD、中文社会科学引文索引数据库 CSSCI。

国外有一定学术影响力的数据库有 CAS、INSPEC（SA）、EI、SCI、Pж（AJ）、JST（日本科学技术振兴机构数据库）、WJCI（科技期刊世界影响力指数报告来源期刊）等。

4.6 学术会议文献检索

4.6.1 学术会议文献概述

随着科学技术的快速发展，各个国家、各个学科（专业）的协会、学会、研究机构和国际学术组织越来越多，这些组织都会定期或者不定期举办学术会议，从而形成信息交流中一种特别的信息源——会议文献。

学术会议文献是了解各国科技水平动态、跟踪和预测科技发展趋势、进行信息分析和信息研究的重要参考资料，是传递科技信息、交流科技成果与经验的重要科技信息源之一。学术会议文献论点新颖，能反映某学科或专业国内外最新水平和发展方向；专业针对性、学术性强，主题明确；更新快，会议文献（论文）发表通常比期刊论文快；连续性，大多数重要的学术会议是连续性的，因此会议文献也呈连续性。以上特点决定了会议文献好用不好找。

学术会议文献检索一般分为四种：查找会议论文的摘要、题录信息，查找某本会议录，查找单篇会议论文，查找相关的会议日程信息。

4.6.2 学术会议文献的获取

学术会议文献获取可以通过图书馆印本馆藏、网络数据库检索、网络免费检索、申请文献传递，或者向相关学会、会议主办方或作者直接索取，但一般还是主要集成在一些综合检索平台和学会检索平台上，详见表 4-5。

表 4-5　学术会议文献检索常用的检索平台

数据库或学会名称	数据库或学会平台介绍
CPCI（以前的 ISTP）	Web of Science 平台提供《科技会议录索引》（简称 ISTP）。原科学技术会议录索引 ISTP，提供 1990 年以来以专著、丛书、预印本、期刊、报告等形式出版的国际会议论文文摘及参考文献索引信息，涉及自然科学和工程技术的所有领域。自 2008 年 10 月 20 日起，在全新升级的 Web of Science 中，ISTP 更名为 CPCI。由此，CPCI 成为 Web of Science 大家庭中的新成员，与 SCIE，SSCI，A & HCI 共同形成了一道独特的"引文索引"风景线
IEEE/IEE 学会	美国电气电子工程师学会和英国工程技术学会出版的 280 种期刊、7 151 种会议录、1 590 种标准全文
ACM 学会	美国计算机学会的出版物，期刊 6 种，杂志 10 种，汇刊 29 种，会议录 200 多种
AIP 学会	美国物理联合会，通过 Scitation 偏态提供服务
万方数据库	中国学术会议文献数据库（China Conference Proceedings Database），会议资源包括中文会议和外文会议，中文会议收录始于 1982 年，年收集约 3 000 个重要学术会议，年增 20 万篇论文，每月更新。外文会议主要来源于 NSTL 外文文献数据库，收录了 1985 年以来世界各主要学协会、出版机构出版的学术会议论文共计 766 万篇全文（部分文献有少量回溯），每年增加论文 20 余万篇，每月更新
中国知网	会议论文库，重点收录 1999 年以来，中国科协系统及国家二级以上的学会、协会，高校，科研院所，政府机关举办的重要会议以及在国内召开的国际会议上发表的文献，部分重点会议文献回溯至 1953 年。目前，已收录国内会议、国际会议论文集 4 万本，累计文献总量 340 余万篇

4.6.3　查找即将召开的会议信息

4.6.3.1　检索国内会议信息

1. 中国学术会议在线

中国学术会议在线（http://www.meeting.edu.cn/zh）是经教育部批准，由教育部科技发展中心主办，面向广大科技人员的科学研究与学术交流信息服务平台。利用现代信息技术手段，将分阶段实施学术会议网上预报及在线服务、学术会议交互式直播/多路广播和会议资料点播三大功能。为用户提供学术会议信息预报、会议分类搜索、会议在线报名、会议论文征集、会议资料发布、会议视频点播、会议同步直播、全文搜索等服务。用户也可以注册登录定制关注的专业或学科方面的会议信息。

与此相似的还有中国知网主办的中国学术会议网，专为会议主办方、作者、参会者设计并开发的网络化学术会议服务平台。可为中国知网个人注册用户提供会议信息推送，获得其所关注会议发布的最新通知、公告信息以及审稿录用等情况。

2. 国内相关学会或协会平台。

通过某些学会或者协会平台获知即将召开的会议信息，如：

（1）中国腐蚀与防护学会（Chinese Society for Corrosion and Protection，CSCP，http://www.cscp.org.cn）。

（2）中国机械工程学会（Chinese Mechanical Engineering Society，CMES，https://www.cmes.org/）。

（3）中国计算机学会（China Computer Federation，CCF，https://www.ccf.org.cn/）。

4.6.3.2 检索国外会议信息

登录国外相关专业协会或学会的网站，或者利用提供各种会议信息的目录型网站，获得最新会议信息，如：

（1）国际生物科学联合会（International Union of Biological Sciences，IUBS，http://www.iubs.org/）。

（2）美国电气和电子工程师协会会议（Institute of Electrical and Electronics Engineers，Inc，IEEE，https://www.ieee.org/）。

（3）美国核协会（American Nuclear Society，ANS，https://www.ans.org）。

（4）国际天文学联合会（International Astronomical Union，IAU，https://www.iau.org/）。

（5）国际计算机学会（Association for Computing Machinery，ACM，https://www.acm.org/）。

4.6.4 高质量的学术会议文献获取

学术会议文献按照交流的地域范围分为地方会议、全国性会议、国际性会议。按照国际会议水平和影响程度，国际会议分为：

（1）顶尖级会议，被广泛公认的本学科领域最高水平的国际会议。

（2）A类会议，本学科领域学术水平高，影响力大的国际会议。

（3）B类会议，学术水平较高，按一定时间间隔规范化，系列性召开的国际会议。

因此，可以根据会议文献的水平和影响程度获取高质量学术会议文献。

4.6.5 学术会议文献检索实例

检索实例：检索2023年召开有关食品安全的国际性会议文献。

提取检索词：食品安全。

检索字段：主题。

选择数据库：中国知网会议数据库。

限定条件：时间范围，"2023年1月1日至2023年12月31日"；会议级别："国际"。

检索结果：47条记录。

检索时间：2024年9月8日。

4.7 学位论文检索

4.7.1 学位论文概述

学位论文的体系结构一般比较固定，在撰写学位论文之前，可检索阅读同类论文作为参考。

学位论文一般依存于各个综合检索平台，如中国知网、万方数据；单个数据库除了每个学校自建的学位论文数据库，还有ProQuest学位论文全文数据库。

4.7.2 学位论文的获取

1. PQDT

ProQuest Dissertations & Theses：A & I（PQDT），收录欧美 1 000 余所大学 270 万余篇学位论文，是目前世界上最大和最广泛的学位论文文摘索引库，需订购付费。PQDT.OPEN（https://www.library.ucsb.edu/node/6113），收录了开放存取学位论文。

2. 中国知网学位论文全文数据库

中国知网学位论文全文数据库。该数据库依存于中国知网，包括《中国博士学位论文全文数据库》和《中国优秀硕士学位论文全文数据库》，是目前国内资源完备、质量上乘、连续动态更新的中国博硕士学位论文全文数据库。该库出版 500 余家博士培养单位的博士学位论文 40 余万篇，780 余家硕士培养单位的硕士学位论文 450 余万篇，最早回溯至 1984 年，覆盖基础科学、工程技术、农业、医学、哲学、人文、社会科学等各个领域，可用 CAJ 阅读器阅读全文。

3. CDD

中国学位论文全文数据库 CDD（China Dissertations Database）。该数据库依存于万方知识服务平台，收录始于 1980 年，年增 30 余万篇，涵盖基础科学、理学、工业技术、人文科学、社会科学、医药卫生、农业科学、交通运输、航空航天和环境科学等各学科领域。

4. CALIS 学位论文中心服务系统

CALIS 学位论文中心服务系统面向全国高校师生提供中外文学位论文检索和获取服务。

5. 中国国家图书馆博士论文库

中国国家图书馆博士论文库是国家图书馆自建的博士学位论文数据库。采用实名注册，用户可以在线使用，但无论在馆内还是馆外都只能在线看 24 页正文（正文以前的页码不计在内），到馆可阅读纸本全文，也可以复印。

6. 国家科技图书文献中心中文学位论文库

国家科技图书文献中心，中文学位论文可查询 1984 年至今，我国高等院校、研究生院及研究院所的博硕士论文和博士后报告，涉及自然科学各领域，兼顾人文社科。

7. WorldCatDissertations

FirstSearch-WorldCatDissertations，收录 OCLC WorldCat 中所有的博硕士论文和已出版的以 OCLC 成员编目的论文为基础的资料，涉及所有学科，主要来自欧美几千余所大学，共有博硕士论文 800 多万条。从高级检索的"互联网资源"中，可获近 20% 约 100 万篇全文。

8. 各学位授予机构的图书馆

各学位授予机构的图书馆，如清华大学图书馆的清华大学学位论文服务系统，四川轻化工大学图书馆的硕士论文库和优秀学士论文库。

9. 北京协和医学院博硕学位论文库

北京协和医学院博硕学位论文库，由中国医学科学院医学信息研究所/图书馆开发研制，收录 1981 年以来，协和医学院培养的博士、硕士研究生学位论文，涉及医学、药学各专业领域及其他相关专业，可在线浏览全文。每季更新。

10. 台湾新竹清华大学博硕士论文全文系统

台湾新竹清华大学博硕士论文全文系统，部分全文，1962 年至今，必须用繁体字检索，无须登录。

11. 香港大学学位论文

（1）Hong Kong University Theses Online，收录 1941 年至今的香港大学学位论文，部分全文收录。

（2）KUST Electronic Theses，收录 2002 年至今的香港科技大学学位论文，大部分全文收录。

（3）HKLIS-Dissertations and Theses Collections（DTC），收录香港 7 所大学及澳门大学的博硕士论文。

4.7.3 学位论文检索实例

检索实例：检索有关"青蒿素制备方法研究"的学位论文。

数据库：CNKI 中的博硕士学位论文数据库。

检索字段：主题。

检索词：青蒿素 制备 合成。

检索式：SU=(青蒿素) * (制备 + 合成)。

检索结果：544 条记录。

检索日期：2024 年 5 月 6 日。

4.8 专利文献检索

据世界知识产权组织（World Intellectual Property Organization，WIPO）报道：在各种专业期刊、杂志、百科全书等有关技术发展的资料中，能够全盘公开技术核心的仅有专利文献。专利说明书中包含了世界上 90%～95% 的（大多具有商业价值）研究成果，而且其中 80% 未在其他期刊、杂志中刊登。可以说，专利文献几乎记载了人类取得的每一项新技术成果，是最具权威性的世界技术的百科全书。善于利用专利文献，可缩短 60% 的研发时间，节省 40% 的研发经费。因此，文献调研不能忽视专利信息检索。

4.8.1 专利知识

1. 专 利

专利是受法律保护的发明创造，它是指一项发明创造向国家审批机关提出专利申请，经依法审查合格后向专利申请人授予的在规定的时间对该项发明享有的专有权。

为了更好地保护知识产权，许多国家都有自己专门的法律。专利制度是为了鼓励发明创造，并改变技术垄断的秘传陋习而建立的，可以说"充分公开"是建立专利制度的一个基本原则，它为各国专利法规所遵循。

2. 专利族

专利族（Patent Family）即不同国家授予同一项发明的一组专利（具有不同的专利号）。

同一专利族中的每件专利文献均为该专利族成员,即同一专利族中每件专利文献互为同族专利。同一专利族中最早优先权(最先申请)的专利文献称为基本专利。

同族专利的作用:提供有关该项发明的最新技术发展信息,在国际市场的发展状况,法律状态和经济情报(了解专利权人该技术在国际范围内的专利布局),帮助阅读者克服语言障碍。

3. 优先权

专利优先权指加入了《保护工业产权巴黎公约》成员国或地区的专利申请人就其发明创造第一次在某国提出专利申请后,在法定期限内,又就相同主题的发明创造提出专利申请的,根据有关法律规定,其在后申请以第一次专利申请的日期作为其申请日,专利申请人依法享有的这种权利,就是优先权。按照《保护工业产权巴黎公约》规定优先权期限:发明和实用新型的优先权期限为12个月,外观设计的优先权期限为6个月。

4.8.2 专利文献

1. 专利文献的分类法

专利分类是为了方便分类监督管理和检索。目前,国际上采用的是《国际专利分类法》(International Patent Classification,IPC),该分类法按照技术主题分类,采用等级结构,把整个技术领域按降序分为五个不同等级,即部、大类、小类、大组和小组。国际专利分类号以"int.CI"为标识符号,"CI"的上角数字表示版次。

第一等级为部(Section),IPC共有8个部,用大写字母A~H表示,在部的下面还有分部(Sub-Section),分部下有类目,没有类号,是"部"的一个简单的划分。每一个部作为一个分册出版,参见表4-6。

表4-6 国际专利分类法的部和分部

部 号	部	分 部
A	人类生活必需品	农业、食品与烟草、个人与家用物品、保健娱乐
B	作业、运输	分离与混合、成型、印刷、交通运输
C	化学、冶金	化学、冶金
D	纺织、造纸	纺织和未列入其他类的柔性原料、造纸
E	固定建筑物	建筑、钻井和采矿
F	机械工程、照明、加热、武器、爆破	发动机与泵、一般工程、照明与加热、武器与爆破
G	物理	仪器、核子
H	电学	不设分部

第二等级为大类(Class),类号由两位数字构成;小类(Subclass)是第三级类目,用一个大写辅音字母表示;第四级是组(Main Group),用1~3个数字或1~3个数字加"/00"组成;第五级是分组(Subgroup),是将主组类号后的"00"用至少一个不为"0"表示。"/00"用作分组的提纲挈领式说明。实际上,分组之间也有级别,分类表中在分组类目后加"·"数来区分。专利分类等级例子见表4-7。

表 4-7　专利分类等级例子

部	A	人类生活必需品
分部		保健与娱乐大类
大类	A63	运动；游戏；娱乐运动
小类	A63B	体育锻炼，体操游泳爬山或击剑用器械、球类；训练设备
组	A63B69/00	特殊运动用的和训练用的器械
一级分组	A63B69/20·	练习击拳用的吊球
二级分组	A63B69/22··	装于或悬挂于固定支撑物上的
三级分组	A63B69/24···	系在人体上的

更多详细的分类可访问中国国家知识产权局网站。

2. 专利说明书

狭义的专利文献指专利说明书。专利说明书由说明扉页、权利要求书、说明书和附图组成，内容比较具体，通过它可以了解一项专利的主要技术内容。专利说明书的内容和格式都有专利号，它由专利国别代码+序号组成。表 4-8 给出了主要国家或地区专利代码。对于专利说明书的内容及格式，专利法都给出了明确的规定。如我国《中华人民共和国专利法》第二十六条第三款规定："说明书应当对发明或者实用新型做出清楚、完整的说明，以所属技术领域的技术人员能够实现为准；必要时，应当有附图。摘要应当简要说明发明或者实用新型的技术要点。"

表 4-8　主要国家或地区专利代码

代码	国家或地区或组织	代码	国家或地区或组织
OA	非洲知识产权局	HK	中国香港特别行政区
EA	欧亚专利组织	IN	印度
EP	欧洲专利组织	JP	日本
WO	世界知识产权局	KR	韩国
AU	澳大利亚	MO	中国澳门特别行政区
CA	加拿大	RU	俄罗斯
DE	德国	TW	中国台湾
FR	法国	US	美国
GB	英国	CN	中国

3. 专利号

专利文献专利号是指国家知识产权局按照法定程序，在专利申请公布和专利授权公告时给予的专利文献标识号码。为完整标识一篇专利文献的出版国家，以及在不同程序中的公布或公告，采用"国家代码 + 专利文献号 + 专利文献种类标识代码"的联合使用。

例如：四川轻化工大学的彭奚和任爽发明的专利《一种 LED 灯智能控制开关》，其专利号的申请号为 CN201920914052.8，公告号为 CN210868220U。

其中"CN"是国家代码。在申请号中，"2019"是申请年，"20914052"这 8 位数字是申请流水号，后面的小数点是计算机校验码。在公告号中，其中"210868220"这 9 位阿拉伯数字，分别为申请种类号和公布或公告顺序的流水号两部分，第1位为申请种类号，第2~9位为文献流水号。申请种类号用一位阿拉伯数字表示，1表示发明专利申请；2表示实用新型专利申请；3表示外观设计专利申请。公告号中"U"是专利文献种类标识代码。专利文献种类标识代码的组成以一个大写英文字母，或一个大写英文字母与一位阿拉伯数字的组合表示。大写英文字母表示相应专利文献的公布或公告。阿拉伯数字：用来区别公布或公告阶段中不同的专利文献种类。

专利文献种类标识代码中字母的含义：

A——发明专利申请公布。

B——发明专利授权公告。

C——发明专利权部分无效宣告的公告。

U——实用新型专利授权公告。

Y——实用新型专利权部分无效宣告的公告。

S——外观设计专利授权公告或专利权部分无效宣告的公告。

专利文献种类标识代码中数字的含义，分别见表4-9至表4-11。

表4-9 发明专利文献种类标识代码

代码	含义
A0~A7	预留
A	发明专利申请公布说明书
A8	发明专利申请公布说明书（扉页再版）
A9	发明专利申请公布说明书（全文再版）
B0~B7	预留
B	发明专利说明书
B8	发明专利说明书（扉页再版）
B9	发明专利说明书（全文再版）
C、C0	预留
C8、C9	预留
C1~C7	发明专利权公告部分无效宣告的公告

表4-10 实用新型专利文献种类标识代码

代码	含义
U0~U7	预留
U	实用新型专利说明书
U8	实用新型专利说明书（扉页再版）
U9	实用新型专利说明书（全文再版）
Y、Y0	预留
Y8、Y9	预留
Y1~Y7	实用新型专利部分无效宣告的公告

表 4-11　外观设计专利文献种类标识代码

代码	含义
S0	预留
S8	预留给外观设计专利授权公告单行本的扉页再版
S	外观设计专利授权公告
S9	外观设计专利授权公告（全部再版）
S1～S7	外观设计专利授权公告部分无效宣告的公告

4. 专利文献检索字段及内涵

专利文献检索常用的字段及含义，列表于 4-12 中。

表 4-12　专利文献检索的字段及含义

字段	字段含义
标题	专利主题的简短描述，可以人工快速浏览与检索
摘要	简要描述专利的技术内容，最常用的检索字段，常与标题一起进行关键词检索
权利要求书	比标题和摘要更能确切地说明发明主题
专利说明书	是对发明或者实用新型的结构、技术要点、使用方法的介绍，包括技术领域、背景技术、发明内容、附图说明、具体实施方法
发明人	实际从事发明创造工作的人
代理人	经过专利培训与考核，并在国务院专利行政部门登记，专门从事专利代理业务的人员
申请人	对某项发明创造有资格向专利行政部门提出专利申请的公民、法人或者非法人单位，专利没授权前的申请人称为专利申请人，授权后称为专利权人
申请号	申请人在专利申报时，由国家知识产权局给申请人的受理号，即专利局受理专利时给专利提供的识别代码。三种专利申请号由 12 位数字组成，按年编排
申请日	指国家知识产权局专利局收到专利申请文件的日期
公开号	发明专利公布的编号
公开日	发明专利申请公开日
专利号	三种专利授权以后的代号
主分类号	同一专利申请中，由于技术内容的复杂性，有时会涉及多个技术领域，会出现一个申请具有若干个分类号的情况。这时，其中第一个称为主分类号
优先权日	专利申请人就同一项发明在国际专利组织缔约国中的一个国家提出申请之后，在规定的期限内又向其他缔约国提出申请时，申请人有权要求以第一次申请日期作为后来提出申请的日期，这一申请的日期就是优先权日
法律状态	有效性、权利转移状况及授权
引证文献	包括某建筑案例所引证的在先技术和日后引证该案的专利，可用来研究技术的衍生变化、上下位关系、公司研发特点以及不同申请人的技术关联

4.8.3　专利文献检索常用的网址

检索专利文献的网址平台很多，下面列出了专利文献检索的常用网址。

1. 中国国家知识产权局

中国国家知识产权局，详细内容见 4.8.4 节。

2. 中外专利数据库

中外专利数据库（Wanfang Patent Database，WFPD，网址为 https://c.wanfangdata.com.cn/patent:），依存于万方知识服务平台，涵盖 1.5 亿条境内外专利数据。其中，中国专利收录始于 1985 年，共收录 4 400 万余条专利全文，可本地下载专利说明书，数据与国家知识产权局保持同步，包含发明专利、外观设计和实用新型三种类型，准确地反映中国最新的专利申请和授权状况，每年新增 300 万条。境外专利 1.1 亿余条，均提供欧洲专利局网站的专利说明书全文链接，收录范围涉及中国、美国、日本、英国、德国、法国、瑞士、俄罗斯、韩国、加拿大、澳大利亚，世界知识产权组织、欧洲专利局等十一国两组织及两地区数据，每年新增 300 万余条。

3. 中国知网中的专利库

中国知网中的专利库，包括中国专利和境外专利。中国专利收录了 1985 年以来在中国大陆申请的发明专利、外观设计专利、实用新型专利，共 4 990 余万项，每年新增专利约 250 万项；境外专利包含美国、日本、英国、德国、法国、瑞士、俄罗斯、韩国、加拿大、澳大利亚，世界知识产权组织、欧洲专利局，中国香港及中国台湾等十国两组织两地区的专利，共计收录从 1970 年至今专利 1 亿余项，每年新增专利约 200 万项。可以通过申请号、申请日、公开号、公开日、专利名称、关键词、分类号、申请人、发明人、优先权等检索项进行检索，并一次性下载专利说明书全文。国外专利说明书全文链接到欧洲专利局网站。

4. 香港特别行政区知识产权署

香港特别行政区知识产权署成立于 1990 年 7 月 2 日，提供专利、商标、外观设计、版权的注册、检索服务，其网址：https://www.ipd.gov.hk/sc/home/index.html。

5. 德温特专利

Derwent Innovations Index（德温特，DII）是由 Derwent（全球最权威的专利文献信息出版机构）共同推出的基于 Web 的专利信息数据库，这一数据库将 Derwent World Patents Index（德温特世界专利索引，WPI）与 Patents Citation Index（专利引文索引）加以整合，以每周更新的速度，提供全球专利信息。

Derwent Innovations Index 收录来自全球 40 多个专利机构（涵盖 100 多个国家和地区）的 1 300 万条基本发明专利，3 000 万项专利，每周增加 2 万 5 千多个专利，分为 Chemical，Electrical & Electronic，Engineering 资料回溯至 1963 年。Derwent Innovations Index 还同时提供了直接到专利全文电子版的连接，用户只需点击记录中"Original Document"就可以立刻连接到 Thomson Patent Store，获取专利申请书的全文电子版。Derwent Innovations Index 所连接的专利全文电子版，包括以下专利机构所公布的专利全文：USPTO（美国专利局，1963 年以来）；German Patent and Trademark Office（德国专利和商标局，1968 年以来）；ESP（欧洲专利局，EP-A 1978 年以来，EP-B 1980 以来）；WIPO（世界知识产权组织，1978 以来）；日本专利申请书第一页的英文翻译（2000 年以来）。其他许多国家，如奥地利、比利时、德国、丹麦、法国、爱尔兰、意大利、卢森堡、荷兰、西班牙、瑞士、摩纳哥等，可从 WOS 数据库访问检索。

6. Patent Cloud 专利云

Patent Cloud 是孚创云端公司（InQuartik Co, Ltd）出品的专利检索平台，包含中国、美国、日本、印度、WO、EP 等国家/地区的专利全文以及九十多个国家/地区的专利摘要信息，累计一亿多篇专利。Patent Cloud 支持简体中文、繁体中文、英文等多种语言版本，可以提供专利家族、引证等信息，保存 PDF 格式全文。访问网址：https://app.patentcloud.com/。

7. 美国专利及商标局

美国专利及商标局（美国专利商标局，United States Patent and Trademark Office，PTO 或 USPTO）成立于 1802 年，是美国商务部下的一个机构，主要负责为发明家和他们的相关发明提供专利保护、商品商标注册和知识产权证明。该平台访问网址为 www.uspto.gov，用于检索美国授权专利和专利申请，提供 1790 年至今的图像格式的美国专利说明书全文，1976 年以来的专利还可以看到 HTML 格式的说明书全文。

8. JPO 日本特许厅专利检索

JPO 日本特许厅已将自 1885 年以来公布的所有日本专利、实用新型和外观设计电子文献及检索系统通过其网站上的工业产权数字图书馆（IPDL）在因特网上免费提供给全世界的读者。该工业产权数字图书馆被设计成英文版（PAJ）和日文版两种文字的版面。作为工业产权数字图书馆（Industrial Property Digital Library）的工业产权信息数据，英文版网页上只有日本专利、实用新型和商标数据，日文版网页上还包括外观设计数据。该平台访问网址为 https://www.j-platpat.inpit.go.jp/。

9. 韩国专利局检索系统

韩国知识产权局（KIPO）下属的韩国工业产权信息服务中心（KIPRIS），从 1998 年开始为本国和外国提供因特网在线免费专利信息检索服务。1999 年 KIPRIS 网站（eng.kipris.kr）提供韩国专利、实用新型的英文专利文摘（KPA）对外检索服务。2007 年，KIPRIS 网站增加了韩国外观设计和商标专利的英文检索，KIPRIS 信息报道、帮助文件和及时在线问答，XML 标准的图像格式，专利法律状态查询，专利文献韩、英机器翻译（K2E-PAT）服务。K2E-PAT 服务是实时的，即接到指示立即执行机器翻译任务，并收取一定的费用。

在 KIPRIS 网站英文主页上有发明/实用新型、外观设计、商标的专利和英文文摘 4 个检索入口。在前 3 个入口中有一般检索（General Search）和高级检索（Advanced Search），在 KPA 入口有快速检索和高级检索。在主页右上角上，有韩文主页、登记进入、注册、问/答等入口。版权属于韩国专利研究院（KIP1）。其网址为 http://eng.kipris.or.kr/enghome/main.jsp。

10. 欧洲专利局免费检索系统

欧洲专利检索入口，覆盖超 1.8 亿件专利数据，覆盖 178 个国家和地区，支持多种检索方式，为用户免费提供：发明专利、实用新型专利、外观专利等专利信息搜索服务，该平台网址为 https://worldwide.espacenet.com/。

11. WIPO 世界知识产权组织专利检索

该资源是网络公开资源,包括1997年1月以后公开的所有PCT申请说明书扫描图形页,1997年1月之前的说明书只能进入欧洲专利局网上专利检索系统的"worldwide"进行检索,该平台网址：http://www.wipo.int/pctdb/en/。

12. 俄罗斯联邦知识产权局

俄罗斯联邦知识产权局除了提供检索全俄罗斯发明专利、实用新型专利和外观设计专利检索,还提供俄罗斯商标、地理标志和商品原产地名称检索,该平台网址：https://www.fips.ru/。

13. 德国专利与商标局

德国专利局成立于1877年,现更名为德国专利与商标局,访问网址：http://www.dpma.de/,DPMApublikationen数据库是德国专利商标局（DPMA）的官方公布平台,该平台提供关于专利、实用新型、商标以及工业设计的出版物;还提供专利公报、商标公报、外观设计公报的电子在线版本。

14. 新西兰国家知识产权局

新西兰国家知识产权局不仅提供新西兰国家专利检索,还提供了新西兰商标、地理标志、设计、植物品种权等检索。该访问网址：ttps://www.iponz.govt.nz。

15. UKIPO 英国知识产权局。

UKIPO英国知识产权局,该平台提供了在线专利信息和信息服务系统Ipsum,可以浏览包括法律状态、引文以及过程文档等信息。检索字段为公开号和申请号。UKIPO的外观检索,只能检索在英国登记的外观申请,访问网址为 https://www.gov.uk/government/organisations/intellectual-property-office。

4.8.4 专利文献检索实例——中国国家知识产权局的专利检索系统

1. 概 况

进入国家知识产权局（简称国知局）官方网页（http://www.cnipa.gov.cn）,选择"政务服务"的"专利"中的"专利检索",进入中国国家知识产权局的"专利检索及分析"平台。该平台收录了105个国家地区和组织的专利数据,以及引文、同族、法律状态等数据信息。涵盖了中国、美国、日本、韩国、英国、德国、法国、瑞士、俄罗斯、欧洲专利局和世界知识产权局组织的数据。注册成为普通用户,可免费检索、下载全文、在线阅读专利说明书纯文本和图像内容、利用专利分析功能以及个性化服务。免费注册之后,通过个人中心,可以查询历史检索式和检索结果,可以推送个性化需要的信息。

2. 检索方法和深层次服务功能

该平台提供的检索方法有：常规检索、高级检索、导航检索、药物检索、命令行检索;提供的深层次服务功能有：热门工具和专利分析。可支持中文、英文、日文等多种语言检索,如果地域范围是"全选",检索结果包括105个国家和地区地域的专利,检索结果的语言可自动翻译成相应的所选语言,如图4-19所示。不论是常规检索还是高级检索,每个检索界面很人性化,对于任何初次使用的用户,只要阅读它的检索示例,都会使用,并支持布尔逻辑、半角( )、双引号等多种算符。

图 4-19 国知局专利检索及分析界面

1)常规检索

该检索方法界面有两个点击按钮。第一个是"⊕",点击它,可以选择专利检索的地域范围,如图 4-20。第二个按钮是下拉式菜单按钮"▼",点击它,可选择检索字段,如图 4-21 所示。常规检索方法中有 7 个检索字段可供选择。

(1)"自动识别"字段。

支持两种逻辑运算符 AND、OR。

多个检索词之间用空格间隔,如智能手机。

系统默认布尔逻辑运算符是 AND,如输入智能手机,系统按照"智能 AND 手机"进行检索。

日期支持间隔符"-""." ,支持如下格式:YYYY-MM-DD、YYYY.MM.DD、YYYYMMDD、YYYYMM、YYYY。

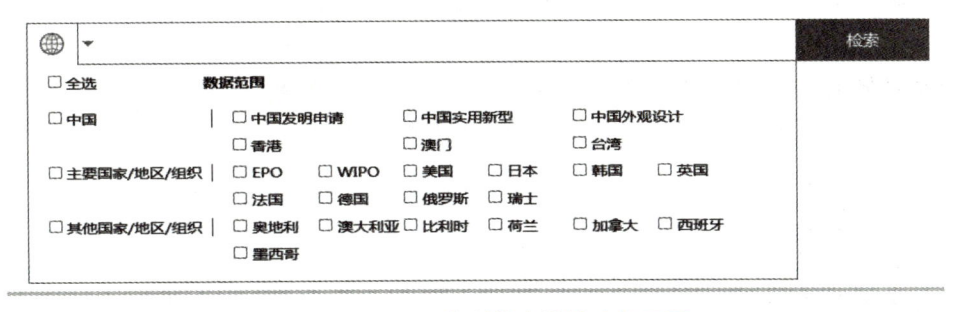

图 4-20 国知局专利检索地域选择界面

图 4-21 国知局专利检索字段选择界面

支持半角()算符，如输入国产(智能手机)，系统优先执行"智能 AND 手机"，然后将所得结果再与"国产"进行 AND 运算。

如果检索条件中包含空格、保留关键字或运算符，需使用半角双引号，如"WILLIAMS AND LANE IN"。

（2）"检索要素"字段。

在标题、摘要、权利要求和分类号中同时检索。

支持布尔逻辑运算符 and、or、not。

如果输入有空格，则需加英文双引号，如" 沈阳 中国石油 "；否则系统将按照"沈阳 OR 中国石油"检索。

（3）"申请号"字段和"公开（公告）号"字段。

申请号格式或公开号格式：文献的申请国+申请流水号。例如 CN123456789。

自动去掉校验位，如果输入 CN12345678.9，系统会按照 CN12345678 进行检索。

输入 ZL123456789，系统会按照 CN123456789 进行检索。

支持模糊匹配，如果输入 12345，系统会按照 CN12345 OR 123456789 进行检索。

输入 CN123456789 CN987654321，系统会按照 CN123456789 OR CN987654321 进行检索。

支持截词符+、?、#。+：任意长度的字符串。?：一个或没有字符。#：一个强制存在的字符。所有截词符均为半角字符。

支持布尔逻辑运算符 or、not。

（4）"申请（专利权）人"字段、"发明人"字段和"发明名称"字段。

支持布尔逻辑运算符 and、or、not。

如果输入有空格，则需加英文双引号，如"沈阳 中国石油"；否则系统将按照"沈阳 OR 中国石油"检索。

检索实例 1：检索关于青蒿素制备的专利。

检索平台：中国国家知识产权局专利检索与分析系统。

检索词：青蒿素 制备。

检索式：青蒿素 and 制备。

检索字段：发明名称。

检索地域范围：全选。

检索结果：480。

检索时间：2024 年 5 月 7 日。

检索结果可以按照搜索式、列表式、多图式、申请日升降式显示，需要阅读专利说明书全文时，可点击"详览"，可"下载"获取，也可在线阅读"全文文本"或者"全文图像"。

2）高级检索

高级检索界面除了常规检索字段外，增加了有关申请日、公开（公告）日、优先权日的有关时间的字段，还有分类号、关键词、说明书字段，这些字段检索与上面谈到的"检索要素"字段检索一样，下面主要谈谈时间字段的使用。时间符号有=、>、<、:、≥、≤等半角符号。

高级检索界面,选择相应字段键入相关检索词之后,在检索式编辑区选择布尔逻辑算符,之后一定要点击"生成检索式",再点击"检索",如图4-22所示。

高级检索与常规检索小结：

（1）多个关键词之间用空格隔开。

高级检索多个关键词之间是"OR"关系,常规检索中多个关键词之间是"AND"关系。例如"手机 病毒"比"手机病毒"检索结果多。如果检索的关键词中包含空格" ",要用英文双引号将关键词括起来。例如,分类号检索"G06K 9/00"应写成"G06K 9/00"。

（2）布尔逻辑运算符"AND""OR"和"NOT",不能在同一级使用,要用英文括号"()"进行分割。

例如"手机 NOT 病毒 AND 智能"应写成"（手机 NOT 病毒）AND 智能"。如果检索的关键词中包含布尔逻辑运算符"AND""OR"或者"NOT",要用英文双引号将关键词括起来。例如,"AND AND OR"应写成"AND" AND "OR"。第一个词"AND"和第三个词"OR"是关键词,第二个词"AND"是布尔运算符。布尔逻辑运算符"AND""OR"和"NOT",不区分大小写。例如,"手机 AND 病毒"与"手机 and 病毒"检索效果相同。

（3）申请号检索时,号码格式为：国别+申请流水号,获得的检索结果更准确。

例如,"CN201010109988"。通过公开（公告）号检索时,号码格式为：国别+申请流水号+公布等级,会使检索结果更准确。例如,"CN201033311Y"。

图 4-22 国知局专利检索的高级检索界面

103

3）导航检索

导航检索，是按照专利分类进行检索。这样可以检索某一部、某一大类或某组的专利结果，如图4-23所示。

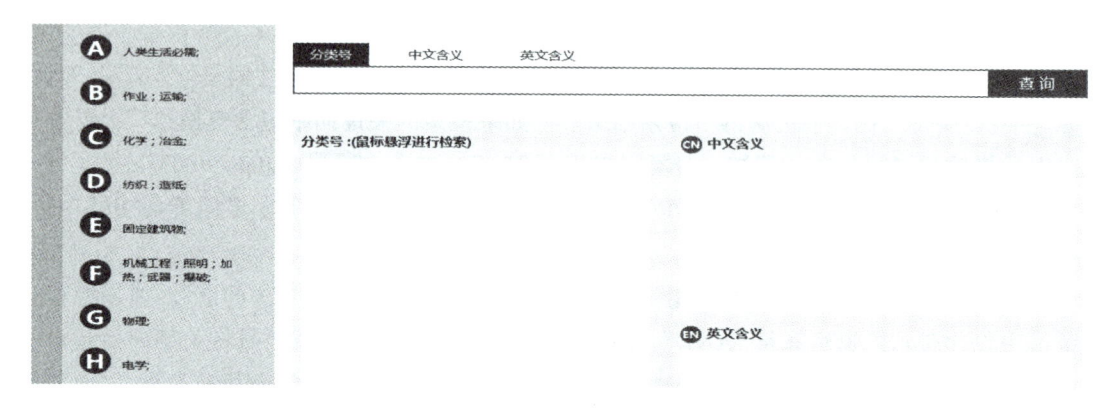

图4-23 国知局专利检索的导航检索界面

4）药物检索

与高级检索界面类似，增加了药物特有的一些检索字段，如相似疗效、方剂组成、制剂方法等等，如图4-24所示。

图4-24 国知局专利检索的药物检索界面

5）命令行检索

国知局专利检索中命令行检索相当于其他数据库中的专业检索，需要检索人员自己制定并输入检索式，如图 4-25 所示。

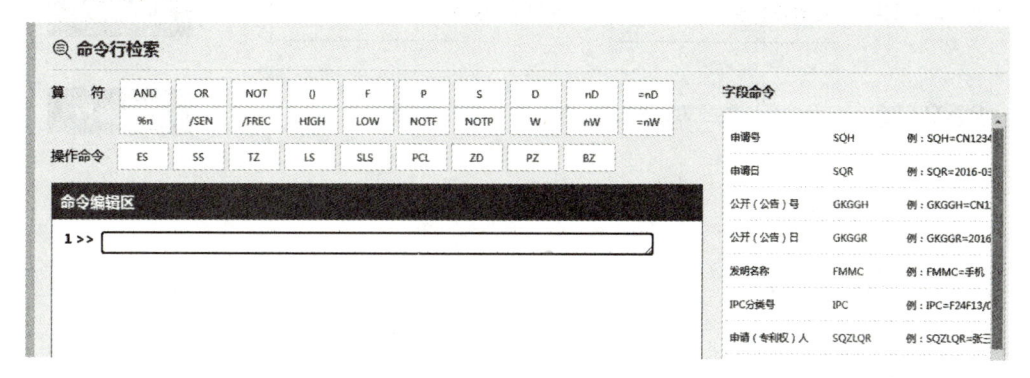

图 4-25　国知局专利检索的命令行检索界面

3. 热门工具

利用热门工具，可以获取到更多有关专利信息，如同族专利、专利的法律状态、专利引证查询、专利分类号关联查询、申请人别名查询、关联词查询等，如图 4-26 所示。

图 4-26　国知局专利检索的热门工具界面

检索实例 2：四川轻化工大学的彭奕和任爽发明的专利《一种 LED 灯智能控制开关》，其专利号的申请号为 CN201920914052.8，公告号为 CN210868220U，查询该专利的族号、优先权号和法律状态。

操作：输入该专利公告号，获得该专利相关信息。

族号：71291749。

优先权号：CN201920914052。

法律状态含义：实用新型专利权授予。

4. 专利分析

在检索实例 1 的检索结果中，点击"加入分文献库"，如图 4-27 所示，自行键入分析库名称，并用一定词语描述。点击"创建并追加"，系统自动将重复专利去除，由 480 记录的变为 270 记录。如果原来创建了同名的文献分析库，可以点击"覆盖"。文献分析库处理好之后，点击"进入分析"，跳转到分析界面。可以按照申请人分析、发明人分析、区域分析、技术领域分析、中国专项分析、高级分析，每一项分析还可以细分析。譬如技术领域分析还可以从技术领域的趋势、构成、申请人分布、发明人分布、区域分布、技术演变趋势、技术生命周期、核心技术统计等细分析，分析的结果还可以保存，如图 4-28 所示。

图 4-27 国知局创建专利分析文献库实例界面

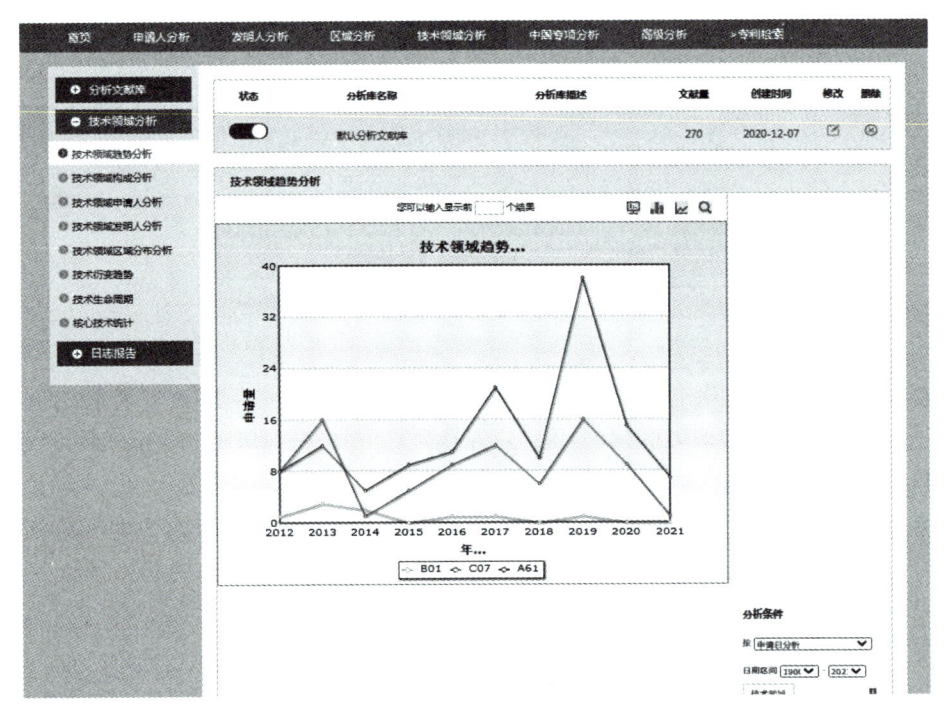

图 4-28 国知局专利分析实例界面

4.9 标准文献检索

4.9.1 标准文献概述

随着经济的发展和科学技术的进步，标准需要不断地修订、补充、替代或废止。根据我国《国家标准管理办法》，国家标准的年限一般为 5 年。ISO 标准每 5 年复审一次。

标准文献的性质和特点决定了它作为生产技术活动依据的内在价值，这是其他文献所没有的。标准文献对于改进产品、过程和服务的适用性，防止贸易壁垒，促进技术合作都有着重要意义。在国际贸易竞争激烈的今天，一个常见的现象是许多国家放弃了关税壁垒的做法，转而以产品不符合国际标准而提高市场准入难度来阻止他国商品流入。利用标准文献，企业就能了解一个国家的经济技术政策、科技和生产水平，从而制定有效的经营战略。如企业在从事出口贸易时，应熟悉进口国的技术标准，在出口产品的生产、包装、运输时遵照国际标准或进口国标准，这将有利于突破技术标准壁垒，扩大市场，提高产品在国际上的知名度。因此标准文献的检索也是文献调研不可忽视的文献类型。

4.9.2 编 号

标准文献都有标准号，它通常由国别（组织）代码+顺序号+年代组成。例如：
ISO 11664-3-2012（2012 年发布的国际标准，-3 是分标准号）。
ANSI/ASME Bpea-2004（2004 前发布的 ANSI 与 ASME 联合标准）。
IEEE 2601-2004（2004 前发布的 IEEE 标准）。
GB 2626—2006（2006 年发布的强制性中国国家标准）。
GB/T 7714—2015（2015 年发布的推荐性中国国家标准）。
QJ 3117A—2011（2011 年发布的中国航天行业强制性标准，QJ 为中国航天行业标准代号）。
DB11/T 950—2013（2013 年发布的推荐性北京地方标准，11 为北京地方标准）。
企业标准编号：Q／×××，J2.1—2007。
标准修订前后标准的变化：修订后，标准号变化的仅是发布年份，如 GB 4578—1984，GB 4578—2008。

4.9.3 标准文献的获取

检索标准有很多数据库或专门网站，大都需付费获取标准全文。

1. 中国知网数据库的标准数据

中国知网数据库的标准数据，收录了 1950 年至今包括国家标准全文、行业标准全文、职业标准全文以及国内外标准题录数据库，共计 60 余万项。其中，国家标准全文数据库收录了由中国标准出版社出版的，国家标准化管理委员会发布的所有国家标准；行业标准全文数据库收录了现行、废止、被代替、即将实施的行业标准；职业标准全文数据库收录了由中国劳动社会保障出版社出版的国家职业标准汇编本，包括国家职业技能标准、职业培训计划、职业培训大纲；国内外标准题录数据库收录了世界大部分国家、标准化组织制定与发布的标准题录数据，共计 54 万余项。

2. 中外标准数据库（China Standards Database）

万方数据库知识服务平台的中外标准数据库（China Standards Database，CSD），收录了所有中国国家标准（GB）、中国行业标准（HB），以及中外标准题录摘要数据，共计 200 余万条记录。其中，中国国家标准全文数据内容来源于中国质检出版社，中国行业标准全文数据收录了机械、建材、地震、通信标准以及由中国质检出版社授权的部分行业标准。

3. 国家标准化管理委员会

国家标准化管理委员会官方网站（http://www.sac.gov.cn），该平台"公众服务"，提供丰富、实用的标准信息服务，这个入口不仅实现标准、计划、公告和机构查询，还能与多个国家、区域分别建立信息平台，检索相应国家各级标准。该平台的"国家标准全文公开系统"（https://openstd.samr.gov.cn/bzgk/gb/index）可免费获取有关强制标准、推荐标准和指导性文件全文。

4. 中华人民共和国国家卫生健康委员会

中华人民共和国国家卫生健康委员会（http://www.nhc.gov.cn），可免费检索获取有关食品、卫生、安全等方面的标准文献。

5. 中华人民共和国生态环境部

中华人民共和国生态环境部（http://www.mee.gov.cn/ywgz/fgbz/bz），可免费检索获取有关环境污染、生态资源等标准文献。

6. 住房和城乡建设部

中华人民共和国住房和城乡建设部（http://www.mohurd.gov.cn/），可免费检索获取有关住房和城乡建设的政策、规章、行政规范性文件和政策解读等信息。

7. 工程建设标准化信息网

工程建设标准化信息网（http://www.ccsn.org.cn），是工程建设、行业标准以及城镇建设、建筑工业产品标准统一管理和检索入口，免费获取全文。

8. 全国标准信息公共服务平台

全国标准信息公共服务平台（https://std.samr.gov.cn/gb/），免费检索国家标准、行业标准、地方标准、企业标准、团体标准和国外标准，可以免费下载全文。

9. 国家标准文献共享服务平台

国家标准文献共享服务平台（http://www.cssn.net.cn），提供国内多种标准检索，但需付费看全文。

10. 国家标准频道

国家标准频道（http://www.chinagb.org），提供国内国外多种标准检索，还提供标准翻译。

11. 工标网

工标网（http://www.csres.com），专业权威的标准门户网站，及时收录各行业标准、国家标准、国外标准等资讯、公告及标准更替信息，付费看标准全文。

4.9.4 标准文献检索实例

检索实例 1：国内外关于防雾霾口罩的标准。
选用检索平台：选用 CNKI 平台标准数据库。

检索词：口罩 雾霾。

检索字段：标准名称。

检索式：口罩 AND 雾霾。

检索结果：0 条记录。

检索时间：2024 年 5 月 7 日。

分析检索词，并调整检索策略。

"口罩"，属于自主性呼吸设备，也称为呼吸器、呼吸设备。

"雾霾"中的"霾"是空气中细颗粒物达到一定浓度所致，将"雾霾"换为"微粒""细粒"和"颗粒"……

因此，调整检索式为：Ti=(口罩 + 呼吸器 + 呼吸设备 + 呼吸保护) AND TI=(雾霾 + 颗粒 + 微粒 + 细粒)。

检索结果：35 条记录。

检索时间：2024 年 5 月 7 日。

注意：虽然检索词用的中文，但检索命中记录中也有中国以外的标准，这是因为"国内外标准题录数据库中都有对应的译文"。

检索实例 2：用"中华人民共和国国家卫生健康委员会"检索"关于学生宿舍卫生要求的国家标准"。

操作：进入中华人民共和国国家卫生健康委员会网站首页（http://www.nhc.gov.cn），选栏目"服务"点击"卫生标准"，输入"学生宿舍"，则可检索得到标准全文，还可下载 PDF 全文。

检索实例 3：检索有关"屋面工程质量验收"规范或标准。

分析：屋面工程质量验收是属于有关工程建设类的标准，故选用"工程建设标准化信息网"平台检索。

操作：进入"工程建设标准化信息网"网页（http://www.ccsn.org.cn/），选择"标准"，键入检索词"屋面工程质量验收"，即可得到"屋面工程质量验收规范"，点击标准名称，可阅标准全文。

4.10 科技报告检索

4.10.1 科技报告文献概述

科技报告注重详细记录科研过程的全过程，是另外一种重要信息源。与图书和期刊文献相比，科技报告的篇幅可长可短，但其内容新颖广泛、专业性强、技术数据具体，因而是科研人员、工程技术人员的优先参考资料。它对于交流各种科研思路、推动发明创造、评估技术差距、改进技术方案、提供决策依据、避免科研工作中的重复与浪费、促进科研成果转化为生产力等方面起到了积极的作用。

4.10.2 科技报告文献的获取

目前全世界每年发表的科技报告数量庞大，著名的有美国政府报告、英国的航空委员会的 ARC 报告、法国原子能委员会的 CEA 报告、德国航空研究所的 DVR 报告等。我国从 1963 年开始科技成果的正式报道工作。

1. 国研报告

国务院发展研究中心信息网，简称国研报告（一般嵌入高校图书馆链接），是国务院发展研究中心专家不定期发布的有关中国经济和社会诸多领域的调查研究报告。它内容丰富，具有很高的权威性和预见性，每年 200 期，100 万字左右，不定期出版，网络版每天在线更新，印刷版每月出版。

2. 尚唯科技报告

尚唯科技报告资源服务系统（https://bg.sunwayinfo.com.cn/），收录众多国外科技报告，为用户提供检索、原文传递以及信息挖掘功能。尚唯科技报告来源于国际货币基金组织、美国能源部 DE、世界银行组织、美国国防部收集整理和出版的 AD、日本原子能研究所、美国国家航空和航天局出版的 NASA、IBM、惠普、美国商务部出版局出版的 PB、斯坦福大学、加州大学、华盛顿大学、东京大学原子核研究所等。目前，该系统文摘收录量已超过 263 万个记录，能够获取的报告全文数量已超过 150 万篇，每年新增 5~6 万份报告。

3. 中国国家科技报告服务系统

中国国家科技报告服务系统（http://www.nstrs.cn），由科技部开发建设，包括科技部自然基金委、交通运输部等国家部委资助的项目所撰写的科技报告，检索和浏览报告摘要等，浏览全文时需实名注册。

4. 国家社科基金项目数据库

国家社科基金项目数据库（http://fz.people.com.cn/skygb/sk/index.php/Index/seach），提供了项目批准号、项目类别、学科分类、成果名称、成果形式、项目名称、立项时间、项目等级、结项时间、项目负责人等多种途径检索我国社科科研项目相关信息。

5. 国家自然科研基金委

国家自然科学基金基金委员会（https://www.nsfc.gov.cn/），于 1986 年 2 月 14 日国务院正式批准成立国家自然科学基金委员会（简称自然科学基金委，National Natural Science Foundation of China，NSFC）。该平台提供国家自然科学申请受理、项目检索与查询。

6. 科技部网

中华人民共和国科学技术部（http://www.most.gov.cn）是国务院组成部门，2018 年 3 月成立，通过此机构网站可查询国家科技方针政策，查询国家基础研究政策、标准等，查询或申报国家科研项目相关信息。

7. 美国政府报告

美国政府报告（National Technical Information Secvice，NTIS），美国政府报告数据库（https://www.ntis.gov），收录了美国政府立项研究及开发的项目报告，可以检索 1964 年以来美国政府的四大报告 PB（美国国家技术信息服务处）、AD（美国国防技术信息中心）、NASA

（美国国家航空宇航局）、DOE（美国能源部）的文摘索引信息，少量收录西欧、日本及其他各国和地区的科学研究报告。

8. 世界银行

世界银行（https://www.shihang.org/zh/home），有 189 个成员国，员工来自 170 多个国家，在 130 多个地方设有办事处。世界银行集团是一个独特的全球性合作伙伴，所属 5 家机构共同致力并寻求在发展中国家减少贫困和建立共享繁荣的可持续之道。该网站提供世界银行组织的文件下载。

9. 美国斯坦福大学计算机技术报告

美国斯坦福大学计算机技术报告（http://hci.stanford.edu/cstr.）该平台可免费浏览或下载 2000 年以来有关计算机技术报告全文。

4.10.3 科技报告检索实例

检索实例 1：检索有关 2023 年全球粮食安全报告内容。
访问资源：世界银行。
操作：
（1）访问世界银行网页（https://www.shihang.org/zh/home），选择"粮食安全"模块。
（2）点击"粮食安全简报"，即可在线或者下载有关全球粮食安全报告全文。
检索时间：2024 年 9 月 8 日。

检索实例 2：检索最近 5 年有关美国发电厂的数据报告。
访问资源：美国政府报告数据库。
操作：
（1）提炼检索词，并翻译成英文。"发电厂""Power Plants"。
（2）访问美国政府报告网页（https://www.ntis.gov/），选择"Technical Reports"，进入检索界面。
（3）选择检索字段"Title"，键入"Power Plants"，时间限定"2020 to 2024"。
（4）检索得到唯一结果，*Hybrid site sensing and human-multi-robot team collaboration for disaster relief at nuclear power plants*，可免费下载阅读报告全文。

4.11 文献调研小结

前面分别阐述了图书文献、学术期刊文献、会议文献、学位论文、专利文献、标准文献和科技报告等文献的具体检索和利用，本节小结如何做好文献调研。

4.11.1 文献调研的方法

进行文献调研时，应根据具体情况，使用不同的调研方法。常见的调研方法有以下三种。

1. 常用法

按照检索时所关注的时间可分为顺查法、倒查法和抽查法。

（1）顺查法是指以问题发生年代为起点，从最初的年代往近期查找，用于了解某一事物发展的全过程。此法查得的信息全面，但较费时。

（2）倒查法是指由近及远地查找文献，重点为近期。此法常用于查较新的文献，适于科技查新。

（3）抽查法是指只需查找某一时间段的文献。此法适于有针对性地检索特定时间段的文献。

2. 追溯法

追溯法也叫作引文法。利用原始文献后所附参考文献，追踪查找参考文献的原文，其追溯过程可不断延伸。美国的《科学引文索引》（Science Citation Index，SCI）就是基于这种思想编制的。该法的优点是方便易行，缺点是作者列出的参考文献有限，所获得的相关文献不全，容易漏检。

3. 综合法

综合法是指将以上两种方法结合起来使用，既进行常规检索，又利用文献所附的参考文献进行追溯检索。其优点是检索效率高，能较快地找到一批有价值的相关文献。对于一个新的课题来说，往往既不知著者姓名，也不知文献来源，这时只有从文献的内容特征入手，采用主题途径或分类途径查找文献。在收集资料的过程中，如果发现某篇文章好，便可根据该文章的参考文献查找更多的相关文献。

4.11.2 文献调研步骤

面对一个课题，不要急于执行，需按照以下步骤循序渐进地进行。

1. 认真分析检索要求

分析研究课题，检索结果需要满足什么条件（研究领域、主题、著作、年代、出版类型、原文语种……），最好还能满足哪些条件。

已经有哪些线索，这些线索怎样成为检索点，是否还需要补充一些线索。

检索结果大概会在什么数量级，是否愿意得到一些相关度不算高的外围结果。

2. 选择最恰当的信息源

搜索引擎和文献数据库在检索对象上有很大不同，即便同为学术文献数据库，由于他们有各自不同收录原则，收录的内容也各有千秋。选择信息源如同选公共汽车，如选错了就会南辕北辙，故要在充分认识基础上选择最符合要求的信息源。选择信息源从以下几个方面考虑：

覆盖学科（综合/某个学科大类学科）。

覆盖地域（全球/一个国家/一个出版社/一个机构）。

收录质量标准（高质量/尽可能全面）。

源文献语种。

源文献出版类型。

文献内容属性（研究论著/数据与事实/新闻报道……）。

数据时效性。

对原始文献揭示深度（全文/题录）。

访问权限（正式订购资源、免费资源）。

3. 选择检索途径

一个检索途径可能对应多个检索字段。选择检索途径时要考虑以下几个方面：

1）主题途径

主题途径对应的检索字段包含标题词、关键词、摘要词、规范化词表词等，如果是全文数据库，还可以对正文中出现的反映文献主题内容的词进行检索。同一个检索词在不同的主题检索字段中检索，得到的结果是不一样的。如"篇名"字段"多"，"摘要"字段"少"。倘若数据库的词表对使用的主题词加以规范，如"IE"（美国工程索引），应使用规定的规范化检索词，得到的检索结果将会与检索要求更密切相关。

2）人名途径

对应的检索字段可能是著者、编者、导师、专利权人、发明人等。

单一的检索字段不能完全体现检索要求，考虑结合逻辑算符与其他字段组配检索。

4. 确定检索词

在检索过程中，最基本同时也是最有效的检索技巧，就是选择合适的检索词。检索词是否恰当，将直接影响到检索结果，是提高查全率和查准率的关键之一。选择检索词的原则是反映信息特征，表达信息要准确，表述信息要多元，避免使用自然语言。

课题名称一般能反映检索的主题内容，故通常可以从课题名称入手来确定主要概念。

1）如何根据课题名称提取检索词

实例1 课题名称：电动汽车的研究现状及发展趋势。

首先用切分法。

所谓切分法就是指将用户的需求语句分割为一个一个的词。将一些不具有检索意义的虚词（包括介词、连词、助词、副词等）删除。如本课题中的"的""及"需要删除。根据课题名称进行主题分析，提取具有实质意义的实词，结合本课题，实词有"电动汽车""研究现状""发展趋势"。

随后进行主题概念分析，使用删除法。

对于过分宽泛和过分具体的不必要的限定词，以及存在蕴含关系和词义延伸过多的词进行删除。比如，"作用""用途""用法""应用""利用"等；"研究""分析""方法""影响""效果""效率""意义"等；"展望""趋势""现状""进展""动态"等；"制造""开发""生产""加工""工艺"等；"提炼""精炼""提取""萃取""回收""利用"等；英语单词"device""process""system"等，用删除法删除。结合本课题实例，其中的"研究现状"和"发展趋势"予以删除，故本课题的检索词为"电动汽车"。

本课题检索式：主题=电动汽车。

2）提取检索词过程中应注意的情况

（1）当课题涉及多个概念时，将这些概念按重要性排序。一般地，概念提取原则：研究对象 and 方法（技术方案） and 目的（技术特点 or 创新点）。

实例 2 课题名称：利用基因工程的手段提高植物中的淀粉含量。

提取概念：利用切分法和删除法，去掉题面中的"利用""的""手段""中"和"提高"，剩下实词有"基因工程""淀粉""含量"。

排序：淀粉（研究对象），基因工程（技术手段），提高淀粉含量（目的）。

编写检索式：主题=（淀粉 and 基因工程 and 含量）。

（2）进行课题概念分析时，注意概念的规范性、隐含概念。

实例 3 课题名称：成德绵产业带，现代集成制造系统发展战略和关键应用技术研究。

提取概念：利用切分法和删除法，删除题名中的"现代""发展战略""关键""应用""技术""研究""系统"和虚词，题面中有实质意义的实词有"成德绵""产业带""集成制造"。

其中，"成德绵"是特称词，不规范，需要替换成"区域"。本课题还隐含了一个概念，采用的方法与手段是"电子商务"。

本课题检索式：主题=（区域 and 产业带 and 集成制造 and 电子商务）。

隐含概念提取从这几个方面考虑：

① 同义词、近义词，如 GIS 和地理信息系统、CAD 和计算机辅助设计、CAI 和计算机辅助教学等。

② 上位词，如水和海水，新能源和风能、海洋能、地热能、太阳能、氢能、核能，知识产权和专利权、版权、著作权、商标权等。

③ 下位词，如尾气污染、废气污染和大气污染。

（3）对于英文检索式，恰当地使用截词检索，可以提高检索结果的查全率。

实例 4 课题名称：青蒿素的制备。

提取检索词：青蒿素、制备。

隐含同义词：合成。

翻译成英语：

青蒿素：arteannuin, artemisine, artemisinine, artemisinin, qinghaosu。

制备：preparation。

合成：ynthesis, syntheses。

检索式：(artemisin??? OR arteannuin OR qinghaosu) AND (Preparation OR synthes?s)。

5. 制定最优的检索策略

确定了检索词，执行检索后，回顾、反思检索行为，加以评价。

若检索结果数量过多或结果相关度太低，调整检索策略，增加限定条件或者增加另一个主题，以缩小检索范围。反之，结果太少，调整检索策略，重新选择（增加）数据库；重新确定检索字段和检索词；取消一些不必要的限定条件等。通过反复、多次的评价和调整，检索策略不断优化，从而获得最佳检索结果。

实例 5 课题名称：霉菌与甲醛的相互作用。

检索系统：中国知网。

选择检索字段：主题。

提取检索词：霉菌、甲醛。

第一次检索：（主题：霉菌）AND（主题：甲醛）。

该表达式：检索出的论文的篇名或摘要或关键词中要同时出现"霉菌"和"甲醛"，检索结果为185条记录，检索时间2024年5月7日。

观察检索结果：

发现很多检索结果记录中，"曲霉"的同义词有"菌株""菌落""菌丝""青霉""曲霉"等，说明"霉菌"还有这些相关词。

调整检索式，第二次检索式为（主题：霉菌＋菌落＋菌株＋菌丝＋曲霉＋青霉）AND（主题：甲醛）。

检索结果为677条记录（检索时间2024年5月7日）。观察检索结果，发现有些检索结果记录的内容与检索课题相关性很低，从内容相关性较高的检索记录发现，霉菌和甲醛的相互作用，指霉菌对于甲醛的一个"分解或转化、降解等"的作用。因此，该课隐含了检索概念：分解、转化、降解、合成、分离、沉降等。

再次调整检索式，第三次检索式为（主题：霉菌＋菌落＋菌株＋菌丝＋曲霉＋青霉）AND（主题：甲醛）AND（主题：降解＋分解＋转化＋合成＋沉降＋分离）。

检索结果为317条记录（检索时间2024年5月7日），再观察检索结果，检出率提高了，查准率也提高了，检索结果比较满意。

说明检索是一个不断调整检索式的过程。

6. 获取原始文献

常见的获取原文的途径有以下：

1）向有权限的电子全文数据库获取全文

很多数据库的电子全文，需通过安装Acrobat Reader阅读器，方能阅读或者下载全文；有些电子全文数据库，如果需要阅读或者下载全文，需要安装数据库指定的阅读器，如超星电子图书数据库需要安装超星阅读器，中国知网需要安装指定的CAJViewer阅读器等。

2）文摘数据库点击"原文链接"

"Google sholar""Web of science"的文摘索引数据库，要获得全文，需要点击"获取原文""SFX链接"，通过系统自动跳转到原文所在的数据库中获得全文（前提是有权限的电子全文数据库）。

3）网上查找原文

用Google或百度等从网上找原文，简单快捷，但不是每一次都能成功。能够从网上获取原文的前提是有电子期刊的使用权或者全文是免费的，如各类开放学术资源。

4）利用馆藏获取原文

前面3种途径不能解决时，利用图书馆的馆藏来获取原文。此途径需要记下原文的出处、图书名、期刊名、会议录名……利用图书馆的纸板文献或者电子资源获取。

5）向图书馆馆员求助

如果前面4种途径还不能解决时，向图书馆或其他文献收藏机构求助，利用馆际互借或者文献传递等方式获取。不过这种途径可能需要用户承担一定的费用。

6）科研社交网络平台

前面5种途径还不能获取原文时，还可以通过一些科研社交网络平台求助。目前，科研社交网络发展迅速，覆盖面越来越广，功能越来越丰富，科研人员利用科研社交网络来进行学术交流的趋势也越来越明显，这是我们在讨论学术信息交流时应该关注的渠道。国外有名的科研社交网络平台有 Academia、ResearchGate、vivo、Mendeley；国内有名的有小木虫、丁香园、ResearchGate 等。

7）联系原文作者

通过联系原文作者一般也能获取原始文献。

4.11.3 文献调研常见误区

在文献调研过程中，需要注意避免以下几个常见的误区。

误区一：只（主要）使用搜索引擎或搜索引擎提供的学术搜索工具。

作者 Wichor Matthijs Bramer，BSc 在期刊 *Journal of the Medical Library Association* 发表的文章 *Variation in number of hits for complex searches in Google Scholar* 里谈到，作者和他的伙伴用了两年时间统计分析发现，以相同的检索式在谷歌学术搜索引擎检索，不同时间检索出的结果不一样（见图 4-29），以"Google scholar"为例说明学术搜索引擎收录文献信息的不稳定性。

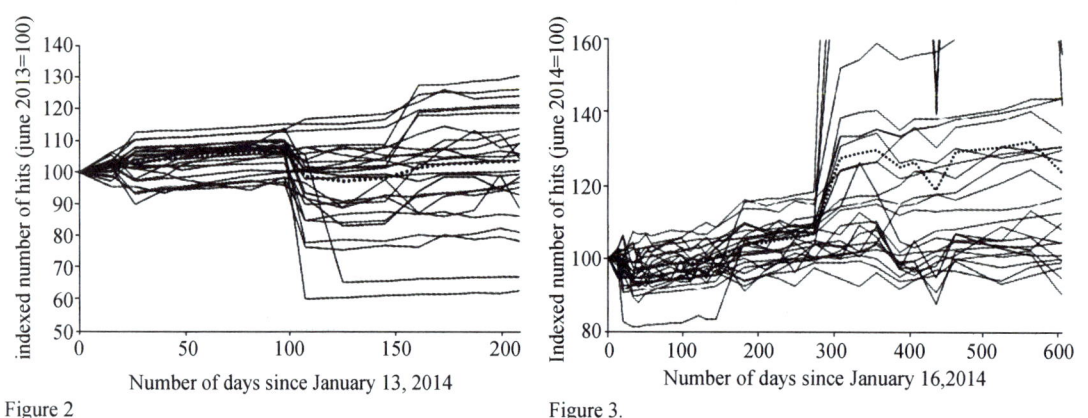

Figure 2.
Changes in number of hits reported excluding citations by Google Scholar

Figure 3.
Changes in number of hits reported including citations by Google Scholar

图 4-29　Google scholar 收录文献统计数据对照图（来源于 Variation in number of hits for complex searches in Google Scholar）

检索误区二：只（主要）使用某个数据库。

每个数据库都有自己收录方针和政策。譬如，有关化学化工方面的文献。中文数据库 CNKI、维普科技期刊数据和万方知识服务平台也可以检索，外文数据库如 ScienceDricet 数据库也可以检索，但是要想比较全面检索出有关化学化工方面的文献，最好的选择还是 CAPlus 数据库，下面揭示关于这类学科不同文献数据库收录数量的比较（见图 4-30）。

文献调研的误区还有只（主要）调研期刊论文，忽视对图书、学位论文、参考工具书、专利说明书等文献调研，只（主要）调研电子资源，忽视对印刷资源的调研，只（主要）使用单一检索词进行检索，忽视对相关词、同义词、近义词的检索等误区。

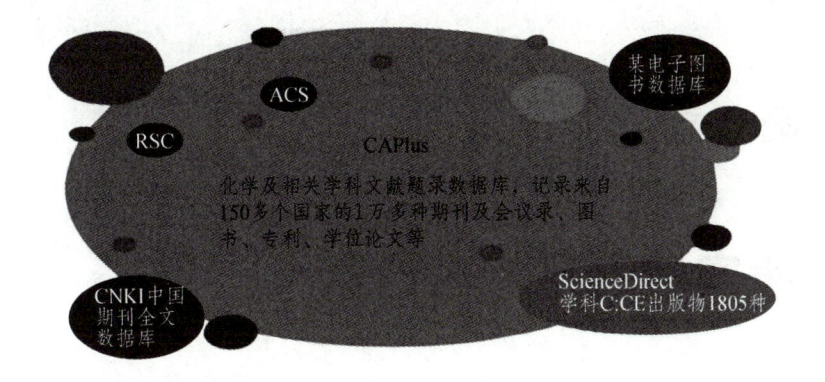

图 4-30　化学化工类文献收录数量对比实例

注：图中椭圆的面积大小表示该数据收录化学化工文献的多少。

4.11.4　文献调研的原则

为避免以上误区，在文献调研过程中，遵循以下原则。

1. 全面性原则

所谓全面，指检索多种文献类型；检索工具及检索系统全面；检索文献的语种不能太单一；检索词不能太少，关注相近或相关的文献；检索文献的时间不能过短；还要有一定的历史层次感，理清研究课题的来龙去脉。

2. 时效性原则

文献调研的目的主要是了解课题最新进展，最新动态。要选择更新速度快，内容新颖的信息源，跟踪课题研究成果。可以利用数据库提供的 E-mail、Alert、RSS 等功能来追踪课题的最新进展。

3. 可靠性原则

优先选择经过正式出版的信息源以及经同行评议的信息源。

4. 经济性原则

尽量降低文献调研过程中的时间成本和经济成本。充分认识信息源，使用高级检索和专家检索，提高检索效率，节约时间；充分了解所在大学或公共图书馆资源，节约经济成本。

第 4 章数字资源

第 5 章

事实检索与数据检索

前面已经学习了如何综合利用各类检索工具和检索系统，来满足学习、科研所需的文献需求。在生活、学习、工作中，我们经常会需要查核一些数据和事实。例如，交通工具信息、物价上涨指数、商品涨幅、居民消费价格指数 CPI、空气质量……这些就是数据检索和事实检索。

所谓数据检索，是以数据为检索对象，从已收藏数据资料中查找出特定数据的过程。事实检索，对存储的文献中已有的基本事实，或对数据进行处理后得出的事实过程。检索想要获取真实可靠的事实、数据，就需要查找各类参考工具书。

参考工具书：根据一定的需要，系统汇集某方面的知识信息或文献资料，并按特定方法加以编排，以供人们需要时能迅速获取特定的文献信息、资料或具体事实与数据的一种特殊类型的文献。

具体参考工具书从出版形式这个角度有百科全书、字典词典、年鉴、手册、法律法规文本、传记资料、名录、地图、表普、指南……

参考工具书从依存载体这个角度分为印刷版和数字版。印刷型工具书具有传统、经典特点；数字版工具书是以数据库形式呈现，一般包含多种出版物内容，其特点为检索获取便捷、容易，如数据库 Knovel。

不同参考工具提供不同种类信息，根据需求加以选择。利用参考工具查找所需特定信息，一般不用来进行系统学习。

5.1 认识概念、了解定义、读懂术语/缩略语

发生在 2014 年 9 月的厄尔尼诺现象造成的极端天气，扰乱全球近半人口的生活，给人类带来严重的灾难。于是有很多人就去关注厄尔尼诺现象，那么到底什么是厄尔尼诺现象呢？

通过前面的学习，可利用专业图书如《厄尔尼诺》《大气科学概论》等了解"厄尔尼诺"的概念和定义。但是，并不是任何一个读者很容易获取这些专业性图书，在当今这个网络时代的网民，大部分普通人会利用网络去查找获取相关知识。

在百度百科上，"厄尔尼诺"的定义的文字描述是："厄尔尼诺暖流，是太平洋一种反常

的自然现象，在南美洲西海岸、南太平洋东部，自南向北流动着一股著名的秘鲁寒流，每年的11月至次年的3月正是南半球的夏季，南半球海域水温普遍升高，向西流动的赤道暖流得到加强。恰逢此时，全球的气压带和风带向南移动，东北信风越过赤道受到南半球自偏向力（也称地转偏向力）的作用，向左偏转成西北季风。西北季风不但削弱了秘鲁西海岸的离岸风——东南信风，使秘鲁寒流冷水上泛减弱甚至消失，而且吹拂着水温较高的赤道暖流南下，使秘鲁寒流的水温反常升高。这股悄然而至、不固定的洋流被称为'厄尔尼诺暖流'。"

在英文版维基百科上，"厄尔尼诺"被定义为："El Niño (/ɛl ˈniːn.joʊ/; Spanish: [el ˈniɲo]) is the warm phase of the El Niño–Southern Oscillation (ENSO) and is associated with a band of warm ocean water that develops in the central and east-central equatorial Pacific (approximately between the International Date Line and 120°W), including the area off the Pacific coast of South America. The ENSO is the cycle of warm and cold sea surface temperature (SST) of the tropical central and eastern Pacific Ocean. El Niño is accompanied by high air pressure in the western Pacific and low air pressure in the eastern Pacific. El Niño phases are known to last close to four years, however, records demonstrate that the cycles have lasted between two and seven years. During the development of El Niño, rainfall develops between September–November."

同样的条目，两个网络百科描述内容不一样。由于网络的包容性，每一个网民都可参与奉献条目内容，每个人水平参差不齐，无法保证条目内容的准确、权威。那么，我们该如何选择，相信谁呢？

关于经典学术概念的定义，可以从以下几个途径去获取。

5.1.1　百科全书

1. 概　念

百科全书是概要记述人类一切知识门类或某一知识门类的全部知识，并按辞典形式编排的大型参考工具书，其可信度高。

百科全书从出版角度分为印刷版和数字版。印刷版百科全书传统、经典；数字版百科全书快速、便捷。

2. 著名百科全书

1)《大不列颠百科全书》(《大英百科全书》)

《大不列颠百科全书》是最权威的百科全书之一，其印刷版问世于1868年，2012年宣布不再出版印刷版，新版使用数据库"Britannica"（https://www.britannica.com/）。

2)《中国大百科全书》

《中国大百科全书》是我国第一部大型综合性百科全书，也是世界上规模较大的几部百科全书之一，有印刷版，也有电子版。

访问中国大百科全书（网络版）途径：

（1）中国大百科全书数据库。

中国大百科全书数据库（https://h.bkzx.cn/）注册登录可免费使用两周。例如，从《中国大百科全书》（第二版）数据库获得关于"厄尔尼诺"的定义文字为："赤道东太平洋到南美西海岸海水温度剧烈变暖事件。由于这种事件经常发生于圣诞节前后，所以当地人称为厄尔尼诺，意为'圣婴'。厄尔尼诺发生时，全世界天气和气候会发生剧烈异常，南美西岸的国家由于海温异常暖，渔产减少并且造成洪涝多发，南亚、印度尼西亚、澳大利亚东部以及东南非洲则引起干旱，西太平洋台风发生偏少。厄尔尼诺对中国天气气候比较肯定的影响为华北夏季干旱和东北夏季冷温年份出现次数增多。对中国其他地区的影响尚需做进一步研究。此外，海温异常会造成东北太平洋上空大气环流异常，形成一个向东北方向的波列，影响北美洲。"

（2）中国国家图书馆。

注册办理中国国家图书馆读者卡之后，可检索国家图书馆（http://www.nlc.cn/.）的"工具书"中的"中国大百科全书数据库"。

5.1.2 字典、词（辞）典

1. 概念

字典、词典是指汇集字、词、熟语或事物名称，并以字或词立目，按一定方式编排的工具书。

2. 国外著名的词典

国外著名的有三大词典：《牛津词典》收录41万余词条，《韦氏三版国际英语词典》收录45万余词条，《芬氏和华氏新标准英语词典》收录词条约46万条。

3. 中国著名的词典

汉语字典是为字词提供音韵、意思解释、例句、用法等的工具书（西方没有字典的概念，是我国独有的）。字典以收字为主，也会收词。词典或辞典收词为主，也会收字。为了配合社会发展需求，新华词典收词数量激增并发展出针对不同对象、不同行业及不同用途的词典。随着吸收百科全书的元素，更有百科辞典的出现。下面介绍几个比较著名的中国汉语词典。

1）《辞海》

《辞海》是以字带词，集字典、语文词典和百科词典主要功能于一体的大型综合性辞书，提供了网络在线版（https://www.cihai.com.cn/home）。

2）《康熙字典》

《康熙字典》是张玉书、陈廷敬等三十多位著名学者奉康熙圣旨编撰的一部具有深远影响的汉字辞书。该书的编撰工作始于康熙四十九年（1710），成书于康熙五十五年（1716），历时六年。由总纂官张玉书、陈廷敬主持，修纂官凌绍霄、史夔、周起渭、陈世儒等合力完成。字典采用部首分类法，按笔画排列单字，字典全书分为十二集，以十二地支标识，每集又分为上、中、下三卷，并按韵母、声调以及音节分类排列韵母表及其对应汉字，共收录汉字47 035个，为汉字研究的主要参考文献之一。《康熙字典》是中国第一部以字典命名的汉字辞书。

3）《中华大字典》

《中华大字典》著于1915年，由陆费逵、欧阳溥存等编，比《康熙字典》晚了近200年，字典查字48 000多个，其中包括方言字和翻译的新字，较《康熙字典》多出1 000多字。改正《康熙字典》的错误4 000余条，还有许多地方可以补《康熙字典》之不足。书前附《切韵指掌图》，以明反切声韵的类别。这本书的特点是解释简明，并有近代自然科学知识，是截至民国时期，我国收字最多的字典。

4)《新华字典》

《新华字典》是中国第一部现代汉语字典。其最早的名字叫《伍记小字典》，但未能编纂完成。1953 年开始重编，其凡例完全采用《伍记小字典》。1953 年开始出版，经过反复修订，以 1957 年商务印书馆出版的《新华字典》作为第一版。原由新华辞书出版社编写，1956 年并入中国科学院语言研究所（现中国社科院语言研究所）词典编辑室。新华字典历经几代上百名专家学者 10 余次大规模的修订，重印 200 多次，是迄今为止世界出版史上发行量最高的字典。收录汉字从最初版的 8 000 多字到最新版的 11 200 多个字。

5)《汉语大字典》

《汉语大字典》全书约 2 000 万字，字典查字 56 000 多个，即便是古今文献、图书资料中出现的汉字，几乎都可以从中查出，是当今世界上收集汉字单字最多、释义最全的一部中华字典大全。它由四川、湖北两省 300 多名专家、学者和教师经过 10 年努力编纂而成，是以解释汉字的形、音、义为目的的大型汉语辞典专用工具书。

6）在线汉语字典

在线汉语字典（www.chazidian.com）是最大、最全的在线汉语字典，包括汉语字典、汉语词典、成语词典等，收录超过 2 万个汉字、52 万个词语。通过该字典可查询汉字的拼音、部首、笔画、注释、出处和详细解释。

4. 网络电子词典

网络电子词典具有信息量大、检索方便、快捷特点，深受网民喜爱。

1）专业性网络字、词（辞）典

专业性网络字、词（辞）典是围绕某一学科领域或专题，提供专有词汇的基本概念、意义和知识信息的字、词（辞）典。如《巴克利金融术语汇编》（http://www.oasismanagement.com/glossary/）、《英汉医学词典》（https://esaurus.org/）。

2）语言学习类网络字、词（辞）典

语言学习类字、词（辞）典也包括两种类型：一类是传统字、词（辞）典的网络版，如牛津、韦氏、剑桥等推出的在线词典；一类是集成多种字、词（辞）典提供的在线服务。如：

（1）中国译典。

中国译典（www.tdict.com），中国目前容量最大、功能最全的海量中英文翻译语料库。目前，包括不重复词条近 500 万条，并与多个网络词典资源链接，内容动态更新，随时补充最新词汇，真正实现一站式服务。

（2）金山词霸在线英汉词典。

金山词霸在线英汉词典（http://www.iciba.com/），专业的多语词典，包含词典、短语、翻译等众多在线工具，覆盖几十个专业领域。

（3）在线语义词典。

在线语义词典（http://www.onelook.com），搜索性质的词典网站，收录互联网上 900 多个在线多语种词典。

（4）在线汉语字典。

在线汉语字典（http://xh.5156edu.com/），在线汉语字典，最全的在线汉语字典按拼音检索。

（5）有道词典和翻译。

有道词典和翻译（http://www.youdao.com/），免费版支持108种语言翻译，轻松应对日常语种。

5.1.3 年鉴

1. 概念

年鉴是以全面、系统、准确地记述上年度的重要事件、人物、文献、学科进展和各项统计资料为主要内容，按年度连续出版的工具书。年鉴以记事为主，内容包括概况、专题或综述、大事记、统计资料、文献目录、附录等。它所收集的材料主要来源于当年的政府报告、国家重要报刊的报道和统计部门的数据。年鉴集辞典、手册、年表、图录、书目、索引、文摘、表谱、统计资料、指南、便览于一身，具有资料权威、反应及时、连续出版、功能齐全的特点。通过年鉴，可查找几年来国际国内时事，各部门各行业的进展及各学科专业的研究动态；可查找政府颁布的重要法规文献和逐年可比的统计数据资料；还可查找"机构简介"及著名人物的生平及一些实用的指南性资料等。

例如，在《中国统计年鉴》里找到居民消费价格指数概念："居民消费价格指数（Consumer Price Index，CPI），是一个反映居民家庭一般所购买的消费品和服务项目价格水平变动情况的宏观经济指标。它是在特定时段内度量一组代表性消费商品及服务项目的价格水平随时间而变动的相对数，是用来反映居民家庭购买消费商品及服务的价格水平的变动情况。"

2. 年鉴分类

年鉴既是动态性资料和事实、数据的综合性考查工具，也是编制百科全书及其他各类检索工具的基本信息源。在国外各类年鉴中，冠以"yearbook"的较多，如《联合国年鉴》。

按不同的标准可将年鉴划分为不同的类型。

（1）按收录的性质分为综合性年鉴、专业性年鉴和统计性年鉴。

综合性年鉴内容广泛，能比较全面地反映政治、经济、文化等方面的年度进展情况和相关资料，如《中国年鉴》《世界知识年鉴》《中国百科年鉴》。

专业性年鉴主要反映某一范围、某一学科或专题的年度进展和相关资料，如《世界经济年鉴》《中国经济年鉴》《中国教育年鉴》。

统计性年鉴主要用统计数字说明有关领域或部门的进展情况，如《中国统计年鉴》《中国人口统计年鉴》。

（2）按其收录资料的地域范围可分为世界年鉴、国家年鉴和地方年鉴。

世界年鉴涉及多个国家的年度进展情况，国家年鉴反映某一国家的年度进展情况，地方年鉴反映某一省、市、区域的年度进展情况。

（3）按出版状态可分为电子年鉴、统计资料数据库。

此类数据库可帮助我们查找国民经济和社会发展的资料、各国或各个地区的经济资料和统计数字等，而统计年鉴中的数据是最权威和详尽的。

3. 常见年鉴

1）中国年鉴网

中国年鉴网（http://www.yearbook.cn/）设有年鉴理论、编撰研究、经营管理、行业信息动态、年鉴机构和人物、年鉴图书及信息资源栏目，为我国各年鉴提供宣传和服务，为我国各级政府及社会提供研究、决策支持及其他年鉴信息服务。

2）中国统计信息网

中国统计信息网（http://www.tjcn.org/）由国家统计局推出，及时准确发布最新、最全面的统计信息，提供 31 个省、自治区、直辖市的统计数据、法规、机构、分析、管理、知识、标准、动态等多方信息。

3）中国年鉴全文数据库

《中国年鉴网络出版总库》（https://kns.cnki.net/kns8?dbcode=CYFD）是目前国内较大的连续更新的动态年鉴资源全文数据库，内容覆盖基本国情、地理历史、政治军事外交、法律、经济、科学技术、教育、文化体育事业、医疗卫生、社会生活、人物、统计资料、文件标准与法律法规等各个领域。目前，年鉴总计 5 350 余种，4 万本，3 880 余万篇。

5.2 掌握官方事实

事实，指事情的真实情况。我们每天被多种不同来源的信息所包围，如何判断信息真伪和信息可信度？一是分析信息来源和传播渠道；二是查找权威出版机构的出版物（如百科全书、年鉴）和官方网站发布的第一手资料。

案例： 关于"诺贝尔遗嘱的手稿以及原语种和英译文遗嘱法律文本"。

大英百科全书网站，只给出了部分诺贝尔遗嘱，而非全部。也没有看到遗嘱的原语种，如图 5-1 所示。诺贝尔奖官方网站（http://www.nobelprize.org）能获取诺贝尔遗嘱原稿及全文，如图 5-2 所示。

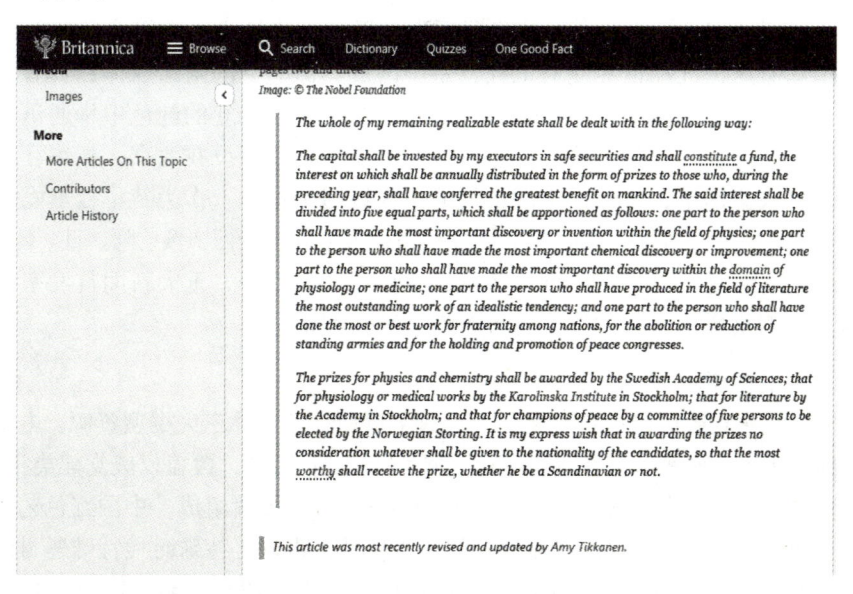

图 5-1　大英百科全书网的诺贝尔遗嘱英译文文本

123

图 5-2　诺贝尔奖官方网站的诺贝尔遗嘱手稿

5.2.1　思政与党史信息资源检索

5.2.1.1　思政与党史信息资源概述

1. 习近平系列重要讲话数据库

习近平系列重要讲话数据库（http://jhsjk.people.cn/）可以检索习近平系列讲话、会议、活动、考察、会见、出访、函电以及其他信息。

2. 新华社

新华网（www.xinhuanet.com），是我国国家通讯社新华社主办的综合新闻信息服务门户网站，是中国国家通讯社和世界性通讯社，是中国最具影响力的网络媒体和具有全球影响力的中文网站。新华社的前身是 1931 年 11 月 7 日在江西瑞金成立的红色中华通讯社（简称红中社），1937 年 1 月在陕西延安改为现名。现在，新华社总部设在北京。新华社建立了覆盖全球的新闻信息采集网络，目前是中国最大的国家级网站集群。作为新华社全媒体新闻信息产品的主要传播平台，新华网拥有 31 个地方频道以及英、法、西、俄、阿、日、韩、德、藏、维、蒙等多种语言频道，日均多语种、多终端发稿达 1.5 万条，重大新闻首发率和转载率遥遥领先国内其他网络媒体。通过该平台可查询各种新闻信息。

3. 中华数字书苑·党政版

中华数字书苑·党政版平台包含电子书、数字报和红色图片三大类型资源。电子书频道涵盖党政类经典图书 5 000 种，其中 80% 以上为近十年出版图书，覆盖权威党建类报纸 100 份。红色图片频道由中国红色艺术图片馆和老照片馆的 8.4 万张图片组成。中国红色艺术图片馆收藏了 1930—1980 年五十年间中国革命内容的艺术珍品，再现了特殊时代特殊题材诞生的特殊艺术。该平台网址：http://www.apabi.com/dzsy/pub.mvc/Index2?pid=login&cult=CN。

4. 学习强国

学习强国（https://www.xuexi.cn/），由中共中央党委宣传部主管。该平台包括习近平文汇、学习理论、红色中国、学习科学、学习文化、学习电台、强军兴军等主题。

5. 人民网

人民网（www.people.com.cn），主办单位是人民日报社，主管是党中央，于1997年1月1日正式上线，是国家重点新闻网站的排头兵，也是国际互联网上最大的综合性网络媒体之一。

6. 党史学习教育官网

党史学习教育官网（http://dangshi.people.com.cn/），由人民网承办，于2021年3月24日上线，该平台包含重要论述、要闻要论、高层动态进展、媒体集萃、为民办事和党史资料等主题内容。

5.2.1.2　思政与党史信息资源**检索实例**

检索实例　检索"绿水青山就是金山银山"是谁在什么时间提出的。

分别用上述几个官方网站，输入"绿水青山就是金山银山"，发现"习近平系列重要讲话数据库"显示最早时间是2013年9月7号（该平台上线时间是2017年），"学习强国"平台显示最早的时间是2020年4月7号（该平台上线时间是2019年），而"人民网"显示的时间是2005年8月（该平台上线时间1997年）。

故通过这几个平台比较，得出检索结果是：2005年8月，时任浙江省委书记习近平在浙江省湖州市安吉县余村考察时，首次提出"绿水青山就是金山银山"的重要论断(人民论坛)。

5.2.2　医卫信息资源检索

5.2.2.1　医疗卫生信息资源概述

1. 国家卫生健康委员会

国家卫生健康委员会（www.nhc.gov.cn），可以查询器官移植机构名单、辅助生殖机构名单、爱婴医院名单、卫生健康标准（4.9.3节已涉及）、基本药物目录、国家卫生城镇名单、医院职业登记名单、产前诊断技术医疗机构名单、卫生健康标准网名单、直属联系单位和日常管理社会组织名单、托育机构名单、信用信息记录等。

2. 国家药品监督管理局

国家药品监督管理局（https://www.nmpa.gov.cn/datasearch/home-index.html）查询系统可以查询药品、化妆品、医疗器械相关信息。

5.2.2.2　医卫信息资源检索实例

检索实例1：如何给重庆永川一位需要肾脏移植的病人推荐合适的医院就医。

首先，利用国家卫生健康委员会官网检索国内有哪些等级注册的器官移植机构。然后考虑就近原则，选择合适的医院。

访问国家卫生健康委员会（www.nhc.gov.cn），在"服务"中选择"器官移植机构"，可以查询国内所有合法注册的器官移植机构名录。

然后依据就近原则，在"重庆"有 6 所机构可以选择：重庆医科大学附属第一医院、重庆医科大学附属儿童医院、中国人民解放军陆军军医大学第一附属医院、中国人民解放军陆军军医大学第二附属医院、中国人民解放军陆军特色医学中心和重庆医科大学附属第二医院。

检索实例 2：需了解某药物（如："睡安片"）的生产、药品等信息。

访问国家药品监督管理局（https://www.nmpa.gov.cn/datasearch/home-index.html）查询系统，选择"药品"，输入框键入"睡安片"，检索即可看到该药品的批准文号、产品名称、生产单位、药品本位码，如图 5-3 所示。点击"详情"可进一步看到该药品的详细信息。

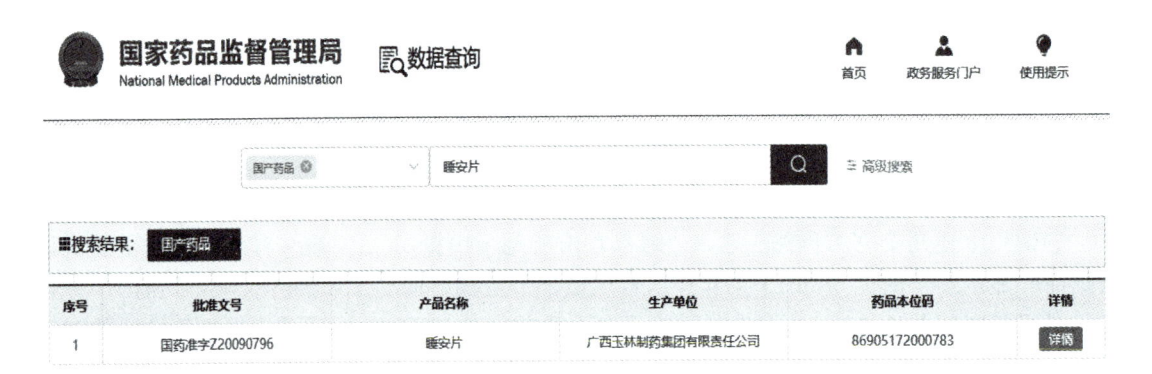

图 5-3　药品检索实例结果界面

5.2.3　文教信息检索

1. 学信网

中国高等教育学生信息网（https://www.chsi.com.cn），简称学信网。服务栏目主要有学籍查询、学历查询、学位查询、在线验证、图像校对、学信档案、出国教育背景服务、高考、研招、港澳台招生、征兵、就业、学习平台等。它是教育部学历查询网站、教育部高校招生阳光工程指定网站、全国硕士研究生招生报名和调剂指定网站。

例如，中国高等教育学历证书查询。有"本人查询""零散查询""企业用户查询"。若选取"零散查询"，输入证书编号、姓名及验证码即可查询到结果，判断毕业证书的真伪。

2. 中国记者网

中国记者网（http://press.nppa.gov.cn），提供了全国新闻记者管理及核验网络系统，判断记者身份的真伪。

3. 教育部

中华人民共和国教育部是中华人民共和国国务院主管教育事业和语言文字工作的国务院组成部门，负责拟订教育改革与发展的方针、政策和规划，负责各级各类教育的统筹规划和协调管理，指导全国的教育督导工作。通过该机构网站（http://www.moe.gov.cn）平台可查询教育经费投入数据，高等教育招生计划，国际交流与合作政策等。

4. 中国教育考试网

中国教育考试网（https://www.neea.edu.cn）查询大学英语四六级考试、全国计算机等级考试、教师资格证这三类考试的成绩和资格证书信息。

5.2.4 商标及商标数据资源

1. 商标查询平台

国家知识产权局商标局（https://sbj.cnipa.gov.cn/sbj/sbcx/），提供了政策文件、商标申请、商标代理、案例评析、集体证明商标以及国际注册等服务。

国家知识产权局商标局的"商标查询系统"（https://wcjs.sbj.cnipa.gov.cn/home），可以查询并获取商标信息，该平台提供了"商标近似查询""商标综合查询""商标状态查询""商标公告查询""错误信息反馈"以及"商品/服务项目"等。

2. 检索实例

实例1：查询有争议的"佳丽芙 Jialifu"商标。

点击国家知识产权局商标局（https://sbj.cnipa.gov.cn/sbj/sbcx/）提供的"案例评析"，在输入框键入"佳丽芙 Jialifu"，即可得到检索结果，点击题名，还可以看到宣告案详细信息（基本案情、案情分析、案例典型意义等）。

实例2：检索商标"圆梦扬帆千里"详细信息。

由于没有提供申请人、商标号、图案，只有商标名称，因此根据国家知识产权局商标局的"商标查询系统"界面，选择"综合查询"，在"检索要素"栏，键入"圆梦扬帆千里"，即可得到检索结果，如图5-4所示，点击其申请号即可了解该商标的详细信息。

序号	申请/注册号	国际分类	申请日期	商标	申请人名称
1	35435747	33	2018年12月20日	圆梦扬帆千里	四川理工食品科技有限任公司

图5-4 商标检索实例结果界面

5.2.5 地理标志和官方标志公告

1. 地理标志和官方标志公告查询平台

国家知识产权局提供了查询地理标志和官方标志公告服务（http://www.cnipa.gov.cn/col/col2089/index.html）。

2. 检索实例

检索"2025年第九届亚洲冬季运动会会徽"标志。

进入国家知识产权局网，进入"地理标志和官方标志公告"界面，在检索框键入"2025年第九届亚洲冬季运动会会徽"，即可得到检索结果，点击"附件"，可见全文信息。

5.3 查找专业性能指标、理化常数、器件参数、样本、案例和分析数据等

5.3.1 手册概念

手册是指汇集某一方面或某一范围内的基础知识、基本数据、公式、规章条例等以供查阅的工具书。手册也叫作指南、大全、便览、必备、入门、宝鉴等。手册所收录的资料通常是已经成为现实的、成功的知识和经验，而不反映当前科技发展的状况，主要为人们提供某一学科或某一方面的基本知识,方便日常学习或生活。手册类工具书通常具有较强的专业性，因此，一般查找性能指标、理化常数和器件参数等就要查找专业性手册。

5.3.2 手册分类

手册根据其收录内容分为综合性手册、专业性手册；按发行形式有传统的单独成册图书，也有专门的数据库。

1. 传统的单独成册的手册工具图书

传统成册的手册有印刷版也有电子版。查找这类手册，首先获取到这类工具性图书。

实例 1：查找焊丝型号和焊剂与熔敷金属性能的对应关系。

查找相关专业的数据手册，从馆藏目录或电子图书数据库找到图书，如《桥梁设计常用数据手册》可查询获取。

实例 2：糖精是否允许作为甜味剂被添加到食品中。

如何查找中国对各类食品中使用糖精钠的限量。由馆藏目录或电子图书馆数据库找到《食品添加剂手册》可查询获取中国对各类食品中使用糖精钠的限量。

注意，有些书名中没有"手册"二字，检索时，"题名"字段，取消"手册"。

2. 数据库

利用很多数据库，可以快速、便捷获取专业性数据。

1）数据库 Knovel

数据库 Knovel（https://app.knovel.com）（见图 5-5），集成了来自 100 多家学会和出版社的技术类图书和技术参考资料，8 千多种手册类图书，大量工程案例，10 万个交互图表，1 千多个方程式绘图器。Knovel 数据库广泛用于工程领域。该数据库检索免费，查看结果需付费。

图 5-5 数据库 Knovel 界面

2）ASM 手册

美国国际金属学会（www.tms.org）于 1993 年编辑出版的 ASM Handbook，主要内容包括：有色金属材料、黑色金属材料、非金属结构材料（包括塑料、陶瓷及复合材料）。该手册不但提供大量结构材料的选择、加工处理、性能与分析的资料和数据，而且还阐述了材料的处理、材料结构与性能之间的相互关系及其应用领域。它可以为科研、工程技术人员答疑解惑，帮助、指导进行各种合金设计、选择加工工艺及其参数、性能预报、解决性能问题与故障分析。

3）物竞化学品数据库

对于化学化工以及相关人员来说，可利用国内的物竞化学品数据库（http://www.basechem.org）；也可利用国外的 Reaxys 数据库，还可利用 Beilstein/Gemlin CrossFire 数据库。

物竞化学品数据库已收录基础化学品 50 000 多种，标准品及标准物质 2 000 多种，检测试剂盒 500 多种，是国内最全面的化学品数据平台。物竞数据库是一个全面、专业、专注，并且免费的中文化学品信息库，为学生、学者、化学品研究机构、检测机构、化学品工作者提供专业的化学品平台进行交流。数据库采用全中文化服务，完全突破了中英文在化学物质命名、化学品俗名、学名等方面的差异，所提供的数据全部中文化，更方便国内从事化学、化工、材料、生物、环境等化学相关行业的工作人员查询使用。

4）Reaxys 数据库

Reaxys 数据库（http://www.reaxys.com），是世界上最大的关于有机化学、无机化学和金属化学的数值与事实数据库，可以一次性查出结构式、制备方法、理化常数、光谱数据和药理学数据等（需付费订购使用）。

5）CrossFire Beilstein/Gmelin 数据库

CrossFire Beilstein/Gmelin 数据库由德国出版发行，是世界上收录数据最全面的金属有机和无机化学数据库，包括《盖墨林无机与有机金属化学手》*Gmelin Handbook of Inorganic and Organometallic Chemistry* 1772—1975 年的数据，和来源于 1975 年以后的主要材料科学期刊中的数据，是化学、化工领域重要的参考工具。

6）药智数据库

药智数据库（https://db.yaozh.com/）是目前国内最专业的医药数据库，数据检索系统可供批量检索药品名称、药品标准、国外药典、药品中标、药品价格、药品注册、医保目录查询等。

7）尚唯产品全球样本数据库

对于从事技术开发，产品设计相关人员来说，可利用尚唯产品全球样本数据库（https://gpd.sunwayinfo.com.cn/），该数据库收录了丰富的产品样本数据，包括企业信息、企业产品目录、产品一般性说明书、产品标准图片、产品技术资料、产品 CAD 设计图、产品视频/音频资料等。

8）全球案例发现系统

全球案例发现系统（Global Cases Discovery System，GCDS，网址 https://www.htcases.com/index.html）是由北京华图新天科技有限公司研发的大型案例文献数据库集群。GCDS 整合了世界众多知名案例研究机构的研究成果，定位于为从事案例开发和案例教学的用户提供一站式检索和传送服务。GCDS 由工商管理专业类的《中国工商管理案例库》《工商管理案例素材库》《全球工商管理案例在线》以及公共管理专业类的《中国公共管理案例库》《公共管理案例素材库》《全球公共管理案例在线》等 6 个数据库组成，提供案例全文、案例素材和案例索引三种类型的文献数据，以满足用户在案例教学和案例开发中的全面需求。GCDS 是第一家案例领域的专业发现系统，被誉为"案例教学的必备工具"，能够为高等院校的案例研究和教学工作提供强有力的支持。

9）EPS 全球统计数据/分析平台

EPS 全球统计数据/分析平台（https://www.epsnet.com.cn/index.html#/Index），是集丰富的数值型数据资源和强大的分析预测系统于一体的覆盖多学科、面向多领域的综合性信息服务平台与数据分析平台。通过对各类统计数据的整理和归纳，形成一系列以国际类、区域类、财经类及行业类数据为主的专业数据库集群。EPS 数据平台基于数据仓库和联机分析处理系统的理念进行开发，能够支持复杂的分析操作，数据查询简洁高效，数据显示（自动图表、数字地图等）便捷直观，同时突破了传统数据库数据单一、操作复杂的特点，用户只需点击相关按钮即可完成对相关数据的查询与分析预测。EPS 数据平台目前有 21 个数据库，涉及经济、贸易、教育、卫生、能源、工业、农业、第三产业、金融、科技、房地产、区域经济、财政、税收等众多领域，数据量超过 40 亿条。可以为教育系统、科研机构、政府部门、金融系统的教学科研、实证投资提供强有力的数据支持。

5.3.3 性能指标、理化常数和器件参数等检索实例

实例：PMI 泡沫塑料具有优异的力学性能，可用于风电叶片、航空航天、雷达、体育器材、医疗器材、轮船、车辆等领域。想在世界范围内找到密度（density）小于 0.1 g/cm³ 且最大拉伸强度（tensile strength）大于等于 1 MPa 的 PMI 泡沫塑料商品的供应商。

数据库：Knovel。

操作：在图 5-5 所示界面选择字段"Material Property Search"，键入"PMI"，在图 5-6 所示界面的右边输入框分别键入："density""tensile strength"，依次检索出"density""tensile strength"指标后，再依次将"density""tensile strength"拖到图 5-6 所示的操作界面，然后根据检索要求设定限定值范围和单位，按检索实例题意选取逻辑与算符，得到 6 条结果（检索时间：2024 年 5 月 29 日），支付费用后可获取相关商品全球供应商详细信息，如图 5-7 所示。

图 5-6 Knovel 数据库检索实例操作和结果界面

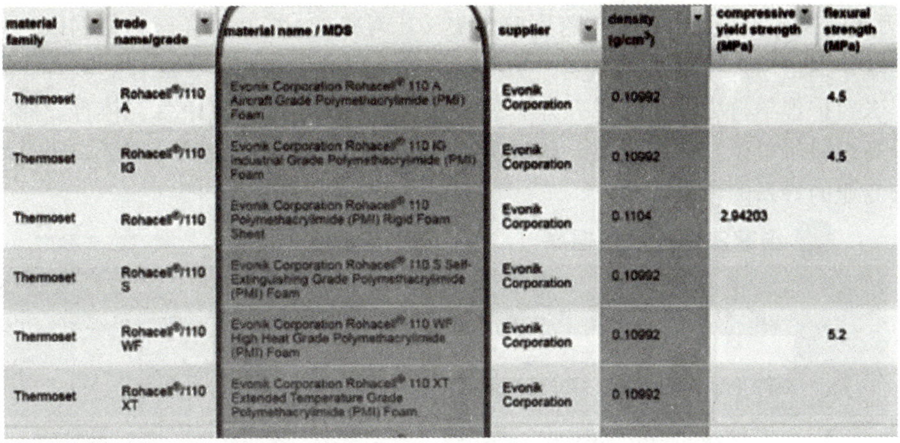

material family	trade name/grade	material name / MDS	supplier	density (g/cm^{3})	compressive yield strength (MPa)	flexural strength (MPa)
Thermoset	Rohacell®/110 A	Evonik Corporation Rohacell® 110 A Aircraft Grade Polymethacrylimide (PMI) Foam	Evonik Corporation	0.10992		4.5
Thermoset	Rohacell®/110 IG	Evonik Corporation Rohacell® 110 IG Industrial Grade Polymethacrylimide (PMI) Foam	Evonik Corporation	0.10992		4.5
Thermoset	Rohacell®/110	Evonik Corporation Rohacell® 110 Polymethacrylimide (PMI) Rigid Foam Sheet	Evonik Corporation	0.1104	2.94203	
Thermoset	Rohacell®/110 S	Evonik Corporation Rohacell® 110 S Self-Extinguishing Grade Polymethacrylimide (PMI) Foam	Evonik Corporation	0.10992		
Thermoset	Rohacell®/110 WF	Evonik Corporation Rohacell® 110 WF High Heat Grade Polymethacrylimide (PMI) Foam	Evonik Corporation	0.10992		5.2
Thermoset	Rohacell®/110 XT	Evonik Corporation Rohacell® 110 XT Extended Temperature Grade Polymethacrylimide (PMI) Foam	Evonik Corporation	0.10992		

图 5-7　Knovel 数据库检索实例结果界面

5.4　查阅法律文件与司法案例/裁判文书

5.4.1　法律文件

1. 概　述

国法：指国家层面发布实施的法律。根据《中国大百科全书》（第 2 版），狭义法律，指拥有立法权的国家机关依照一定的立法程序制定或认可的规范性文件。广义法律，包括宪法、法律和行政法规、地方性法规、自治法规、国际条约等。

2. 法律文件查找途径

1）图书馆

一般高校图书馆和省级以上公共图书馆都会收藏相关法律文件纸质文献。

2）全国人大官方网站

全国人大（The National People's Congress of the People's Republic of China）官方网站（http://www.npc.gov.cn），进入网页的"国家法律法规数据库"，可浏览检索，可免费在线阅读，如图 5-8 所示。国家法律法规数据库（https://flk.npc.gov.cn/），提供中华人民共和国现行有效的宪法（含修正案）、法律、行政法规、监察法规、地方性法规、自治条例和单行条例、经济特区法规、司法解释电子文本。若国家法律法规数据库提供的电子文本与法律规定的标准文本不一致的，使用时须引用标准文本。

3）数据库平台

（1）北大法宝。

北大法宝（https://www.pkulaw.com/）法律法规数据库，收录 300 余万件法律法规文件，来自《立法法》认可的权威文件来源，平均每日更新千余篇，是中国法律法规大全网站。

（2）月旦知识库。

月旦知识库（https://www.lawdata01.com.cn），以台湾学术精品特色资源著称，子库包括各类核心期刊、专论、学者论文集、裁判汇编、词典、教学课件、博硕士论文部分全文及索引、题库讲座等子库，是唯一同时集合期刊、论著、博硕士论文、教学课件于一库的平台，超过70万笔全文数据，运用智能型跨库整合交叉比对查询。将9种样态的数据以跨库全文检索整合提取，提供用户在科研、教学、学习、实务上的参考应用，在法律、教育、经济、公共管理、医药护理学科为专注收录，并有独家数据资源；另收录有语言、体育、商学类等资源，适合高校科研单位：如综合类、政法类、师范类、财经类高校，及理工农医类院校，有开设相关专业的科系的单位使用。

图 5-8　国家法律法规数据库界面

（3）中国知网——中国法律知识总库。

中国知网——中国法律知识总库，中国法律知识资源总库由清华大学发起、新闻出版总署批准、中国知网承建，于2008年创刊发布。"法库"以"实现法律信息资源的共享与增值，推动法治进步"为目标，对涉法信息进行全面、科学、深度整合，融合了知识关联、知识评价、大数据分析等先进技术，一次性涵盖法律法规、司法解释、典型案例、案例评析、期刊、报纸、学位论文、会议论文等类型的法律知识资源。

（4）万方知识服务平台——法规数据库。

万方知识服务平台——法规数据库，主要由国家信息中心提供，信息来源权威、专业。包括13个基本数据库，内容涵盖国家法律法规、行政法规、地方性法规、国际条约及惯例、司法解释、合同范本、案例分析等，涉及社会各个领域。该库数据格式采用国际通用的HTML格式。收录自中华人民共和国成立以来全国人民代表大会及其常委会、国务院及其办公厅、国务院各部委、最高人民法院和最高人民检察院以及其他机关单位所发布的国家法律、行政法规、部门规章、司法解释以及其他规范性文件。

（5）国家图书馆。

国家图书馆（http://www.nlc.cn/）民国法律文献，收藏了辛亥革命后至中华人民共和国成立前中华民国时期（1912—1949）历届政府颁布的法规。

（6）德文法学数据库。

德文法学数据库（https://beck-online.beck.de/Home），本数据库由德国最大的法律出版集团C.H.Beck出版社出版，是全球收录德文法律信息最全和最权威的数据库之一。Beck-Online数据库主要收录C.H.Beck出版社的实体出版物（期刊、专著、教科书、论文集等）的电子版本，同时也收录相关的法律信息和法律资源，如法律、法规条文、关于法律条文的相关的注释类资源，另外还包括德国联邦法院的相关判例。Beck-Online 数据库资源涵括的法律领域主要有民法、商法和贸易法、诉讼法、劳动和社会法、公法、刑法、交通法、税法及审计规则、国际法和欧盟法等，收录超过 7 000 种法律图书、550 万份可以检索的文献，最早可以回溯到 1954 年。Beck-Online 成为研究德国法律和欧洲法律不可或缺的资源。

3. 检索实例

检索查找我国有关"未按照规定对所排放的工业废气和有毒有害大气污染物进行监测并保存原始监测记录的"处罚规定。

检索平台：全国人大网。

操作过程：进入全国人大官网，进入"国家法律法规数据"，输入检索词"大气污染防治法"，用高级检索限定检索条件。

检索范围：标题+正文。

施行日期：选择至今。

时效性：有效。

法律效力位阶：全选。

检索方式：精确查询。

公布日期：至今。

制定机关：全国人民代表大会常务委员会。

得到唯一记录"中华人民共和国大气污染防治法"，点击该法律题名，即可免费阅读全文。在该法律文件的第七章可查到所需内容——"由县级以上人民政府生态环境主管部门责令改正，处二万元以上二十万元以下的罚款；拒不改正的，责令停产整治"，检索结果可选用"公报原版"或"WPS 版"，还可免费下载。

5.4.2 司法案例和裁判文书

1. 查找司法案例和裁判文书的途径或平台

（1）各级法院官方网站，如中华人民共和国最高人民法院（http://www.court.gov.cn）、北京法院网（bjgy.bjcourt.gov.cn/）。

（2）中国裁判文书网（http://wenshu.court.gov.cn）（需注册登录）。

（3）法律专业数据库，如月旦知识库、北大法宝、北大法意等。

（4）法律快车（https://law.lawtime.cn/）。

（5）中国法院网——审判案件库（https://www.chinacourt.org）。

（6）中国执行信息网（http://zxgk.court.gov.cn）。

（7）最高人民法院知识产权法庭网（https://ipc.court.gov.cn/zh-cn/index.html）。

（8）以图书形式出版的印刷版案例汇编等。

2. 检索实例

查找"中国生物多样性保护与绿色发展基金会"的裁判文书。

检索平台：北大法宝数据库。

检索字段：当事人。

检索词：中国生物多样性保护与绿色发展基金会。

操作过程：进入北大法宝数据库网页（https://www.pkulaw.com），选择"司法案例"，输入框选择字段当事人，键入"中国生物多样性保护与绿色发展基金会"，得到检索结果10条记录（检索时间：2024年5月30日），检索结果可浏览、下载。

5.5 获取统计信息

5.5.1 概述

1. 定义

统计数据是数据型信息，是反映社会发展变化、动向和趋势的各种统计数字、统计数据、统计资料的总称，它往往以客观和直观的数据、图形等形式反映某一地区、某一国家在某一时期内各行各业的发展变化、动向和趋势。

2. 内容

统计信息中绝大部分是经济数据，分为统计数字、统计数据和统计资料。

统计数字：是在对社会和社会经济现象进行有目的调查的基础上，经过分析、筛选，编成的有序化数字性特殊资料。从经济领域看，统计数字包括人口、财产、国民收入和分配、社会产品生产、商品流通、物资供应、财政、金融、进出口贸易、市场行情、人民生活、物价等方面。

统计数据：主要指社会经济研究方面经常使用的一些经济参数、常数等，具体来说，包括理论数据、实验数据、数字数据和预测数据等。

统计资料：是统计调查活动的结果，通过统计活动得到反映社会、经济、科学技术发展情况的统计信息的总称。它包括原始调查资料和经过分析的综合统计资料；包括以统计表形式提供的数据资料和以统计报告形式提供的文字、数字和图表资料；包括由统计机构和统计人员直接进行调查所取得的统计资料和由财务会计机构、业务管理机构及其有关人员根据统计调查制度的要求整理提供的统计资料；包括以书面形式或文件形式提供、传输或保存的统计资料。

3. 特点

数据性。一般经济信息有数据形式，也有文字形式，但数据型经济信息都是数据资料。

大量性。通过大量现象或同类现象观测所取得的数据资料，而不是反映个别现象。

具体性。是既成事实的记载，而不是提议中的数据资料。

保密性。绝大多数统计信息都有保密性。

4. 公布方式

社会经济统计数据是数据型信息，主要来源于企事业单位、部门统计机构、政府统计机构、国家统计局的统计数据。现在一般都有印刷和网络统计两种公布方式。

5.5.2 国内统计信息获取途径或平台

1. 国家统计局官方数据

中华人民共和国国家统计局是国务院直属机构，主管全国统计和国民经济核算工作，拟定统计工作法规、统计改革和统计现代化建设规划以及国家统计调查计划，组织领导和监督检查各地区、各部门的统计和国民经济核算工作，监督检查统计法律法规的实施。通过该机构网站（http://www.stats.gov.cn），可查询全国及省、自治区、直辖市的经济核算；可查询农林牧渔业、工业、建筑业、批发和零售业、住宿和餐饮业、房地产业、租赁和商务服务业、居民服务和其他服务业、文化体育和娱乐业，以及装卸搬运和其他运输服务业、仓储业、计算机服务业、软件业、科技交流和推广服务业、社会福利业等统计调查，收集、汇总、整理和提供有关调查的统计数据；可查询全国人口、经济、农业等重大国情国力普查，汇总、整理和提供有关国情国力方面的统计数据；可查询能源、投资、消费、价格、收入、科技、人口、劳动力、社会发展基本情况、环境基本状况等统计调查，收集、汇总、整理和提供有关调查的统计数据；可查询资源、房屋、对外贸易、对外经济等全国性基本统计数据等。该网站还提供了有关数据解读、统计制度、统计标准、指标解释、统计公报、统计出版物、统计动态、统计公告、统计百科、统计词典、统计刊物等非常丰富的内容。

查询实例：查询改革开放以来，我国水稻产量。

操作过程：进入网页界面，点击"数据"中"数据查询"，选择"中国统计年鉴"，选择"2023 年"，在该年度的年鉴目录中选择"12-10 主要农产品产量"，即可获取我国 1978 年以来的水稻产量，如图 5-9 所示（检索时间：2024 年 5 月 29 日）。

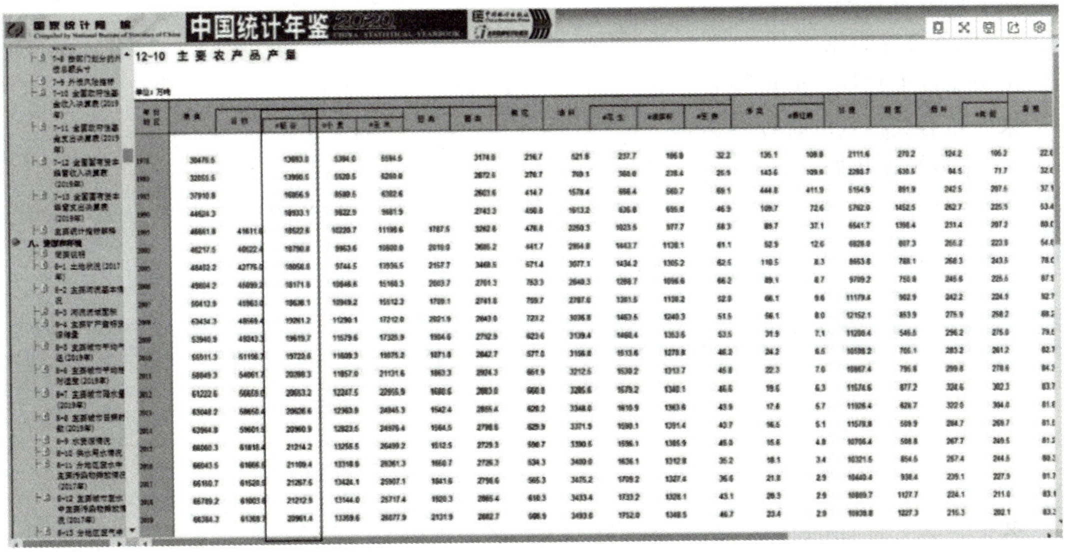

图 5-9 检索实例查询自 1978 年以来我国的水稻产量结果

2. 商业数据库

1）国务院发展研究中心信息网

"国务院发展研究中心信息网"（简称国研网）是以国务院发展研究中心丰富的信息资源为依托，全面整合中国宏观经济、金融研究和行业经济领域的专家资源及其研究成果的大型经济类专业网站,是向研究人员和投资决策者提供经济决策支持的信息平台,该平台一般嵌入在已购买该数据的机构的相关网页。

2）中国经济社会大数据研究平台

"中国经济社会大数据研究平台"（https://data.cnki.net/）作为中国知网大数据碎片化抽取与分析的应用产品,数字化整合国内外权威机构发布的数据资源,实现了数据的采集、清洗、挖掘和可视化,是一个集数据查询、数据挖掘分析、决策支持及个人数据管理于一体的综合性宏观统计数据服务平台。为用户提供数据资源获取与数据分析处理的一站式服务。目前累计数据8亿余笔,覆盖32个行业,涉及核心统计指标256余万个。

3. 行业部门统计数据

1）金融统计数据

在我国金融统计数据主要是指中国人民银行（http://www.pbc.gov.cn）公布的各种金融统计数据,内容包括金融机构人民币信贷收支表、货币当局资产负债表、汇率报表、黄金和外汇储备表、交易所政府债券交易月度停机表、外汇交易统计表、全国城镇居民收入与物价信心指数表。

2）进出口统计数据

由商务部（http://www.mofcom.gov.cn）提供,内容包括进出口统计、机电产品进出口统计、科技进出口统计、利用外资统计、国外经济合作统计和宏观经济统计。

3）海关统计数据

由海关总署（http://www.customs.gov.cn）提供,内容包括海关总署综合统计分析司发布的贸易统计数据资料。

4）税务统计数据

由国家税务总局（http://www.chinatax.gov.cn）以"政府公开信息"的"法定主动公开内容"来公布有关税收的统计数据。

5）保险统计数据

由国家金融监督管理总局（http://www.cbirc.gov.cn）提供的自1999年以来的保险公司经营状况数据查询。

5.6 查找名录信息

5.6.1 名录信息概述

1. 定义

名录,英文为Directory,是一类提供有关人名、机构名称和地名等基本情况和简要资料的工具。通过名录,可以查找有关人物生平、机构组织和某一行政区划沿革等信息。当然,除了名录,其他参考工具书,如百科全书、年鉴和旅游指南等也含有丰富的名录资料。

2. 分类

根据收录内容,名录可分为机构名录、人名录和地名录。

5.6.2 机构名录

5.6.2.1 机构名录概述

1. 机构名录内涵

机构名录收录的内容是机构名称及概况，如组织结构、业务、地址、职能、人员等信息。机构名录的主要作用就是可以帮助我们迅速得到有关组织机构的简要信息：机构全称、地址、邮编、电话号码；机构历史、近况、性质、活动范围；机构规模、人事情况；业务介绍、服务项目及出版物等。

2. 机构类型

机构泛指机关、团体、学校、工商企业、政府机构和国际组织等，也包括机构内部组织系统。在 Internet 上的机构有6类：

（1）科研机构，以 "ac.cn" 为后缀，如中国科学院（http://www.cas.ac.cn）。

（2）商业机构，以 "com" 为后缀，如万科集团（http://www.vanke.com）。

（3）教育机构，以 "edu.cn" 为后缀，如四川轻化工大学（http://www.suse.edu.cn）。

（4）政府机构，以 "gov.cn" 为后缀，如中华人民共和国教育部（http://www.moe.gov.cn/）。

（5）非营利性组织和国际组织，以 "org/int" 为后缀，如欧洲联盟（https://european-union.europa.eu）。

（6）网络支持中心和军事机构，以 "net.cn/mil.cn" 为后缀，如中国互联网信息中心（http://www.cnnic.net.cn）。

5.6.2.2 机构名录检索

机构信息的检索工具一般是指南数据库，其包括各类机构名录数据库、人物传记数据库、产品数据库、软件数据、研究开发数据库、基金数据以及院校、科研机构数据库等。

1. 院校、科研机构检索

院校、科研机构可检索信息内容有：学校、科研机构的组织机构，人员机构及人才优势、院系设置、教学计划和科研规划；研究中的科研活动介绍、获奖情况、论文发表数量、重点研究方向及一些课题简介、新成果、新产品介绍、学术团体会议信息；招生、合作信息；远程教育课程的内容及下载，FTP 文件等；提供检索功能信息服务及馆藏资源的网上在线及服务方式，联机公共查询或有时间限制的免费信息资源查询等。

（1）高校网址大全（http://u.feelingmsg.com/u/），高考网（http://college.gaokao.com/），中国高校教育网（https://www.gaoxiao.org.cn/），可按院校名、地区、院校类型检索。

（2）中国企业集成（http://www.jincao.com），由北京市企业管理咨询中心网络部、北京劲草网络技术有限公司企业服务部主办，此站有 100 000 户企业登录。通过该平台可查询企业、国家机构、省市政府机构、热点网站、经济网站等机构信息。

（3）专门的数据库。

① 维普数据库（http://www.cqvip.com）中的"学术机构"，可按机构名、地区、学科检索。

② GradSchools.com（https://www.gradschools.com），是一个专门为希望继续读研的学生提供咨询服务的网站，可免费检索在线的研究所、院校机构资源。

（4）利用搜索引擎检索。

137

2. 工商企业机构信息检索

工商企业机构可检索信息内容有：公司（企业）的组织机构、法人信息、股东信息、人事状况、发展规划、年度报表；公司新闻、最新产品开发信息及科技成果；公司全部产品的价格性能、外观、技术指标和销售渠道分布、销售体系；公司（企业）改制登记情况、产权交易情况；公司服务体系以及公司的联系方式、联系人信息等。

（1）相关企业大全网站，如中国企业信息网（http://www.qyxxw.com）、中国企业名录网（www.chinadatastore.cn）、全球黄页网（http://www.qqhyw.com/）、中国资讯行（http://www.infobank.cn）等。

（2）中国企业集成。

（3）商业数据库，如 EBSCO 数据库中的"公司信息"，需授权使用。

3. 商业网站信息检索

商业网站可检索的信息有：商业机会、供求信息、公司数据、产品展示、行业咨询和商业服务等。

（1）阿里巴巴（https://www.1688.com/），是全球企业间（B2B）电子商务的著名品牌，为数千万网商提供海量商机信息和便捷安全的在线交易市场，也是商人们以商会友、真实互动的社区平台。

（2）中国国际电子商务网（http://www.ec.com.cn），是由我国商务部主办，主要提供电子商务和电子政府服务的专门网站。

（3）世界买家网（http://importers.todaytex.com），提供大量的世界进口商信息。

（4）中国供求网（http://www.gongqiu.biz/），专业性的供求信息发布和查询网站。

4. 国际组织和政府机构信息检索

国际组织和政府机构信息检索的站点后缀为 org/int/gov，查询此类机构获取的信息有：组织机构、人事状况、发展规划；新闻、最新政策法规和统计信息；机构职能、重要会议、重要决定和工作情况；机构服务体系和联系方式等。此类信息更新及时，信息权威，一般以浏览为主。

1）国际组织检索

（1）联合国及其下属的国际组织。

联合国是世界上最大的国际组织，其网站（http://www.un.org）有中、英、法、德、俄等多种语言版本，主要内容包括联合国组织、宪章、宗旨、机构、预算、联合国大家庭。

（2）密歇根大学国际组织（Directory of Internations from University of Michigan）。

该网站（http://www.lib.umich.edu）详细介绍世界各种国际组织，可按国际组织字母顺序检索。

例如，检索亚太经合组织（Asia-Pacific Economic Cooperation，APEC）按字母 APEC 顺序，即可找到 APEC 的超链。

（3）中国科学院国际组织。

中国科学院国际组织（https://www.cas.cn/yqlj/gjzz），介绍世界著名的国际组织与科学研究相关的国际组织，每个国际组织介绍它的国际组织类别、成立日期、总部地址、网址、性质、宗旨、职能与任务、会员情况、组织机构简介、经费来源、合作与活动、我国参加组织情况、资助情况、通信地址等。

2）政府机构检索

（1）中国政府网。

中华人民共和国中央人民政府网（http:www.gov.cn）于 2006 年 1 月 1 日正式开通，是国务院各部委，以及各省、自治区、直辖市人民政府在国际互联网上发布政府信息和提供在线服务的综合平台，查询各类政策信息的权威网站。该平台目前开通国务院、总理、新闻、政策、互动、服务、数据、国情等栏目，面向社会提供政务信息和政府业务相关的服务。网站下面的网站导航提供国务院部门网站、地方政府网站、驻港澳机构网站、驻外机构、媒体、中央企业网站。

（2）美国政府网。

美国政府网（https://www.usa.gov/）是美国联邦政府的门户网站。该网站为用户提供政府服务或信息，美国政府网拥有每个联邦机构，国家，地方和部落政府的链接。

（3）英国政府网。

英国政府网（www.gov.uk）作为英国政务的网络服务平台，主要提供英国新闻，以及利益、教育和学习、驾驶和运输、金钱和税收等栏目内容，还可以查询育儿、司法和法律、环境与农村、签证和移民、工作和养老金等。

5.6.3 人名录

1. 人名录内涵

人名录收录并简要介绍有关人物的生卒年、籍贯、学历、经历、代表性著作及在世人物的联系地址、电话等实用性资料的工具书。

2. 人名录检索

查找人物传记常用途径：

（1）百科全书（印刷版+电子版）（如中国知网）。

（2）连续出版的传记类图书（这类图书每年更新）。

例如，*International who in popular music*（2011）、*International who in classical music*（2011）、*Who's who in Fluorescience*（2009）、*Who's who in Fluorescience*（2008）、*Who's who in American*（2008）、*Who's who in Design*。

（3）传记类图书、人物志和人物辞典（这类图书更新不固定）。

例如，中共党史人物传、中国历史人物辞典、African American Firsts in Science & Technoligy。

（4）史实类专著、教材和记录历史事件的出版物。

例如，Gale 出版社出版的 American Decades Primary Soures 1990-1999，每 10 年出版一本，真实记录上一个 10 年，美国信息相关的重要事件人物以及美国的日常生活。

（5）官方网站（对人物较准确的介绍）。

例如，诺贝尔奖官网（http://www.nobelprize.org）。

（6）搜索引擎。

可以免费查找所有感兴趣的人物传记，检索速度快，但需分辨检索结果的准确性。

（7）人物传记数据库。

例如，Gale 数据库（https://www.gale.com/intl/about）的 Biography In Context，来源于世界 700 多种正式出版物的人物传记、期刊、报纸等，揭示世界上有影响的人物传记，但是需要付费订购才能访问。

5.6.4 地名录

地名录提供有关地名的正确名称（或译名）、所在地域、地理位置，查询地名录一般需查阅有关工具书如《世界名录》《中华人民共和国地名录》等。

5.7 查找学习、考研、留学、就业信息

5.7.1 学习考试类信息检索

1. 学习考试类信息资源内容及特点

公共考试、竞赛的权威信息一般来自官方网站，通过官方网站，可以了解考试的政策、时间、命题原则与范围、历年真题等。

这类信息有如下特点：

（1）使用人数越多的信息资源，免费获取的可能性就越大，反之越少。

例如，考研的公共课，无论是历年真题还是最新辅导材料、考试大纲，均可在网络上免费获取；而专业课获取较难，一般需要到所报考学校的研究生院（部）咨询购买，有些学校不提供历年专业课真题。

（2）收集网上学习考试信息要注意阶段性。

以考研为例，报考前主要是收集各单位的招生简章、专业目录、参考教材；确定报考后获取考试复习资料；成绩公布后要关注复试信息和调剂信息。

（3）查询多样化。

网上查找学习考试类信息是一种渠道，还可以与老师交流、打电话、上门咨询等多种途径进行收集。

2. 学习考试类信息获取查询途径

1）四、六级考试委员会网站

四、六级考试委员会网站（http://cet.neea.edu.cn），可进行英语四六级报名和成绩查询。

2）新浪教育

新浪教育（http://edu.sina.com.cn），可查询获取有关高考、考研、自考、公务员、成考、司考、会计、托福、雅思、四六级、GRE、出国、留学、移民、外语、公开课试题库和考研调剂等相关信息。

3）搜狐教育

搜狐教育（http://learning.sohu.com/），可查询获取有关高考、考研、公务员、在职硕士、司考、会计、出国、留学、商学院、远程教育、外语培训和 IT 培训等相关信息。

4）腾讯教育

腾讯教育（http://edu.qq.com/），中国用户量最大的教育门户网站，将国内外优秀教育信息资源和强大的产品服务紧密结合。下设考试、外语、出国、校园、博客等栏目，是在校学生或在职人员在线充电的理想平台。

5）网易教育

网易教育（http://edu.163.com），可查询获取有关高考、考研、公务员、就业、论坛、博客排行等相关信息。

6）银符考试题库

银符考试题库（https://www.yfzxmn.cn/），是一款侧重于资源的新型在线考试模拟系统以各种考试数据资源为主体，以先进、强大的功能平台为依托，以自建多媒体库和银符考试资讯网组成的数据库辅助使用环境为基础，为用户搭建的一个集考试练习、交流、教学、资源为一体的综合性在线模拟试题库。它涵盖 11 个考试专辑、72 大类二级考试科目、近 300 种考试资源、1.9 万余套试卷、200 余万道试题。该题库是商业资源，需付费使用。

7）酷学资源服务系统/一站式考试学习平台

酷学资源服务系统（https://www.aikoolearn.com/home）集中了优秀在线课程题库，满足大学生各种资格考试、外语学习需求，主要有考研英语、考研政治、考研数学，大学四六级、国家法律职业资格考试、医学考试、公务员考试、专升本等在线视频课程。酷学资源服务系统由酷学课程、酷学题库、酷学资讯、酷学直播、酷学名师、酷学百科六大模块组成，通过讲、学、练的闭环学习方式，是为中国百万大学生用户提供的专业备考支持的学习辅导平台。该平台是商业资源，需付费使用。

8）新东方学习平台

新东方多媒体学习库（https://library.koolearn.com/），是由新东方在线推出的"一站式"学习平台，是广大师生考试、出国、充电、求职的首选优质学习资源。新东方多媒体学习库包括课程中心、考试中心、爱学服务、移动学习中心四大板块。其中，课程中心涵盖了国内考试（四六级、考研、考博、专四、专八、PETS、MBA、专硕、职称考试等）、出国留学（托福、雅思、GRE、GMAT）、小语种（日语、韩语、法语、德语、西班牙语、意大利语、俄语等）、应用外语（商务英语、口译、实用英语、基础英语、新概念）、实用技能、求职指导、职业认证（医学、司法、金融、公务员等）、教师资格证考试 8 部分资源，为广大师生提供具备互动性、引导性、灵活性和快捷性的学习资源，最大限度地激发广大读者的学习潜能。该平台是商业资源，需付费使用。

5.7.2 课程类信息检索

1. 网络课程信息资源内容和特点

除了本校的课程内容，还可以关注同类课程的国家精品课程以及国外名牌大学的公开课程，学习借鉴别人的讲稿、课程要求与阅读材料、授课视频、作业与考试、成绩评定标准等，学生通过网络课程的学习可以拓宽学习视野，从而实现自主学习。教师通过网络课程的学习，可以丰富教学素材，提高教学效果。

2. 课程信息资源获取途径

1）Metel

Metel（http://www.metel.cn），国外开放课程，收录美、英、加、澳等国 300 余所著名高校的教学资源，每个课程有讲义、课件、音频、视频、教学图片、教学案例、阅读材料、作业、习题答案、试卷等资源。

2）MIT 开放课程

MIT 开放课程资料（https://ocw.mit.edu/），全球最早公开大学课程资料，提供免费的讲义、课程资料和视频。

3）EDX 计划

EDX 计划（https://www.edx.org/），是基于麻省理工学院和哈佛大学原有在线网络课程和经历，整合双方教学优势和资源，共同开拓 Web 教育的新领域。作为一项非营利的网络教学机构，eDX 同时向本校园区和全球数百万学生提供使用开放资源的在线学习平台。

4）中国大学 MOOC

中国大学 MOOC（https://www.icourse163.org/），是由网易与高等教育出版社携手推出的在线教育平台，承接教育部国家精品开放课程任务，向大众提供中国知名高校的 MOOC 课程。在这里，每一个有意愿提升自己的人都可以免费获得更优质的高等教育。

5）智慧树

智慧树（https://www.zhihuishu.com/），属于上海卓越睿新数码科技股份有限公司，是全球大型的学分课程运营服务平台。服务的会员学校超 3 000 所，已有超 1.6 亿人次大学生通过智慧树网跨校修读并获得学分。智慧树网帮助会员高校间,实现跨校课程共享和学分互认，完成跨校选课修读。

6）国家高等教育智慧教育平台

国家高等教育智慧教育平台（https://higher.smartedu.cn/），简称"智慧高教"，是全国性、综合性高等教育教学资源服务平台。该平台由教育部主办，委托高等教育出版社建设和运行维护，北京理工大学提供技术支持。

7）国家职业教育智慧教育平台

国家职业教育智慧教育平台（https://vocational.smartedu.cn/），该平台建成了覆盖职业教育领域全部专业大类与教学层次、可持续发展的数字教育资源供给体系。平台包含专业与课程服务中心、教材资源中心、虚拟仿真实训中心和教师能力提升中心四大分中心，同时还接入德育、劳动教育、美育和体育、树人课堂等职教领域基础课程。平台所有资源均免费使用。

8）国家虚拟仿真实验教学课程共享平台

国家虚拟仿真实验教学课程共享平台（http://www.ilab-x.com/），由高等教育出版社负责建设运营，是全球第一个汇聚全部学科专业、覆盖各个层次高校、直接服务于高等院校和社会学习者使用的实验教学公共服务平台，旨在为实验教学各类型课程建设共享及应用提供全流程支撑服务，通过一流课程共享服务体系的建设，形成专业布局合理、教学效果优良、开放共享有效的高等教育实验教学新体系，提高高等教育实验教学质量和实践育人水平。

9）学银在线

学银在线（https://www.xueyinonline.com/），由超星集团全资子公司北京学银在线教育科技有限公司开发和运营，是超星集团与国家开放大学共同发起的基于学分银行理念的新一代开放学习平台，是面向高等教育、职业教育、终身教育的公共慕课平台，也是国家精品在线开放课程的评选和运营平台之一。

10）爱课程

爱课程（http://www.icourses.cn/home），国内精品课程网，可按课程名称、主讲人、学校进行查找，也可分类浏览。

11）学堂在线

学堂在线（www.xuetangx.com），是清华大学于 2013 年 10 月发起建立的慕课平台，是教育部在线教育研究中心的研究交流和成果应用平台，是国家 2016 年首批双创示范基地项目，是中国高等教育学会产教融合研究分会副秘书长单位，也是联合国教科文组织（UNESCO）国际工程教育中心（ICEE）的在线教育平台。目前，学堂在线运行了来自清华大学、北京大学、复旦大学、中国科技大学，以及麻省理工学院、斯坦福大学、加州大学伯克利分校等国内外高校的超过 5 000 门优质课程，覆盖 13 大学科门类。

12）网易公开课

网易公开课（https://open.163.com），汇集清华、北大、哈佛、耶鲁等世界名校共上千门课程，覆盖科学、经济、人文、哲学等 22 个领域，在这里可以开拓视野看世界。该平台提供了丰富的视频课程资源，并配有中文字幕。

13）一席

一席（https://www.yixi.tv），是剧场式演讲、结合网络视频传播的媒体平台，2012 年成立于北京，已制作"一席·演讲""一席·万象""一席·枝桠"和"一席·记录"四档视频节目。目前，已有国内外近千位讲者和表演嘉宾登上一席的舞台，网络视频播放量已超过 15 亿次。

14）小红书

小红书（https://www.xiaohongshu.com），是年轻人的生活方式平台，由毛文超和瞿芳于 2013 年在上海创立。小红书以"Inspire Lives 分享和发现世界的精彩"为使命，用户可以通过短视频、图文等形式记录生活点滴，分享生活方式，并基于兴趣形成互动。截至 2019 年 10 月，小红书月活跃用户数已经过亿，其中 70%用户是 90 后，并持续快速增长。

15）万方视频知识服务系统

万方视频知识服务系统（https://video.wanfangdata.com.cn/），是以科技、教育、文化为主要内容大类的学术视频知识服务系统，与中央电视台、教育部、中国科技信息研究所、中华医学会、中国科学院、北大光华、天幕传媒等国内外著名专业制作机构进行广泛的战略合作。现已推出高校课程、学术讲座、学术会议报告、考试辅导、就业指导、医学实践、管理讲座、科普视频等适合各层次人群观看的精品视频。近年来，万方视频与著名国际传媒公司合作，推出国际化拍摄制作、涵盖众多国外珍贵纪录片的"国外优秀视频系列"以及高清质量的"环球高清精选"系列。目前已经拥有美国、法国、英国、澳大利亚、加拿大、德国、瑞典、荷兰、比利时、新加坡等多个国家的优秀视频节目，通过高校、公共图书馆、社区中心等机构，让社会公众不出国门也能全面了解国外科学、教育、文化的发展现状。万方视频隆重推出"中国名师讲坛"系列、"境内高端学术会议"两大自主拍摄视频系列，特邀全国知名高校的著名学者走进万方视频摄影棚，以讲座、实验等各种生动学术形式展示最新教学成果和研究心得，通过视频媒介，突破时空、地域、语言等众多限制，真实记录国际会议、一流全国性会议的特邀报告,将学术沙龙、学术研讨等各种形式的学术交流活动以最完美的方式还原实时盛况。

16)新浪公开课

新浪公开课(https://open.sina.com.cn/),汇集哈佛、耶鲁、斯坦福、麻省等全球顶尖学府和机构的免费最新公开教育资源、视频课程,涉及多学科,且大部分已翻译成中文字幕。

17)爱迪科森网上报告厅

爱迪科森网上报告厅(https://wb.bjadks.com/home),是由北京爱迪科森信息技术有限公司推出的国内第一套大型视频专家报告库,整合了中央党校、中央电视台、清华大学、中华医学会、中国经济50人论坛、中评网、解放军卫生音像出版社等权威学术机构的专家报告资源,开发了"学术报告"和"学术鉴赏"两大视频报告群,以及一个"精品课件"群,形成理工、经管、党政、文史、医学、综合素质、对话等7大系列的专家报告。该平台是商业资源,需付费使用。

18)中新金桥软件通计算机技能自助式网络视频学习

"软件通-计算机软件视频学习资源"数据库,简称"软件通"(https://rjt.softtone.cn/index),于2006年研发并推出,是通过"微课程"(知识点+实例)的方式,帮助学生快速学习和精通掌握各院系、各学科主流软件操作技能的自助式网络学习系统。目前涵盖计算机最主流的14个大类,包括办公自动化类、三维设计类、多媒体设计类、数据库程序语言类、计算机程序语言类、网络程序语言类、计算机辅助设计类、网页网站设计类、平面设计类、影视后期设计类软件、计算机基础类、系统开发类、数据处理类等类型,囊括了152种软件,近44 000个视频,学习时长达3 800小时。每年新增视频数量超过6 000个,并仍将持续新增软件门类,扩充新的资源。每个微课视频时长5~10分钟,讲解一个独立的知识点和技能操作点,直接指导和提升计算机软件的应用能力。该平台是商业资源,需付费使用。

19)超星名师讲坛

"超星名师讲坛"(https://ssvideo.chaoxing.com/pc/home/index)是北京超星数图信息技术有限公司拥有自主产权的、自行设计、自主拍摄与制作的高教精品教学视频数据库,是一个蕴藏了国内外众多知名学者多年的学术精华。数百位授课老师均是来自"中国社科院"14个研究所、北京大学、清华大学、复旦大学、华东师范大学等国内外的知名学者和教授。目前囊括了文化、教育、科学技术、文学、艺术、历史、考古、法律、哲学、语言(包括英语和其他语言)等数十余个社会学科;推出大师风采、名校课程、治学方法、文学讲坛、世界宗教讲坛、世界历史讲坛、考古研究讲坛、中国古代史讲坛、中国近代史讲坛等多系列名师讲坛,满足读者的不同需求。该平台是商业资源,需付费使用。

5.7.3 考研信息检索

1. 考研信息

考研信息包括研究生报名、复习、笔试、面试、录取以及考试政策等方面的信息。考研信息的收集贯穿于考研备考各个阶段。

2. 考研考试信息查找

1)中国研究生招生信息网

中国研究生招生信息网(https://yz.chsi.com.cn),是隶属于教育部的以考研为主题的官方网站，是教育部唯一指定的研究生入学考试网上报名及调剂网站，主要提供研究生网上报名及调剂、专业目录查询、在线咨询、院校信息、报考指南和考试辅导等多方面的服务和信息指导。它既是各研究生招生单位的宣传咨询平台，又是研招工作的政务平台，它将电子政务与社会服务有机结合，贯穿研究生招生宣传、招生咨询、报名管理、生源调剂、录取查询整个工作流程，实现了研究生招生信息管理一体化。同时网站上提供多渠道功能链接，学信网、学历查询、学籍查询、学历认证、在线验证等。

2）中国考研网

中国考研网（http://www.chinakaoyan.com），设有"考研信息""院校平台""考研调剂""考研论坛""考研问答""考研辅导班""考研资料""考研书城"等多个频道。

3）中国教育考试网

中国教育考试网（http://yankao.neea.edu.cn/），国家统考科目大纲发布平台，一般发布时间为每年的7—9月。

4）中国教育在线考研频道

中国教育在线考研频道（http://zhenti.kaoyan.eol.cn/），通常发布国家统考科目历年试题及参考答案。

3. 部分考研辅导培训机构

研辅导培训机构有：中国大学 MOOC（慕课，https://www.icourse163.org）、万学海文考研（http://kaoyan.wanxue.cn）、启航考研（http://www.qihang.com.cn）、文都考研（http://kaoyan.wendu.com）、考研加油站（http://www.kaoyan.com）等。

5.7.4　留学信息检索

对于有留学需求的学生，需要解决以下几个问题：一是去哪里留学；二是选择哪所学校、学科专业；三是如何选择导师；四是申请留学的程序和条件有哪些；五是如何准备相关文书。

1. 去哪里留学

哪里留学在很大程度上取决于个人的喜好。一般来说，不同国家教育体制、学费标准不同，可以通过搜索引擎了解留学国家及其高等教育的情况。

2. 选择学校和学科专业

可以参考各地大学排名来确定学校的选择，如 Tims 网站（https://www.timeshighereducation.com/world-university-rankings）和 U.S.News 网站（https://www.usnews.com/education/best-global-universities）推出的世界各地大学排名，可信度比较高，可作为选择学校或者专业的参考依据。

学校确定之后，根据学校的官方网站推出的信息确定学科专业。

3. 导师选择

可通过搜索引擎或者上面提到的网站找到该专业的学科导师信息。

4. 申请留学的程序和条件

1）教育部教育涉外监管信息网

教育部教育涉外监管信息网（http://jsj.moe.gov.cn），是由中华人民共和国教育部发布各类教育涉外活动监督与管理信息的专门网站，以发布自费留学中介相关信息为主，之后逐步扩大到教育涉外其他领域，为帮助自费出国留学人员正确选择国外学校，教育涉外监管信息网也公布了中国政府认可的33个国家的1万多所高校名单。

2）中国留学网

中国留学网（http://www.cscse.edu.cn），旨在帮助中国学生及家长确立正确的留学意识以及选择正确的留学途径，并提供相关留学咨询，是中国留学领域唯一官方网站。

3）国家留学网

国家留学网（http://www.csc.edu.cn），国家留学基金管理委员会成立于1996年，是教育部直属事业单位，主要职责是组织实施国家公费留学人员的选拔、录取、资助及管理等工作；奖励优秀自费留学人员；接受境内外友好人士、机构、组织的捐赠，与相关机构开展合作并设立留学项目。国家留学基金主要来源于国家财政拨款，也接受并积极争取国内外捐助。

5. 留学文书的准备

不同学校对留学文书有不同的要求，在撰写文书之前，首先需要到所申请学校的官方网站查询对留学文书的要求。明确后，可通过搜索引擎输入"留学文书"或"留学文书模板"，查找一些留学文书的范本来参考。

5.7.5 就业信息检索

在信息社会，就业竞争在一定程度上就是信息量的竞争。就业信息是求职的基础，是择业决策的重要依据，也是顺利就业的可靠保证。

1. 就业培训资源

爱迪科森就业培训数据库（https://zyk.bjadks.com/），是我国第一套以就业为导向的综合性多媒体教育培训平台，它涵盖了找工作、考研、留学、创业、考公务员等多个分流方向。整套产品以职业规划理论为设计理念，成为集课程学习、职业资讯、学习评估、网上考试、互动社区、职业速配、系统管理等先进、全面的学习与管理功能于一体的在线学习平台，并与全面的通用职业资格考试和技能培训课程相结合，让所有用户体验数字化时代全新的学习方式，享受完全免费的最优资源。

2. 查询就业信息途径

1）中国人力资源市场网

中国人力资源市场网（https://chrm.mohrss.gov.cn），是由人力资源和社会保障部主办的，专门开辟了"高校毕业生'三支一扶'计划"栏目，面向社会提供人事人才政策咨询和人才服务的公益性网站。

2）中国国家人才网

中国国家人才网（http://www.newjobs.com.cn），是人力资源和社会保障部全国人才流动中心主办的全国高级人才网站，提供网络招聘、查询、求职、招聘会、报纸广告等信息。

3）中国就业网

中国就业网（http://chinajob.mohrss.gov.cn），是由人力资源和社会保障部主管，中国劳动市场信息网监测中心主办，并向社会各界提供劳动力市场政策咨询和就业服务的公益性网站。

4）行业部委网

如中国铁路人才招聘网（https://rczp.china-railway.com.cn），发布专业铁路人才需求信息。

5）通过相关企业查询就业信息

如中国企业集成（http://www.jincao.com）、公司信息数据库（http://www.corporateinformation.com）、中国行业研究网（http://www.chinairn.com）、国家企业信用信息公示系统（http://www.gsxt.gov.cn）、中国产品信息网（http://www.chinadbs.com）。

5.7.6 公务员考试

公务员考试信息主要包括公务员报考指南、各地招考信息、经验交流、政策咨询和试题集锦等信息。

1. 报考和录取阶段信息查询

1）国家公务员考试网

国家公务员考试网（http://www.gjgwy.org），发布国家公务员考试相关招考信息、报名公告、复习资料的专业性公务员招考网站。

2）各省、市、区的人事考试网

如四川省人事考试网（http://www.scrsks.net/），提供四川省所辖市州的招考信息。

2. 有关公务员考试题库相关网站

中公教育（https://www.offcn.com）、华图教育（http://www.huatu.com）、无忧考网的公务员考试频道（http://www.51test.net/gwy）。

5.8 查找其他信息

5.8.1 网络购物信息检索

随着电子商务的发展，网上营销、网上购物已成为一种趋势。作为消费者，购物成功的关键是对产品与卖家信息的了解。查找产品信息与卖家信息的途径有搜索引擎、购物网站、买家评议等。

（1）利用购物搜索引擎搜索信息。这类搜索引擎与一般网页搜索引擎不同，主要在于除了搜索产品、了解商品说明等信息，通常还可以进行商品价格比较，并且可以对产品和在线商店进行评级，详见 6.1.2.1 节内容。

（2）利用专业性门户网站搜索产品信息，如进入百安居（https://www.bthome.com/）、华润万家（http://www.crv.com.cn）等经营家具装饰装修产品的商业连锁集团网站，通过浏览器查询所需产品。

（3）利用购物网站搜索商品信息，如当当网（http://www.dangdang.com）、卓越网（http://www.amazon.cn）、唯品会（http://www.vip.com）等。

147

（4）利用团购网搜索产品信息，如美团网（http://www.meituan.com），大众点评网（http://www.dianping.com）等。

（5）利用贴吧、论坛、博客搜索产品评价信息。

5.8.2 类　书

1．概　念

类书就是采摭群书，辑录各门类或某一门类的资料，随类相从而加以编排，以便于寻检、征引的一种参考工具书。类书与百科全书有相似之处，但类书主要是汇集古籍中的史实典故、名物制度、诗赋文章、骈词丽语等有关资料的片段，有时也把整篇作品收入，有的也加以概述，或加按语辨释考证。

2．典型示例

《北堂书钞》《永乐大典》《艺文类聚》《太平御览》《古今图书集成》等。

5.8.3 政　书

1．概　念

政书指主要记载典章制度沿革变化及政治、经济、文化发展状况的专书。

2．典型例子

《通典》，中国现存最早的一部政书，是中国第一部全面系统记载我国历代典章制度的专著。

5.8.4 表　谱

1．概　念

表谱是以表格、谱系、编年等形式反映历史人物、事件、年代的工具书。

2．实　例

《中华人民共和国大事记》《春秋长历》《中国历史人物生卒年表》《中国历代年号索引表》《中国历史朝代》等。如《中国历史朝代》（http://114.xixik.com/chaodai/）可查询中国各朝代时间段、都城、地址等信息。

第 5 章数字资源

第 6 章

现代工具的应用

第 4 章和第 5 章分别介绍了文献检索、事实检索和数据检索，本章将讲述如何充分利用各种现代工具智能地收集、整理、分析、利用检索结果，以获得更完美的检索结果。

6.1 搜索引擎的应用

现代信息主要存储于不同类型、不同级别的图书馆、书店、档案馆、博物馆、展览馆以及因特网。而网络就是一个巨大的信息资源库，要从这个信息海洋中准确、迅速地找到并获取所需信息，比较困难。而搜索引擎（Search Engine）就是利用网络信息资源检索与利用的核心工具。搜索引擎的出现，逐渐改变着我们的生活习惯和思维方式，很多问题只要"搜一下"就"知道"或者"可获取"。因此，搜索引擎成为网络时代的"日用品"。利用搜索引擎可获取图片、文档、视频、学术资料等信息，可以弥补商业学术资源的不足。

6.1.1 搜索引擎概述

1. 概 念

搜索引擎是指根据一定的策略、运用特定的计算机程序从互联网上收集信息，在对信息进行组织和处理后，为用户提供检索服务，并将与用户检索相关的信息展示给用户的系统。

2. 工作原理

搜索引擎作为检索和利用互联网上信息资源的中介，其工作原理仍然符合计算机信息检索的工作原理：对信息集合和需求进行匹配，它一方面需要从互联网信息资源中采集信息；另一方面需要构建与主题搜索相关的索引数据，提供检索接口，反馈用户所需信息。一个搜索引擎由搜索器、索引器、检索器和用户接口 4 个部分组成。

搜索器的功能是在互联网上漫游，发现和收集信息。搜索引擎的信息自动收集功能分为两种：一种是定期搜索，对一定 IP 地址范围内的互联网站进行检索，一旦发现新的网站，将自动提取网站的信息和网址加入自己的数据库；另一种是提交网站搜索，即网站拥有者主动向搜索引擎提交网址，搜索引擎在一定时间内向其网站派出 Spider 程序，扫描其网站并将有关信息存入数据库，以备用户查询。

索引器的功能是理解搜索器所搜索的信息，从中取出索引项，用于表示文档以及生成文档库的索引表。

检索器的功能是根据用户的查询在索引库中进行匹配，快速检索出文档，进行文档与查询的相关度评价，对输出的结果进行排序，并实现某种用户相关性反馈机制。

用户接口的功能是输入用户查询内容，显示查询结果、提供用户相关性反馈机制。主要目的是方便用户使用搜索引擎，高效率、多方式地从搜索引擎中得到有效、及时的信息，用户接口的设计和实现使用人机交互的理论和方法，以充分适应人类的思维习惯。

6.1.2 搜索引擎分类

6.1.2.1 根据数据检索内容划分

1. 综合型搜索引擎

综合型搜索引擎在采集标引信息时不限制资源的主题范围和数据类型，又称为通用型检索工具。例如，常见的 Google、百度、搜狗、360 搜索等，搜索信息种类繁多。

1）Google

Google（https://www.google.cn/）公司于 1998 年 9 月 7 日在美国加利福尼亚州山景城以私有股份公司的形式创立，以设计并管理一个互联网搜索引擎。Google 网站于 1999 年下半年启动；2006 年 4 月 12 日，Google 公司行政总裁埃里克·施密特在北京宣布该公司的全球中文名字为"谷歌"。

谷歌搜索引擎采用了一系列复杂的算法和技术，以确保搜索结果的准确性和相关性。它使用了一种称为 PageRank 的算法来评估网页的重要性，并通过分析网页的链接结构来确定其排名。谷歌还使用了自然语言处理技术和机器学习算法来理解用户的查询意图，并根据用户的需求呈现最相关的搜索结果。

谷歌搜索引擎提供了各种搜索功能，包括普通文本搜索、图像搜索、视频搜索、新闻搜索、地图搜索等。用户可以通过谷歌搜索引擎轻松地找到所需信息，无论是全球范围内的大量网页内容，还是特定网站上的特定信息。

除了网页搜索，谷歌搜索引擎还提供了一系列附加功能，如知识图谱、谷歌翻译、谷歌地图等，以便用户更深入地了解相关主题。总的来说，谷歌搜索引擎是全球最受欢迎和广泛使用的搜索引擎之一，为用户提供了便捷且准确的网络搜索功能，成为人们在互联网上获取信息的首选工具之一。

2）百　度

详见 6.1.3 节内容。

3）搜　狗

搜狗搜索（https://www.sogou.com/）是搜狐公司于 2004 年 8 月 3 日推出的全球首个第三代互动式中文搜索引擎。搜狗以搜索技术为核心，致力于中文互联网信息的深度挖掘，帮助中国上亿网民加快信息获取速度，为用户创造价值。搜狗的产品线包括了网页应用和桌面应用两大部分。网页应用以网页搜索为核心，在音乐、图片、视频、新闻、地图领域提供垂直搜索服务；桌面应用旨在提升用户的使用体验；拼音输入法帮助用户更快速地输入，搜狗双核浏览器大幅提高用户的上网速度，是目前互联网上最快速最流畅的新型浏览器，拥有国内首款"真双核"引擎，独家采用"云恶意网址库"和"实时查杀"双重网页安全技术，有效防止病毒木马通过浏览器入侵。搜狗能较好地支持 filetype、site、空格、双引号这 4 个检索技术，但不支持 inurl、减号、竖线这 3 个检索技术。

4）360 搜索

360 搜索（https://hao.360.com/index.html）属于全文搜索引擎，是目前广泛应用的主流搜索引擎。360 搜索包括 360 资讯、360 百科、360 影视、360 图片、360 地图、360 翻译、360 软件、360 问答、360 文库、360 新知、360 智选、精选摘要、可信百科、企业官网、城市名片、在线问诊、慧优采、好搜客、360 良医、360 行家。360 搜索是具有自主知识产权的搜索引擎，包含网页、新闻、影视等搜索产品，为用户带来更安全、更真实的搜索服务体验。目前，已建立由来自新加坡国立大学、清华、中国科学院等工程师组成的核心搜索技术团队，拥有上万台服务器，庞大的蜘蛛爬虫系统每日抓取网页数量高达十亿，引擎索引的优质网页数量超过数百亿，网页搜索速度和质量都已领先业界。该搜索引擎框式检索不支持减号语法，但高级检索支持的语法有减号、site、inurl、filetype。

5）AA 站点导航

AA 导航（http://lackar.com/aa/）集成了多个网站，类型齐全，可以搜软件、参考、社交、新闻、购物、书籍、音乐、视频、游戏、APP、编程、艺术、电影、图片、旅行、数码等。

6）虫部落聚合搜索平台

虫部落·快搜（https://search.chongbuluo.com/），是一个聚合搜索平台，集合了上百个搜索引擎，不仅有百度、谷歌等常用的大平台，音乐、小说、编程、字体、电影等都可以通过它找到。虫部落快搜、虫部落学术搜索等搜索聚合工具均为虫部落原创出品。

2. 专题型搜索引擎

专题型搜索引擎专门采集某一主题范围的信息资源或某一类型信息，并用更为详细和专业的方法对信息资源进行描述，适用于较具体而针对性强的检索要求。

1）比价购物搜索引擎

购物搜索引擎可用京东（www.jd.com）、淘宝（www.taobao.com）、比一比价网（http://www.b1bj.com/）、门门网（www.51menmen.com）、顶九搜索（www.ding9.com）和慢慢买（https://www.lookxyz.cn/）购物搜索引擎等。

2）微博搜索引擎

微博搜索引擎（http://s.weibo.com），主要针对微博平台上的内容进行搜索，这包括用户的微博帖子、评论、话题等社交媒体内容，更适合于社交媒体内容的搜索和追踪热点话题。微博搜索引擎不同于其他的搜索引擎如 Google、百度等提供更为广泛的搜索服务，它们的搜索结果涵盖网页、图片、视频、新闻等多种格式和来源的信息。

3）旅行搜索引擎

旅游搜索引擎是收录旅游相关信息的搜索引擎，有别于网页搜索引擎，其收录的内容包括旅游线路、旅游景点、旅游攻略、户外用品、酒店住宿等相关旅游信息。当用户检索某个旅游目的地景点、机票、酒店、旅游度假时，所有销售该商品的网站上的产品记录都会被检索出来，用户可以根据产品价格、对网站的信任和偏好等因素进行选择。一般来说，旅游搜索引擎本身并不出售这些景点、机票、酒店、旅游产品。

（1）国内比较知名的旅游搜索引擎有云旅游、去哪儿、携程旅行等。

① 云旅游。

云旅游（http://www.yun519.com/），以云计算技术为基点，整理互联网上的海量信息，为网友提供涵盖全球旅游目的地信息的检索平台。

② 去哪儿。

去哪儿（https://travel.qunar.com/），通过网站及移动客户端，为旅行者提供国内外机票、酒店、度假、旅游团购及旅行信息的深度搜索，可以帮助旅行者找到性价比高的产品和信息。

③ 携程旅行。

携程旅行（https://www.ctrip.com/），中国领先的在线旅行服务公司，创立于1999年，总部设在上海。向超过9 000万会员提供酒店预订、酒店点评及特价酒店查询、机票预订、飞机票查询、时刻表、票价查询、航班查询、度假预订等服务。

（2）国外比较知名的旅游搜索引擎有猫途鹰、客涯Kayak等。

① 猫途鹰。

猫途鹰（http://www.tripadvisor.com），寻找全球最好的酒店、目的地、餐厅、景点的体验和玩法。

② 客涯Kayak。

客涯Kayak（https://www.cn.kayak.com/），美国旅游搜索引擎服务商，可以同时搜索上百家旅行网站，而将结果按多种方式排列出来，它的产品主要包括航班、酒店、汽车、旅行社等，另外还提供旅游管理工具服务。

4）商业搜索引擎

商业搜索是指定位于商业领域、满足商人信息需求的搜索引擎，这主要通过对行业网站的定向搜索和企业提交而来，所有的信息都经过部分人工和技术上的审核，包括企业搜索、产品搜索、商机搜索、商业服务搜索，具体实现企业信息、产品信息、买卖信息、招商信息、代理信息、广告服务、融资服务功能。它融合了行业搜索、类别搜索功能，是完整意义上的相对专业化综合搜索和相对性垂直搜索的综合体，本质上是电子商务和搜索引擎的结合体。

国内外有名的商业搜索引擎有258商业搜索、生意定向搜索引擎、知信者、一呼百应、金泉网等。

（1）258商业搜索。

258商业搜索（http://www.258sww.com/），原来的音速Anyso搜索，是全球最早的多语言商业搜索引擎，是厦门书生于2003年开始研究的技术和服务，致力于成为全球商人的商业入口服务，实时搜索全球超过6 000家B2B平台的近10亿条商业信息，提供商业信息、商情、产品、公司、黄页、行情、贸易、商务动态、外贸信息、国际贸易等搜索服务。

（2）生意定向搜索引擎。

生意定向搜索引擎（http://www.business.com），为全球商人提供咨询、资源、播客和通讯。

（3）知信者。

知信者（https://ugbyug.com/），中国最优秀的商业搜索引擎。知信者是一款"会说话"的商业搜索引擎，它推出了一项新颖的商业搜索服务，即当网民查到相关企业信息后，如果对企业产品感兴趣，不需要进入企业网站，直接通过知信者提供的免费通话服务，就可以向企业咨询。

（4）一呼百应。

一呼百应（http://www.youboy.com/），公司成立于2005年，集团总部位于广州市高新技术产业开发区黄埔科学城，在广东佛山、江西上饶等地设有子公司。公司是一家定位于服务生产制造企业，专注于解决制造企业产品生产环节，解决企业生产原材料、成品、半成品、机械、配件等全供应链产品在线供采交易服务的"互联网+制造"工业品电商平台公司。

（5）金泉网。

金泉网（https://www.jqw.com/），中文商业搜索引擎，金泉网于2004年1月1日正式上线，主要提供企业黄页、企业名录、产品搜索、买卖搜索、商贸资讯及人才求职招聘等商业信息搜索服务。目前，金泉网已囊括了中国1 800多万企业库、5 000多万产品库，信息量大、覆盖面广、搜索结果准确。

5）PPT模板搜索引擎

搜索PPT模板可以用觅知网（https://www.51miz.com/）、熊猫办公（https://www.tukuppt.com/）、51ppt模板（https://www.51pptmoban.com/）和HIPPTER（https://www.hippter.com）等。

6）设计师网址导航

搜索设计师引擎可以用Niice（https://www.niice.co/）、全球大作（p.bigbigwork.com）、设计联盟（www.designlinks.cn）和优设官网等。

优设官网(https://hao.uisdc.com)，是国内极具人气的设计师学习平台。2012年成立至今，一直专注于设计师的学习成长交流，为设计师发声、替好作品说话。

7）学术搜索引擎

搜索网上学术文献可以用谷歌学术、百度学术、微软学术等。

百度学术搜索（xueshu.baidu.com），是一个提供海量中英文文献检索的学术资源搜索平台，涵盖了各类学术期刊、学位、会议论文，旨在为国内外学者提供最好的科研体验。

8）大为innojoy专利搜索引擎

大为innojoy专利搜索引擎（http://www.innojoy.com/search/home.html）是一款集全球专利检索、分析、管理、转化、自主建库等功能于一体的专利情报综合应用平台。一站式实现专利数据信息资源的有效利用和管理。

大为innojoy专利搜索引擎提供方便快捷的全球数据获取通道，高度整合全球专利文献资源，如专利文摘、说明书、法律状态、同族专利等信息，挖掘人类智慧结晶，促进世界范围内的优势专利的研发和权利化，为高校、科研院所、企业等用户重大专项知识产权审查、技术发展提供辅助决策支持，为研究与创新、申请与披露、维护与监控、许可与商业化、保护与维权等重大活动提供决策依据。

大为innojoy专利检索分析系统收录全球106个国家/地区1.6亿+专利数据，60个国家/地区的法律状态，45个国家/地区的代码化全文，38个国家/地区的小语种优质英文翻译，独有的美国增值数据，INPADOC同族专利数据，DOCDB引证数据等，每天数据更新，每月更新1千余万件专利，提供完整、优质、及时的全球专利信息。

数据库收录了英国、美国、加拿大、瑞士、德国、欧洲、日本7个国家/地区/组织的期限延长PTE数据以及美国期限调整PTA数据；支持检索药品信息的查询，包括药品名称、药品品牌、药品成分、药品剂型、药品用法、药品用量等；欧洲电信联盟ETSI标准专利，提供标准内容、标准号、申报日期以及申报公司等信息检索和查看。

3. 特殊型搜索引擎

特殊型搜索引擎是指专门用来检索图像、声音等特殊类型信息和数据的检索工具，如查询地图及图像的检索工具。

1）图片搜索引擎

搜索图片可以用 splitshire 图片网站、千库网图片网站（https://588ku.com/）、360 图片（https://image.so.com/）、搜狗图片（https://pic.sogou.com/）、谷歌图片（mages.google.cn）、百度图片（image.baidu.com）和觅知网（https://www.51miz.com/）等。

2）声音搜索引擎

搜索声音可用搜搜声（www.ear0.com）、MidoMi（http://www.midomi.com/）、midifan（https://www.midifan.com/）、淘声网（www.tosound.com）等。

3）地图搜索引擎

搜索地图可用百度地图（map.baidu.com）、谷歌地图（http://www.gditu.net/）、搜狗地图（map.sogou.com）、必应地图（https://cn.bing.com/maps）、中国搜索（http://www.chinaso.com/stss/index.html）、高德地图（www.amap.com）。

6.1.2.2 根据工作原理划分

1. 全文搜索引擎

全文搜索引擎是目前广泛应用的主流搜索引擎，国外代表有 Google，国内则有百度。从搜索结果来源的角度，全文搜索引擎分为两种，一种是拥有自己的检索程序（Indexer），俗称"蜘蛛"（Spider）程序或"机器人"（Robot）程序，并自建网页数据库，搜索结果直接从自身的数据库中调用，如上面提到的 Baidu、Google；另一种则是租用其他引擎的数据库，并按自定的格式排列搜索结果，如国外的 Lycos 引擎。

2. 目录索引搜索引擎

目录索引搜索引擎，顾名思义就是将网站分门别类地存放在相应的目录中，用户在查找信息时，可选择关键词搜索，也可按分类目录逐层查找。

目前，全文搜索引擎与目录索引搜索引擎有相互融合渗透的趋势。原来一些纯粹的全文搜索引擎现在也提供目录搜索，如 Google 就借用 Open Directory 目录提供分类查询。而像雅虎这些老牌目录索引搜索引擎则通过与 Google 等搜索引擎合作扩大搜索范围。在默认搜索模式下，一些目录类搜索引擎首先返回的是自己目录中匹配的网站，如中国的搜狐、新浪、网易等；而另外一些则默认的是网页搜索，如雅虎。目录索引式搜索引擎的特点是搜索的准确率较高。

1）搜 狐

搜狐（www.sohu.com）为用户提供 24 小时不间断的最新资讯，及搜索、邮件等网络服务。内容包括全球热点事件、突发新闻、时事评论、热播影视剧、体育赛事、行业动态、生活服务信息等。

2）新 浪

新浪（www.sina.com.cn）为全球用户 24 小时提供全面及时的中文资讯，内容覆盖国内外突发新闻事件、体坛赛事、娱乐时尚、产业资讯、实用信息等，设有新闻、体育、娱乐、财经、科技、房产等。

3）网 易

网易（www.163.com）是中国领先的互联网技术公司，为用户提供免费邮箱、游戏、搜索引擎服务，开设新闻、娱乐、体育等 30 多个内容频道及博客、视频、论坛等互动交流服务。

3. 元搜索引擎

元搜索引擎又称多搜索引擎，通过一个统一的用户界面帮助用户在多个搜索引擎中选择和利用合适的（甚至是同时利用若干个）搜索引擎来实现检索操作，是对分布于网络的多种检索工具的全局控制机制。常用的元搜索引擎有 WebCrawler、Dogpile 等。

1）WebCrawler

WebCrawler（http://www.webcrawler.com/）是一款整合了 Google、Yahoo!、Bing Search、Ask、AboutMIVA、LookSmart 以及其他流行搜索引擎中靠前的搜索结果的搜索引擎，同时也为用户提供搜索图片、音频、视频、新闻、黄页和白页的选项。WebCrawler 是 InfoSpace 公司的注册商标。它于 1994 年 4 月 20 日由布莱恩·平克顿在华盛顿大学创建。WebCrawler 是第一个网络搜索引擎，它提供全文检索。

2）Dogpile

Dogpile（http://www.dogpile.com/）是一个聚合谷歌、雅虎、Yandex 和其他流行的搜索引擎结果的元搜索引擎。Dogpile 于 1996 年 11 月开始运作。Dogpile 是由亚伦福林娜弗创建和发展起来的，后来卖给 Go2net。2000 年 8 月，InfoSpace 公司又收购了 Go2net，Dogpile 被视为 InfoSpace 的门面工程。Dogpile 暂不支持中文搜索。

6.1.3 综合性全文搜索引擎

6.1.3.1 综合性全文搜索引擎概述

目前的搜索引擎都具备以下功能：

（1）具有按分类浏览的功能。

（2）按关键词进行检索，也具备一般检索的套路，基本检索、高级检索，支持逻辑运算、默认全文搜索。

（3）互动功能。搜索引擎本质上也是一种数据库检索，因此，针对数据库的检索策略，对搜索引擎几乎都可以使用。如果检索熟练，可以直接使用表 6-1 的检索策略。

（4）合理利用检索结果界面的参考信息。检索结果界面除了搜索网页或者文件的链接与说明，还有很多有价值的参考信息，如检索结果数量、时间、相关搜索、检索类别等等。

（5）如果不熟悉各种检索语法，建议采用高级检索，因为高级检索项本身就是检索策略的体现。

表 6-1　搜索引擎检索策略组配方式

要求	策略	实现方式
组配关系	逻辑与	AND、+或者空格
	逻辑或	OR 或者|
	逻辑非	NOT 或者 -
	精确匹配	用" "
	文件类型	"filetype：文件类型"，如 filetype:pdf
词的位置	标题搜索	"title:"
	网站搜索	"site:" 或者 "link:" 针对选定网站进行搜索
	网页搜索	"url:" 检索地址中带有某个关键词的网页
词的变化	通配符	用 "*" 和 " ？" 代替字符，如输入 "teach*" 可检索出 "teacher" "teaching"

注：各种搜索引擎使用的组配关系符号和通配符号略有差异，可以参看搜索引擎的帮助或者检索说明。

6.1.3.2　综合性全文搜索引擎使用实例——百度

1．概　述

百度（http://www.baidu.com）拥有全球最大的中文网页库，收录中文网页已超过 100 亿，这些网页的数量每天以千万级的速度在增长。同时，百度在中国各地分布的服务器，能直接从最近的服务器上把所需信息反馈给当地用户，使用户享受极快的搜索传输速度。

百度搜索范围涵盖了中国、新加坡等华语地区以及北美、欧洲的部分站点。

百度还为各类企业提供软件、竞价排名以及关联广告等服务，为企业提供了一个获得潜在消费者的营销平台（P4P，Pay for Performance），即为一种按效果付费的网络推广方式，同时也引起了一些争议：有人认为该服务会影响用户体验。

2．百度服务内容与产品

百度自创建以来，一直专注于中文搜索，目前提供的主要搜索项目有新闻、网页、地图、视频、音乐、图片、贴吧、知道、文库和学术文献等。除了搜索服务，不断增加更新更多的服务内容，如导航服务、社区服务、移动服务等。

3．检索功能与技巧

不少调查表明，许多用户只用简单的搜索功能、效率不高。下面主要针对搜索服务功能，介绍如何高效准确地搜索。

（1）百度识图。

利用窗口的"相机"上传图片或输入图片的 url 地址，从而搜索到互联网上与这张图片相似的其他图片资源，同时也能找到这张图片相关的信息，如图 6-1 所示。

（2）如果要实现较为复杂的搜索，可用逻辑运算符合限定条件来实现。

百度框式检索，"空格"表示逻辑与 ；"｜"表示逻辑或 ；"－"表示逻辑非。其中 "｜" 前后有空格，"－" 前空一格，双引号" "表示精确检索。

图 6-1　百度识图界面

也可点击右上角"设置"，使用高级检索，其中"包含全部关键词"指（逻辑与），"包含完整关键词"指（精确匹配），"包含任意关键词"指（逻辑或），"不包括关键词"指（逻辑非）。

① "逻辑与"和"逻辑或"的应用。

检索实例 1：检索有关计算机辅助设计的软件。

分析："计算机辅助设计"的全英文名称为"Computer Aided Design"，简称"CAD"，检索者可能会用"计算机辅助设计"或者"CAD"检索，"计算机辅助设计"与"软件"满足逻辑与算符。检索式制定和输入如图 6-2 所示。

图 6-2　"逻辑与"和"逻辑或"的使用示例

② 固定短语检索。

如果需要检索某人名、地名、机构名称或者书名、篇名、电影名称等专有名称时，须使用固定短语检索。

检索实例 2：查阿尔茨海默病防治协会的信息。

检索式的制定和输入如图 6-3 所示。

图 6-3　固定短语之检索示例

③ 逻辑非的运用。

检索实例 3：检索 3D 打印在医学领域的应用，但不涉及在生物方面的信息。

检索式的制定和输入如图 6-4 所示。

图 6-4　逻辑非之检索示例

④ 搜索指定网页有关信息。

检索实例 4：搜索四川轻化工大学网站上关于成果转让的信息。

检索式的制定和输入如图 6-5 所示。

157

图 6-5　搜索指定网页有关信息之检索示例

⑤ 其他限定条件，如关于搜索指定时间范围和指定类型的有关文件。

检索实例 5：查找近一年内关于信息素养的学习资料。

检索式的制定和限制条件操作示例如图 6-6 所示。

图 6-6　限定条件之检索示例

6.1.4　科学评价与合理使用网络资源

一般的搜索引擎，搜索对象是整个互联网。因为免费，搜索范围广，响应速度快，成为我们生活中不可或缺的检索工具。但是，网络信息庞杂，质量良莠不齐，信息稳定性差，由此引发形形色色的网络信息案例。

案例 1：PX（对二甲苯）词条保卫战。

2014 年 3 月，有关 PX 剧毒的传言流出，有人将 PX 的百科词条由"低毒"改为"剧毒"。以清华化学、化工两系学生为主力的保卫者保卫"低毒"属性长达 120 个小时，直到 4 月 4 日，由于清华化工系提交了官方的 PX 相关介绍，百度百科锁定 PX 词条在"低毒"属性上，事件结束。到目前，PX 词条处于锁定状态，并有"由于本词条涉及专业知识，已邀请专业人士编写本词条"备注。①

案例 2："魏则西之死"事件。

2016 年，时年 21 岁的魏则西因患滑膜肉瘤离世。半个月后，他的悲剧故事引发了一场网络舆论事件，在这次事件中百度遭到铺天盖地的声讨。详细的内容请参见 2016 年 5 月 3 日的《钱江晚报》。②

针对以上案例，并不能否定所有的网络信息资源，在使用网络信息资源时需要注意搜索效率、谨慎鉴别、及时更新等。所以在使用网络资源时，我们要做到以下几点：

（1）搜索引擎不是万能的，尤其在文献调研时，目前有相当多学术资源不能通过搜索引擎搜索到，还是要充分利用图书馆订购的学术资源。

（2）使用搜索引擎时，必须注意对检索结果进行审慎的鉴别和判断。

（3）网上开放资源也是有知识产权的，注意合理使用，遵守学术道德和学术规范，正确引用，注明出处。

（4）个体既是网络资源的利用者，也是网络资源的建设者，积极参与网络信息共建共享，有利于网络资源持续健康发展。

---

① https://baike.so.com/doc/9972592-10320234.html. [EB/OL]. [2024.05.09].
② http://opinion.people.com.cn/n1/2016/0503/c1003-28320287.html. [EB/OL]. [2024.05.09].

6.2 综合学术搜索平台的应用

随着多种技术的不断发展，各种检索技术和检索平台人性化不断在提高，读者的需求也在不断变化，要求也在不断提高。读者希望能在一个平台上一站式搜齐所有信息资源，既要保证文献调研的全面性，又能解决经济性问题，省时省力，还能利用文献传递实现文献资源共享。

首先想到的是利用各种学术搜索引擎，如百度学术搜索、谷歌学术搜索、微软学术搜索等，但前面已经谈到了网络资源的不足之处。那么什么样的平台既能一站式检索图书馆订购的印刷型资源、多个不同的电子商业资源，还能检索开放资源和网络资源？这就是很多图书馆界连同系统软件商共同努力解决并已经正在提供的多种综合学术搜索平台。

6.2.1 综合性学术搜索平台

1. 自贡文献信息资源共享平台

自贡市文化信息资源共享平台（http://www.zg.superlib.net/），详见 4.2.3.5 节内容。

2. 四川高校文献保障系统

四川高校文献保障体系，简称 SCALIS 系统（http://www.scalis.superlib.net/），详见 4.2.3.5 节内容。

3. 中国高校文献保障系统

中国高等教育文献保障系统（China Academic Library & Information System，CALIS，网址 http://www.calis.edu.cn/），详见 4.2.3.5 节内容。

4. 超星百链

超星百链（https://www.blyun.com/）是超星公司推出的新一代图书馆资源解决方案及共建共享方案，它内置了丰富的全文资源，为读者提供资源补缺服务。百链学术搜索对各类中、外文学术数据库的资源进行整合收录，一次检索能够同时搜索到图书、期刊、学位论文、会议论文、报纸、专利、视频、标准等内容。

目前，在百链可以搜索到：学术文献资源 4.5 亿篇、中文期刊 7 600 万篇、中文报纸 8 300 万篇、外文期刊 13 083 万篇、开放学术资源 4 000 万篇。百链还在以平均每天 20 万条索引的速度更新。

对于所搜索出来的海量数据，在百链搜索界面左侧，还提供按类型、年代、学科、期刊刊种精确检索功能。

在检索结果中，每条命中记录提供题录信息和获取途径。所需资源可通过邮箱进行原文传递。原文传递会在 72 小时内给予答复（一般 2~10 小时便收到回复）。

5. 超星发现系统

超星发现（https://ss.zhizhen.com/）以数亿各类文献及网络学术资源海量元数据为基础，充分利用数据仓储、资源整合、知识关联、文献统计模型等相关技术，通过引文分析、分面筛选、可视化图谱等手段，为读者从整体上掌握学术发展趋势，洞察知识之间错综复杂的交叉、支撑关系，发现高价值学术文献提供便捷、高效而权威的学习、研究工具。

超星发现系统除了具有一般搜索引擎的信息检索功能外,其最大的功能是提供了深达知识内在关系的强大知识挖掘和情报分析功能。为此,发现的检索字段大大增加,更具备大到默认支持全库数据集范围的空检索,细到可以通过勾选获取非常专指主题的分面组合检索,从而实现了对学术宏观走向、跨学科知识交叉及影响和知识再生方向的判断,具备了对任何特定年代,或特定领域,或特定人及机构的学术成果态势进行大尺度、多维度的对比性分析和研究。超星发现系统是学者准确而专业地进行学术探索和激发创新灵感的研究工具。

超星发现系统核心功能:多维分面聚类、智能辅助检索、立体引文分析、考镜学术源流、展示知识关联、揭示学术趋势。

6. 寻知学术文献数据检索平台

寻知学术文献数据检索平台(https://xunzhi.kingbooks.com.cn)是基于数据深度关联的文献信息检索和发现平台,在不同的科研数据之间建立多层次的对应关联关系,同时融合了多种数据类型,可以实现以论文查论文,以论文查基金,以基金查论文,以基金查基金等功能,从而帮助用户快速发现科研思路,全面把握课题发展态势,助力科研项目的申请和论文写作。

7. worldlib 人工智能在线咨询

worldlib 人工智能在线咨询(http://ai.worldlib.com.cn)是一款以网页和微信为载体,运用最新网络技术整合多个搜索引擎为用户提供外文文献获取的互联网在线服务平台。该平台支持关键词检索、题名检索(文献准确题名)、文献 DOI 号检索、文献 PMID 号检索、图片识别检索、作者检索。查询结果会在 10 秒内返回,24 小时不间断地提供文献查询服务。

worldlib 人工智能在线咨询通过微信端和网页端向用户提供文献查询服务,可以满足不同用户对外文文献的获取需求。

8. PubScholar 公益学术平台

PubScholar 公益学术平台(https://pubscholar.cn/),于 2023 年 11 月 1 日中国科学院建院 74 周年之际正式发布。该公益学术平台由中国科学院文献情报中心、中国科学院计算机网络信息中心、中国科技出版传媒股份有限公司(科学出版社)为主建设,在尊重知识产权和国际通行规范的前提下,发挥中国科学院自身拥有丰富且高质量学术资源的优势,带动国内外的学术资源机构积极合作,旨在为我国科技界和全社会提供高质量的公益性学术资源,提供学术资源检索发现、内容获取和交流共享等基础服务,目标是成为中国优质公益学术资源的聚集高地和全球优质公益学术资源的汇总索引。

首期平台整合集成了中国科学院的科技成果资源、科技出版资源和学术交流资源;OA 环境下允许集成服务的学术资源;以及通过协议授权或其他合作共建模式获得授权许可的学术资源。目前共计有 26 个国内国外合作学术资源,合作公益期刊 216 种。

目前平台可检索的元数据资源量约 1.7 亿条,包括科技论文元数据约 9 548 万条,科技专利元数据约 8 013 万条,科学数据元数据约 48 万条。可免费获取的全文资源量约 8 000 万篇,包括科技论文全文数据约 2 122 万篇,专利全文数据约 5 878 万篇。

9. 读秀学术搜索

详见 6.2.2 节内容。

6.2.2 综合学术平台使用介绍实例——读秀

1. 概 述

读秀学术搜索（www.duxiu.com），是超星公司开发的一个面向全球的互联网学术资源查询系统。它是对文献资源及其全文内容进行深度检索并提供文献传递服务的平台。它将纸质图书、电子图书、期刊、论文等各种类型资料整合于同一平台，集文献搜索、试读、传递于一体，突破了简单的元数据检索模式，实现了基于内容的检索，使检索深入章节和全文。读秀学术搜索提供知识、图书、期刊、报纸、学位论文、会议论文、标准、专利、音视频、文档、考试辅导、课程、词典、百科、信息资讯、政府信息等多个搜索频道。其中，知识检索频道是将数百万种图书、期刊等各种类型的学术文献资料打散为元资料，再以章节为基础重新整合在一起，形成一本最大的百科全书。读秀还提供本馆纸本馆藏图书的查询和300万余种超星电子图书的链接，对于本馆馆藏未收录的文献还提供免费原文获取服务。为广大读者打造一个获取知识资源的捷径。

除了检索资源和获取资源功能之外，读秀还提供了定制特色功能——满足用户的管理需求和读者的阅读需求，如：

流量统计系统：阅读量、点击量、分类统计、饼状图、柱状图、趋势图等功能。

图书推荐系统：推荐购买纸书、电子图书以及图书推荐排行统计功能。

图书共享系统：图书书目馆际互知、网上书店购买、联系出版社等功能。

2. 使用举例

结合四川轻化工大学的馆藏为例检索。例如，默认"知识"选项，在检索框中输入"信息素养"，可点击"中文搜索"，检索结果界面如图6-7所示（检索时间：2024年5月9日）。可以根据右边的选项（见图6-8，检索时间：2024年5月9日）来筛选所需资源类型，从而进一步获取所需资源。例如，点击右边"图书"，检索结果部分界面如图6-9所示，图6-9中第一种书《大学信息素养教育示范教材 计算机多媒体艺术导论》表示四川轻化工大学图书馆订购并收藏了该书印刷版，也可以从订购的电子图书数据库获取该书的电子全文，点击"馆

图6-7 读秀检索结果实例界面

图 6-8 读秀检索结果中的资源类型选择实例界面

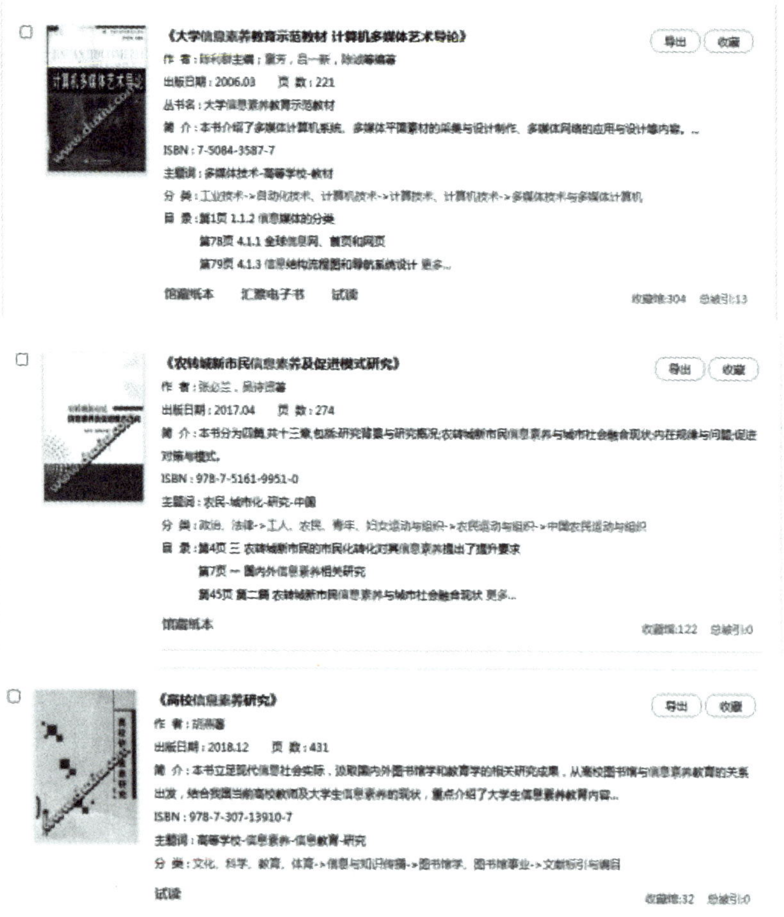

图 6-9 读秀检索实例选择"图书"部分检索结果界面实例

藏纸本"，可知该书在该馆收藏的册数，收藏地点以及流通情况。图 6-9 中第二种书《农转城新市民信息素养及促进模式研究》显示该馆只收藏了该书印刷版，没有该书的电子版形态。图 6-9 中第三种书《高校信息素养研究》显示该馆既没有收藏该书的印刷版，也没有该书的电子版形态，但该书本身是有电子版全文的，读者可以试读部分内容，如果需要获取该书全文，可以点击书名，进入读秀提供的"图书共享系统"界面，如图 6-10 所示。可根据读秀系统界面提供的网络书店去购买，也可根据提供的收藏纸本图书的其他图书馆进行馆际互借，还可以点击"图书馆文献传递"，实现文献电子版自主传递，其操作界面转到读秀提供的"图书馆文献咨询服务"界面，如图 6-11 所示，按照其要求，自主完成文献传递。

图 6-10　读秀提供的"图书共享系统"实例界面

图 6-11　读秀提供的"文献咨询服务"实例界面

163

同样地，可以完成对期刊论文、会议等不同文献资料的筛选和获取。

如果需要搜索外文文献，根据图 6-7 所示，点击"外文搜索"，以后的操作与中文文献相同。

6.2.3 文献传递

6.2.3.1 文献传递概述

1. 概念

文献传递是文献机构将用户所需的文献复制品以有效的方式和合理的费用，直接或间接传递给用户的一种非返还式的文献提供服务，它具有快速、高效、简便的特点。

2. 意义

现代意义的文献传递是在信息技术的支撑下从馆际互借发展而来，但又优于馆际互借的一种服务。馆际互借与文献传递服务都是为向其他文献机构申请获取本馆未收藏的文献所提供的一种服务。馆际互借是返还式的文献提供服务，适用于图书；文献传递是非返还式的文献提供服务，目前提供的文献传递文献类型有期刊论文、学位论文、会议论文、科技报告、专利文献、中外文图书、可利用的电子全文数据库。

如果师生读者在学校图书馆现有的资源（纸质资源和电子资源）中找不到所需的原文文献（主要为论文），就可以到图书馆申请开展文献传递服务。通过开展文献传递服务，不仅缓解了图书馆经费、资源不足与读者日益增长的文献需求之间的矛盾，也对教学科研起到了很好的支撑作用。

3. 文献传递规则

用户和文献传递机构相互遵守相关文献传递协议：如用户应当提供真实、准确的个人信息，以便文献机构为用户提供更加准确的服务；用户向文献机构支付相应的服务费用；文献传递机构应保密用户个人信息和使用文献信息。

6.2.3.2 文献传递文献系统

目前，国内常用的文献传递服务系统：中国高等教育文献保障系统（CALIS）、中国高校人文社会科学文献中心（CASHL）、国家科技图书文献中心（NSTL）、国家图书馆以及有传递协议的其他文献机构，如前面谈及的地方、片区图书馆联合目录平台以及超星百链、超星发现和读秀。

6.3 跟踪最新信息工具的应用

在学习、生活、工作和科研过程中，我们还需要不断更新相关领域的信息，如果定期回到数据库或网站去检索，需要一定时间和精力。本节介绍如何利用个性化定制服务、RSS Feed 订阅、邮箱订购，让最新信息自动按需推送，打造自己的信息渠道，助力提升学习与工作效率。

6.3.1 个性化定制服务

个性化定制服务是根据用户的设定来实现,依据各种渠道对资源进行收集、整理和分类,向用户提供和推荐相关信息,以满足用户的需求。从整体上说,个性化服务打破了传统的被动服务模式,主动开展以满足用户个性化需求为目的的全方位服务。

很多数据库和检索系统提供了这种服务。EBSCOhost通过用户注册个人账号,在"我的文件夹"可以看到个人用户收藏的文章、图书、公司、快讯、保存的检索和检索链接等;维普咨询平台注册个人账号可以看到检索历史并可以定制制定检索式;WOS平台提供了个人检索历史、定制检索式跟踪服务。

定制主题实例:跟踪我国"农产品产地环境质量"有关研究对策、技术或办法。

(1)分析课题,找出与课题有关的检索词,特别是题目中隐含的检索词。

本实例相关检索词有:农产品质量安全、无公害农产品、农产品质量、重金属污染、土壤污染、农业结构调整、农业环境质量、农药污染、农产品安全、产地环境污染等。

(2)制定检索式:(主题:农产品质量安全 + 无公害农产品 + 农产品质量 + 重金属污染 + 土壤污染 + 农业结构调整 + 农业环境质量 + 农药污染 + 农产品安全 + 产地环境污染)。

(3)跟踪平台:中国知网。

(4)账号跟踪。注册个人账号,登录,选择"主题定制",可以得到该数据库平台收录的定制主题所有的相关科研信息,且以后登录个人账号后点击"检索历史"可随时看到所定制主题,或者检索历史以及定制检索时最新收录的科研信息。

6.3.2 RSS Feed 订阅

简易信息聚合技术(Really Simple Syndication,RSS)是服务能直接将最新的信息即时主动推送到读者的桌面,读者不必访问网站就可以获得更新的内容,读者在订阅RSS Feed后,通过RSS阅读器就可以获得更新的信息。

RSS的作用:

(1)个性化信息高度聚合,提供的信息都是读者关注的信息。

(2)页面清爽,无大量网页广告的侵扰。

(3)信息获取高时效性,不会遗漏最新的信息。

(4)信息积累和信息管理变得更容易。

很多网站和数据库都有RSS订阅图标,如中国知网(见图6-12)。需要使用RSS阅读器来阅读订阅的内容有两种方式:一种需要安装在计算机上的客户端软件;另一种不需要安装,直接在线使用,如一览阅读、深蓝阅读。下面以深蓝阅读为例,谈谈如何通过深蓝阅读(https://bluereader.org/)来订阅跟踪最新信息。

第二步,添加订购。同样地,以中国知网数据库为例,订购期刊"计算机应用"。在该期刊界面上,选择"RSS"(见图6-12),显示该刊的RSS Feed链接地址,将链接地址复制,然后在深蓝阅读网页界面,左下角点击"添加订购",将刚才期刊的RSS Feed链接地址粘贴到订购框里,点击"添加"就完成RSS Feed订购。

图 6-12　中国知网学术期刊信息界面

第一步，创建账号并登录，如图 6-13 所示。

图 6-13　深蓝阅读注册、登录界面

6.3.3　邮箱订购（E-mail Alerts）

邮箱订购既可以自己主动选择，也可在网站注册时自动添加。很多数据库提供了邮箱订购服务，通过邮箱订阅某个检索式的最新结果，也可以订阅某本期刊的最新目次，还可以订阅新闻报道。

图 6-14　Elsevier ScienceDirect 数据库邮箱订购注册、登录界面

下面以 Elsevier ScienceDirect 数据库为例，说明如何利用邮箱来订阅某期刊最新文章。

首先，创建一个账号。点击数据库界面上的"Register"（见图 6-14），打开账号注册界面，如图 6-15 所示。

图 6-15 Elsevier ScienceDirect 数据库邮箱账号注册界面

第二步，登录账号，选择自己关注跟踪的学术期刊。登录之后，点击账号的头像，选择"Manage alerts"操作（见图 6-16），关注跟踪学术领域及其子域（见图 6-17）。然后，点击选择其中你需跟踪的学术期刊。

第三步，完成所跟踪的学术期刊选项。在第二步选择的学术期刊界面，点击"Articles & Issues"，选择"Set up Journal Alerts"（见图 6-18），进入邮箱订购项目选择。可选择跟踪期刊目次，也可选择期刊预印本，也可两者都选（见图 6-19），再点击"Save"，邮箱订购完成，所选期刊的项目会自动推送到指定的邮箱。当不需要订购该刊时，在图 6-16 所示界面点击"Manage alerts"，可以取消订购。

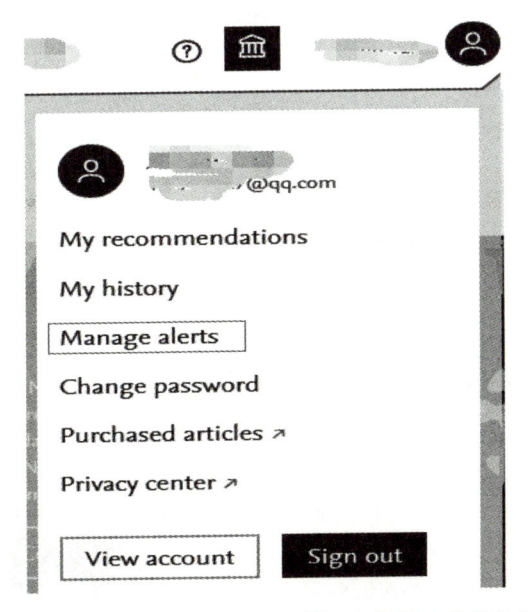

图 6-16 Elsevier ScienceDirect 数据库邮箱订购操作界面

167

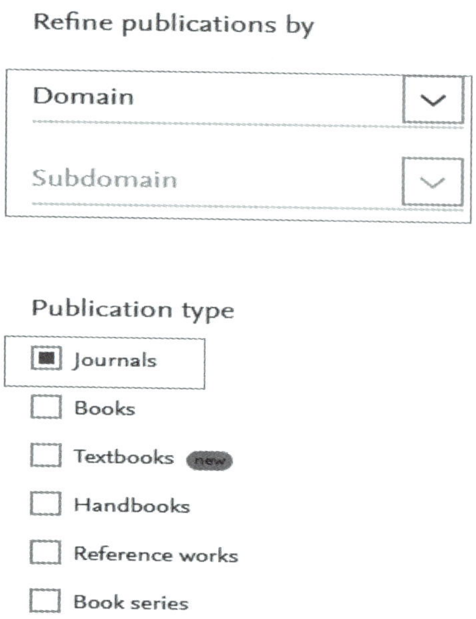

图 6-17　Elsevier ScienceDirect 数据库选择关注学术领域及子域操作界面

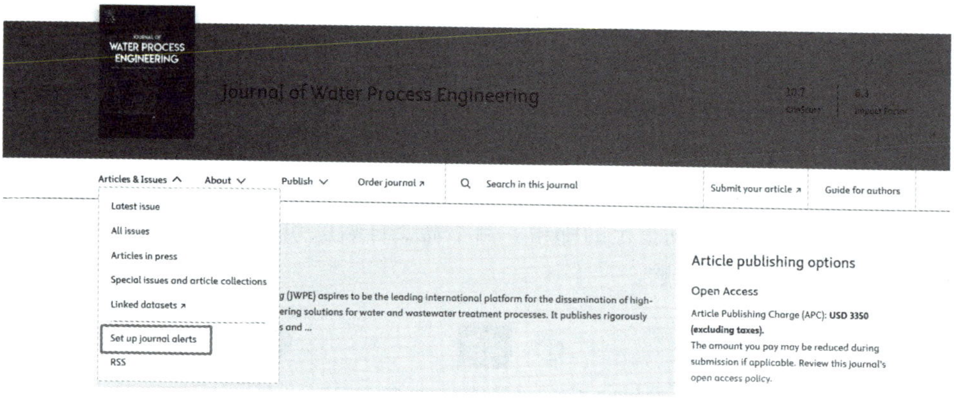

图 6-18　Elsevier ScienceDirect 数据库学术期刊邮箱订购操作界面示例

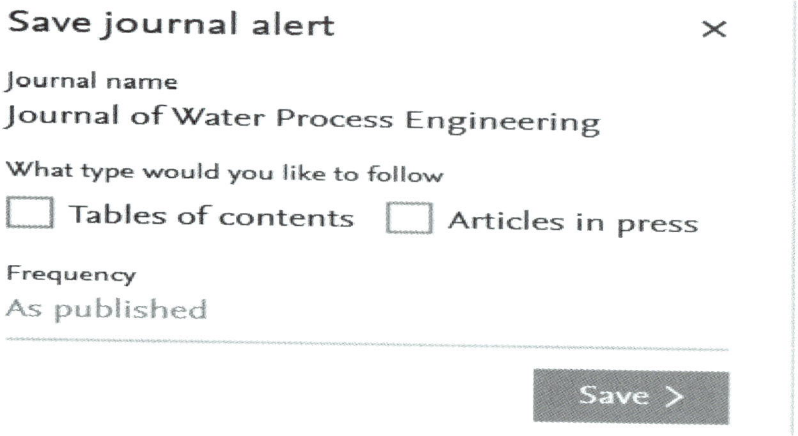

图 6-19　Elsevier ScienceDirect 数据库邮箱订购项目选择操作示例界面

通过个性化定制服务、RSS Feed 订购或者邮箱订购，获取信息效率大大提高。但随着订购信息量的不断推送，无论是邮箱还是 RSS feed 都会填满，所以在需要时才订购，而且要定期清理，以保证正常使用。

6.4 知识管理工具的应用

6.4.1 文献管理软件的应用

通过不同途径检索、收集起来的信息资料有可能数量庞大、内容广泛、题材多样化甚至相互重复。有必要对所获得的信息资料按资料的内容进行分类整理，使其有序化和系统化。现代信息时代，学会利用现代工具来有效管理个人不同信息资料，这也是信息素养的一种表现。

个人文献管理软件可以实现对个人显性知识和隐性知识的有效管理。既可管理通过文献检索获得的大量文献信息、自己撰写的博客、发表的成果，还可以管理信件、随笔、备忘录、图表、表格、音视频文件，甚至与他人分享文献管理软件中的记录。

6.4.1.1 文献管理软件的作用

个人文献管理软件的基本功能：
（1）建立个人的文献题录数据库（个人虚拟图书馆）。
（2）有效组织、管理已获取的文献信息。
（3）对个人的文献题录数据库进行快速检索。
（4）按特定格式要求快速插入引文（参考文献）。
（5）导出、导入、备份、恢复个人文献数据库中的内容。
（6）网络发布或共享个人文献数据库中的记录。
（7）添加阅读笔记和附件。
（8）检索联机数据库。
（9）利用已保存在个人计算机中的全文生成相应的数据库记录。
（10）利用 RSS 导入记录。
（11）智能捕获网页信息。
（12）支持多终端多操作系统的数据库与协同管理。

6.4.1.2 文献管理软件的选择

个人文献管理软件很多，根据需要和个人条件选择个人文献管理软件。按是否支付费用分：付费的，如 EndNote；免费的，如 JebRef；有条件免费（也称部分免费），如 Mendeley（基本功能免费，高级功能需付费，或者其容量受限制）。按浏览方式分：浏览器版，如 RefWorks；桌面版，如 NoteExpress。按有效位置分：网络版，如 EndNote Basic；单机版，如 EndNote。

选择文献管理软件还要考虑其他要求：可加载到哪一种文字处理软件，对操作系统的要求，界面语言，可否建立多级目录，与他人共享数据库中的部分位置。

6.4.1.3 个人文献管理软件的使用——以 NoteExpress 为例

NoteExpress（www.inoteexpress.com）基于客户端的单机版文献管理软件，由北京爱琴海乐之技术有限公司开发，该产品有订购版和免费版，免费版软件可长期使用，向注册用户提供文献管理与利用的基本功能。

1. 个人文献数据库的建立

1）数据库名称和数据库目录的建立

创建图 6-20 所示的数据库三级目录操作过程如下：

第一步，下载 NoteExpress 软件，安装、注册、登录。

第二步，创建数据库名。打开图 6-21 所示的操作界面，点击"主菜单""新建数据库"，并命名为"创建数据库三级目录操作实例"。

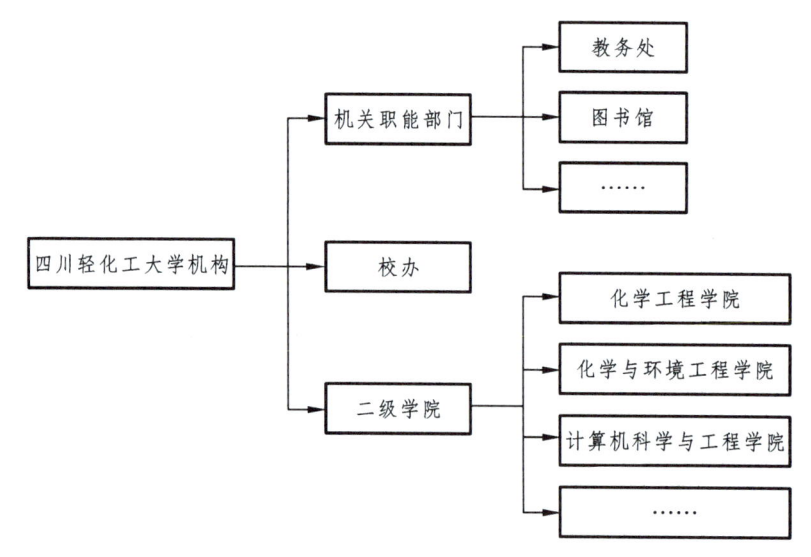

图 6-20　创建数据库三级目录实例

图 6-21　NoteExpree 操作界面图

第三步，创建三级文件夹目录。点击"题录"，按右键，"添加文件夹"，文件名名为"四川轻化工大学机构"，在已经命名的文件夹"四川轻化工大学机构"，继续点击右键，创建三个二级目录，分别为"校办""机关职能部门""二级学院"。在"机关职能部门"和"二级学院"位置，用同样的方法创建三级目录，如图 6-22 所示。

通过创建文件夹示例发现，NoteExpress 文件夹级别，足够满足多级分类要求，文件夹的建立，无须一步到位，在后面的使用过程中，可随时增减、更名、移动位置。

2）数据库中添加记录

添加记录方式有很多，包括手工添加记录、通过过滤器导入、检索结果导入等。

（1）手工添加记录。

这种添加记录方式需要手动完成，最费时。例如，需要将期刊文章"线上线下混合教学模式在信息素养教育课程教学中的应用研究"的题录信息添加到个人文献数据库中。在图

6-21 所示的"主菜单",点击"题录"中的"新建题录",选择"期刊文章",如图 6-23 所示。按指定字段录入主要信息,完成之后点击"文件"中的"保存",结果如图 6-24 所示。

图 6-22　三级文件夹建立示例图

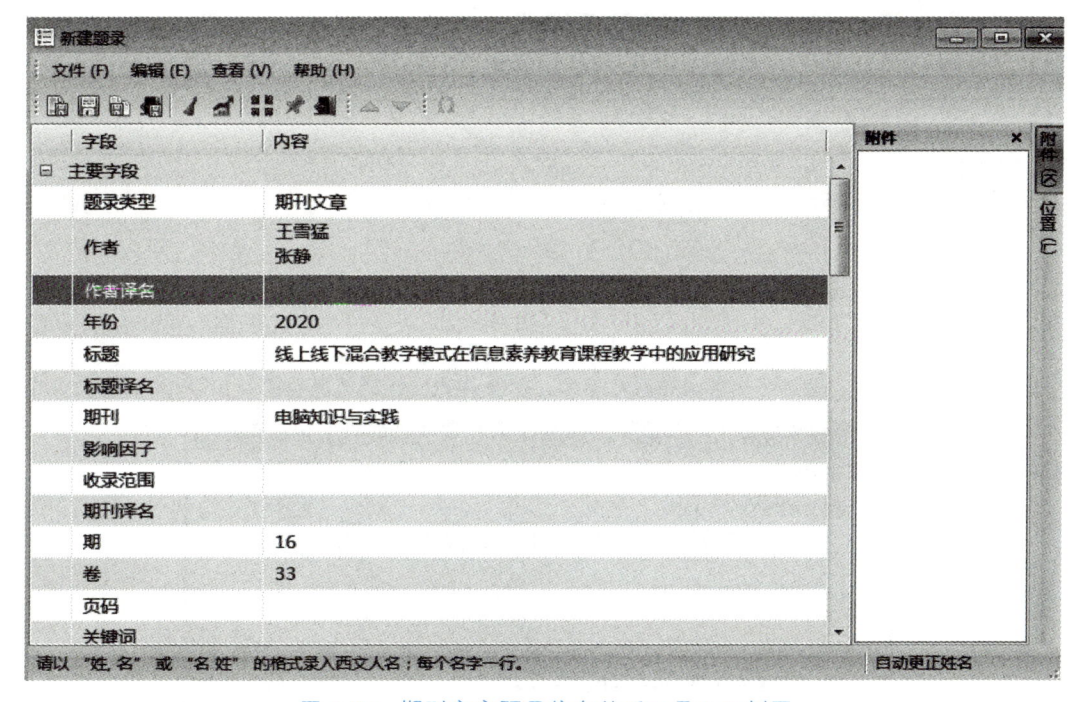

图 6-23　期刊文章题录信息的手工录入示例图

(2)通过过滤器导入题录信息。

所谓过滤器是指能正确解读以文件形式保存的文献题录信息的工具,不同文献数据库输出结果的形式可能不同。利用中国知网数据库按指定字段检索,将检索结果中需要导出的导入文章选中,利用中国知网数据库中的"导出与分析"功能,点击"导出",文献导出格式有很多种,如图 6-25 所示。根据选用的文献管理软件,选择格式。例如,选用 NoteExpress 软件,则选择"NoteExpress",再点击"导出",自己命名导出的文件名。返回 NoteExpress 操作界面,点击"题录"中的"导入题录",选择"来自文件"(见图 6-26),系统会提示成功导入的记录数量。

171

图 6-24　期刊文章题录创建结果示例

图 6-25　中国知网数据库实例文件导出格式选择界面

图 6-26　NoteExpress 软件的导入题录选择界面

另外，在导入题录窗口，发现除了可以通过文本文件导出记录，也可以利用剪贴板导入，如图 6-26 所示。具体做法：将刚才从中国知网数据库导出的文本文件的全部内容复制到剪贴板中，题录来源选择"来自剪贴板"。

有时选择了过滤器，试图导入题录时，被提示"不成功"。因此，需要恰当选择过滤器。只要过滤器选对了，我们可以非常方便地导入从不同数据库中检索得到的检索结果。

（3）数据库得到的检索结果。

这是添加记录最简便方式。一般地，个人文献管理软件会配置一些文献数据库，方便用户从个人文献管理软件出发，检索外部的文献数据库后，直接导入文献记录。利用 NoteExpress 中的"在线检索"（见图 6-27），选择在线数据，如选"中国知网"，点击"确定"，选择"学术期刊"子数据库，选择检索字段，如"主题"，键入检索词，如"信息素养"，点击"开始检索"。在检索结果界面，勾选希望保存的记录，然后点击"保存勾选的记录"（见图 6-28），选择"至另一个文件夹"（如导入已建的文件夹，如"信息素养"），点击"确定"，系统仍然会提示成功导入记录数量。还可以在刚才的文件夹"信息素养"查看操作结果（见图 6-29）。

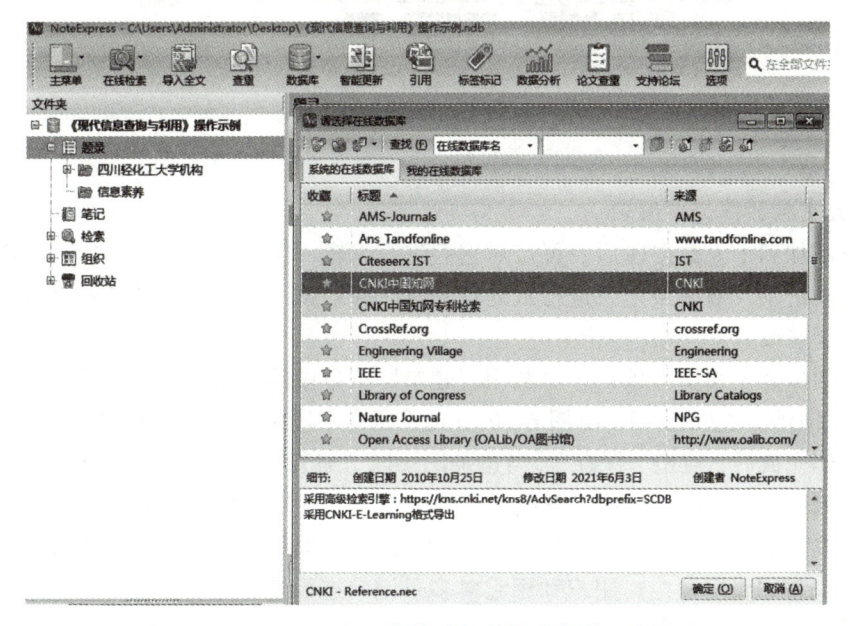

图 6-27　NoteExpress 在线选择数据库操作示例界面

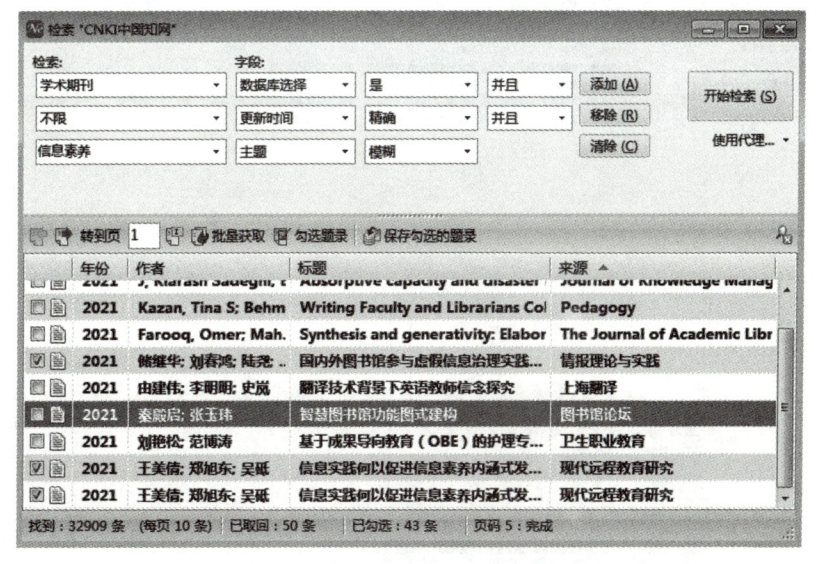

图 6-28　勾选希望导入记录操作示例

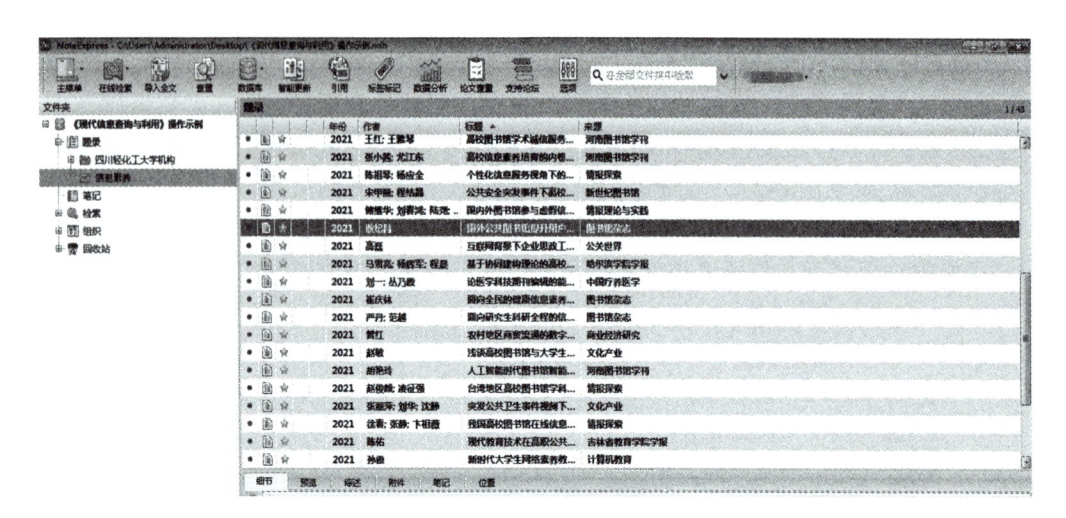

图 6-29　NoteExpress 软件的在线导入检索结果示例

3）个人文献数据记录编辑

记录被添加到个人数据库后，可以对它们进行编辑，包括修改字段内容、启用自定义字段、删除重复记录、对多条记录进行批处理修改、移动某一条记录到其他的文件夹中等。

（1）记录修改。

在个人数据库中编辑一条记录。利用"题录"菜单中的"编辑题录"命令或用鼠标双击这条记录，调出编辑题录窗口（见图 6-30），几乎所有字段都可以进行修改，也可以启用自定义字段，操作完成后，点击"保存"。当这条记录以"细节"方式显示时，在这个窗口也可以对字段进行修改，在"细节"窗口修改，会自动保存。仔细观察图 6-30，有两条记录是相同的，现在修改其中的一个，修改作者（示例是添加一个作者）。在"主菜单"中的"工具"菜单中，有"批量编辑"命令，用户利用它对多条记录进行批处理修改。

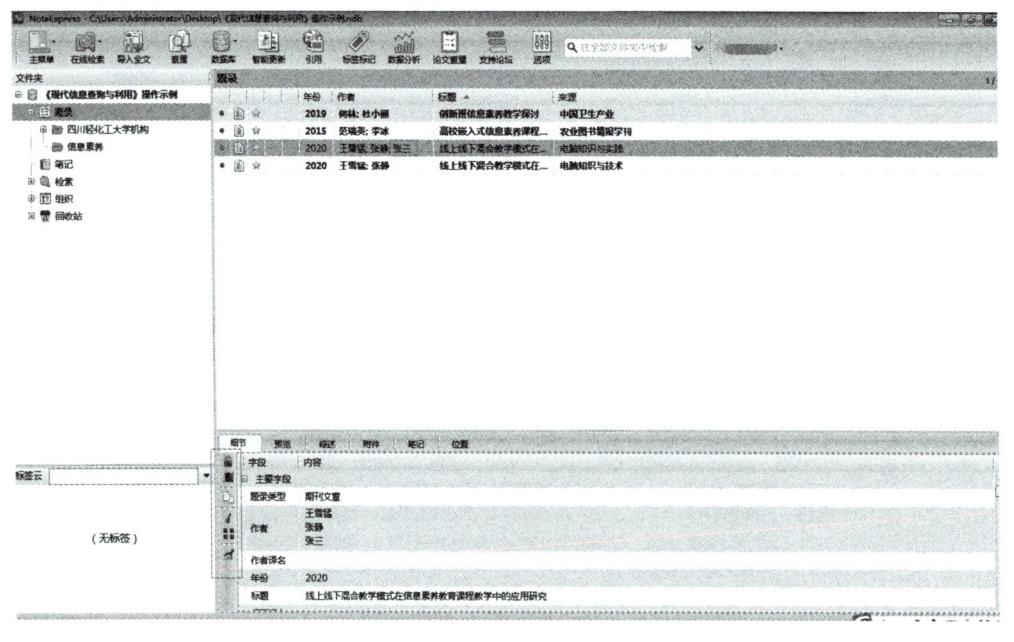

图 6-30　NoteExpress 软件的记录修改示例操作

174

（2）记录管理。

如果需要调整记录的存放位置，可以利用"主菜单"中"题录"菜单的"移动到文件夹"或"链接到文件夹"命令。"移动到文件夹"是指将记录移动到目标文件夹中。"链接到文件夹"是指将记录在目标文件夹中新生成一个映像，即在物理空间上仍然只有一条记录。同样的命令也可以用鼠标右键调出。

实际上，很多情况下，都可以用鼠标右键调出命令。例如，删除记录，在"题录"菜单中有三个删除命令"从文件夹中删除""从所有文件夹中删除""从指定文件夹中删除"，也可用鼠标的右键调出。

（3）为记录添加附件。

个人文献数据库中的一条记录，对应了一篇文献的题录信息。题录数据库的记录，虽然不包括全文，但是如果已经拥有了全文，可以将全文文件作为附件与记录进行关联。除了全文、网址、表格、图片、音视频等几乎所有文件都可以作为附件与记录进行关联。

选中个人文献数据库的一条记录，点击右下角窗口的小标签中的"附件"，在窗口中，点击鼠标的右键"添加"，选择个人计算机中的某个"文件"或"文件夹"（也可以是网址、表格等），与当前记录进行关联；也可用菜单上的"导入全文"进行全文关联。以图 6-30 修改的这条记录为例，把这篇文章的全文进行关联，其结果如图 6-31 所示。

（4）笔记功能。

为某条记录添加笔记，只需点击右下角窗口上的小标签"笔记"（见图 6-30 或图 6-31），即可开始在窗口中键入笔记文字，点击"保存"，自己撰写的笔记同样也可以编辑。

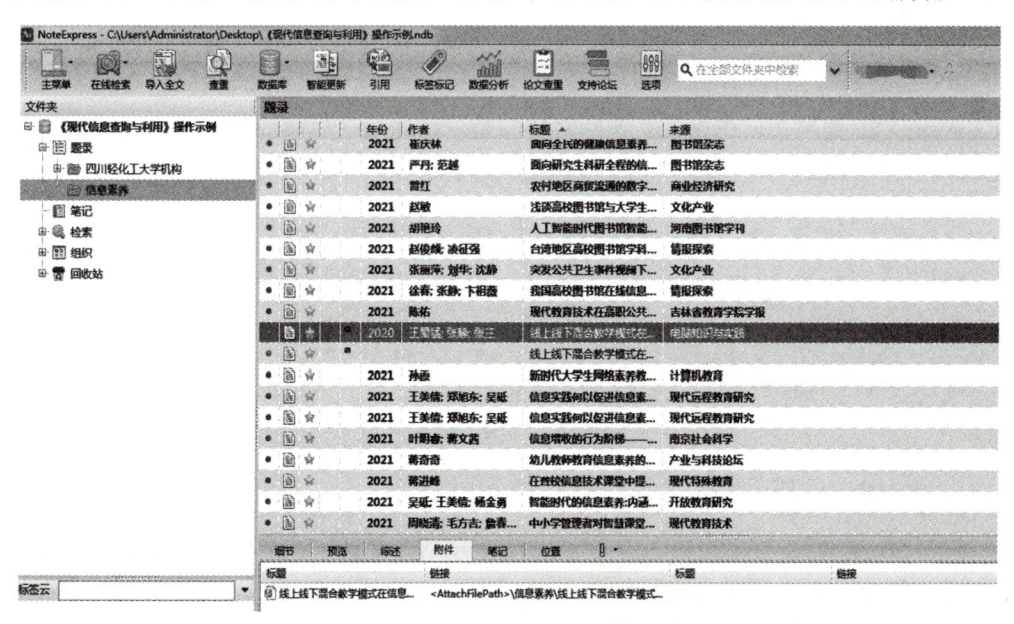

图 6-31　NoteExpress 软件的关联附件示例

2. 记录的导入、导出与分享

如果某个包含有文献记录的文件，且这个文件与正在使用的个人文献管理软件兼容，就可以方便地从这个文件导入记录到个人文献数据库中。这样的导入，本质上还是通过过滤器的导入。同样地，个人文献数据库中的部分记录以文件形式导出，导出的文件可以用于生成引文，也可用于添加记录到其他软件生成的数据库中，还可以与他人分享——利用网页公开、分发给特定的人。

由于导出的文件形式可以有多种，需要根据文献后期的需求加以选择。

记录的导出、导入也用于不同个人文献管理软件建立的两个数据库之间，这种情况通常发生在用户改变了个人文献管理软件，如图 6-32 所示。

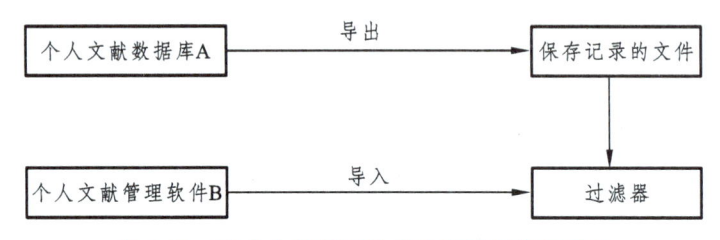

图 6-32　两个文献管理软件的记录导出与导入

3. 个人文献管理软件的利用

建立、组织和管理个人文献数据库的目的是方便利用已获取、保存的文献信息。几乎所有的个人文献管理软件都支持对个人文献数据库的检索。以 NoteExpress 为例。利用"检索"框，可以对整个数据库、某个文件夹或其子文件夹进行检索，如同检索商业文献数据库一样。

成熟的个人文献管理软件通常会定制很多出版社要求的样式，可以一键生成引文。需说明的是，不同的个人文献管理软件，可能有各自不同的侧重。国内的软件对中国出版物的引文样式有更好的支持。

关于引文的插入（以 NoteExpress 软件为例）：首先要满足以下任一条件：① NoteExpress 软件安装"经典版"，可以支持 Word，也支持 WPS，这样 Word 文档或者 WPS 自动加载 NoetExpress；② 如果 NoteExpress 软件安装的是"快速版"，Word 文档或者 WPS，需要在"开发工具"的"加载项"，添加 NoteExpress。成功之后，界面如图 6-33 所示。

图 6-33　word 系统文档插入引文结果界面示例

在撰写文章时的某处，某处需要插入引文。在个人文献数据库中检索到要作为引文的记录，回到 Word/WPS 写作文档，点击"NoteExpress"中的"插入引文"，刚才个人数据库选中的记录作为引文自动插入到写作文档中（见图 6-33）。插入引文的工作，会一直伴随论文写作。即使在已有的写作对象中插入新的内容及其引文，利用个人文献管理软件的插入引文的功能，系统将帮助用户随时调整引文的序号。需要说明的是，不同引文有不同格式要求，根据不同出版社格式的要求，点击"样式"，根据不同出版社的格式要求，修改引文格式。

176

选用哪种引用格式，取决于研究成果、导师建议、投稿期刊要求。常见引用格式包括芝加哥格式、MLA格式、APA格式、中国的参考文献格式［参阅《信息与文献 参考文献著录规则》(GB/T 7714—2015)］等。在写作时，不必记以上格式，只需利用个人文献管理软件，选择要用的引文格式，这将大大提高编写参考文献的效率。

6.4.1.4 数据库的备份与恢复

个人文件支持数据库的备份与恢复。对于单机版软件，数据库以文件的形式存在于计算机中，只需要复制这个数据库文件，就可以实现备份。网络版软件通常也具备数据库的功能，当系统接到用户的备份指令后，会将远程服务器端的数据库以压缩文件的形式发送给用户；反过来，当有需要时，用户可以用已经有的备份文件，对数据库进行恢复操作。

6.4.1.5 个人文献管理软件更多功能

个人文献管理软件除了文献管理外，还可以管理邮件、照片、总结、证书、证件、账号等。它可以让每一个对象成为数据库的一条记录，描述对象的各种属性，添加标签，关联附件，从而可以方便地对这些对象进行检索和查看。

很多个人文献管理软件安装插件后，有更多功能，如智能捕获网页信息、支持移动终端（如Refworks）访问个人文献数据库、本地数据库与云端数据库的同步（如EndNote）、支持团队协同管理（如Refworks）、利用RSS阅读器采集文献信息（如Refworks）、请求增加过滤器以及引文样式等（如Refworks）。

6.4.2 办公软件的应用

6.4.2.1 办公软件概述

办公软件是指可以进行文字处理、表格制作、幻灯片制作、图形图像处理、简单数据库的处理等方面工作的软件。目前，办公软件朝着操作简单化，功能细化等方向发展。办公软件的应用范围很广，大到社会统计，小到会议记录，数字化的办公，离不开办公软件的鼎力协助。另外，政府用的电子政务，税务用的税务系统，企业用的协同办公软件，这些都属于办公软件。

常用的办公软件有微软Office、金山公司WPS、万彩办公大师OfficeBox等。

1. 微软Office

微软Office（https://www.microsoft.com/zh-cn/）包括Word、Excel、Powerpoint、Outlook、Access等部分。其中，Word和Excel应用广泛。Word是字处理软件；Excel是电子表格处理软件；Outlook是桌面信息管理系统；Access是数据库管理系统；Powerpoint是文档、工作簿和演示文稿等管理程序。

2. 金山公司WPS

金山公司WPS（http://www.wps.cn/）是图文表并茂、功能强大的图文混排系统。在计算机用户的工作和生活中起到了非常重要的作用，WPS在许多方面，如文字输入的习惯、制表、公式、排版、打印输出等方面，都能更好适应办公的要求，WPS适用于智能手机、平板电脑、智能电视、智能投影仪等多种设备，随时随地移动办公。

3. 万彩办公大师 OfficeBox

万彩办公大师 OfficeBox（http://www.wofficebox.com）是一款由广州万彩信息技术有限公司研发的免费办公工具软件超级套装，几乎可以满足日常各种办公工具需求。所有的套装工具不需要安装，直接可以绿色加载启动，省去了用户为安装各种办公软件而寻找工具、安装及卸载的麻烦。

6.4.2.2 万彩办公大师软件应用功能介绍

打开万彩办公大师网页（http://www.wofficebox.com），下载安装，无须账号登录，打开界面如图 6-34 所示。

图 6-34 万彩办公大师软件 3.1.2 版界面

1. PDF 工具集

PDF 工具集主要包括 PDF 转 Word、PDF 分割/合并、PDF 页面分割/修剪、PDF 偏斜纠正、图片转 PDF、彩色 PDF 转换为黑白、PDF 图片抽取、扫描 PDF 转优化、PDF 加链接、PDF 水印添加/移除、PDF 安全加密解密等 19 种功能强大的 PDF 处理工具。

2. 格式转换工具集

格式转换工具集包括全能 PDF 转换器（转图片，转 Word，转 HTML），Office 转换器（Word/PPT/Excel 转图片及 PDF），全能图片转换工具，全能音频转换工具，全能视频转换工具，全部支持批量转换。

3. 图片处理工具集

一系列图片批处理器，包括图片大小的修改、水印的添加、批量加入时间戳、制作图片幻灯片、制作专业的一维码及二维码等功能。

4. OCR 识别工具集

实用的 OCR 识别工具集包括图像 OCR 识别工具、PDF 文档 ORC 识别工具、屏幕 OCR 识别工具等，基于 OCR 技术，快速光学识别引擎，本套件能准确地识别从任何扫描文档中的文本、图像、屏幕的文字等内容进行抓取，并识别成可编辑的内容，从而提高编辑扫描文档的效率。

5. 屏幕录制工具集

屏幕录制工具集包括高清屏幕录像工具、GIF 录制工具、截屏工具。其极简的界面和丰富的操作体验能轻松录制电脑屏幕、网络课程、操作教程、游戏讲解等，自定义区域、录制和编辑的完美配合使内容和观点更专业地呈现。

6. 文件处理工具集

一系列简单好用，功能强大的处理文件的工具集，包括文件急速复制工具、文件重复查找工具、文件校验工具、文本比较工具等。

7. 教学办公工具集

教学办公工具集主要包括屏幕放大镜、屏幕画笔和高级计算器。

8. 系统安全工具集

系统安全工具集包括自动关机助手和屏幕取色工具。

6.4.3 笔记软件的应用

6.4.3.1 笔记软件概述

笔记软件可方便知识的收集、组织、引用和共享，助力提升学习、工作、生活效率。常用的笔记软件，如有道云笔记（https://note.youdao.com）、为知笔记（https://www.wiz.cn/zh-cn）、印象笔记（https://www.yinxiang.com/）等。以印象笔记为例，介绍笔记软件的功能。

6.4.3.2 印象笔记软件功能介绍

印象笔记操作界面简单易使用，如图 6-35 所示。

印象笔记主要功能如下：

1. 支持所有设备

可以在所有设备上安装印象笔记，无须担心计算机不在身边，随时随地保存和查阅信息。

2. 一键保存网页

无论是微信文章、微博动态或是网页内容，都能一键保存至印象笔记。

3. 管理任务清单

内置清单功能，能更直观便捷地管理任务及待办事项，摆脱工作、生活、学习中的繁杂事务，保持专注与高效。

4. 快速梳理思路

用思维导图进行头脑风暴或信息梳理，激发灵感，还能在导图中关联笔记，高效链接相关信息资料。

5. 文档扫描识别

快捷清晰扫描所有纸张，无须动手即可将名片、文件、书刊等一切纸张扫描保存，更可智能对纸张文字进行 OCR 识别。

图 6-35　印象笔记操作界面

6. 智能搜索笔记

无论是笔记、图片甚至是附件内的文字，智能搜索功能可以迅速搜索到保存在印象笔记中的任何记忆。

6.4.4　思维导图工具的应用

6.4.4.1　思维导图工具概述

思维导图是一种可视化的思维工具，这种工具的作用很多，能够整理信息，呈现思考过程，也能在使用中激发思考，提升记忆力。经常用于做工作计划、职业规划、工作梳理、做会议记录、做工作分析、做工作汇报、做演讲展示、做组织架构、做流程梳理等。

导图的绘制不拘泥于形式，从中心点出发，从中心点上分出一个节点，节点数量也没有约束，当某一节点需要细分时，以此节点为主节点继续细分，就如同一棵大树树枝，无限延展。

常用的思维导图工具有：

（1）GitMind 思维导图软件（https://gitmind.cn/）。

（2）Boardmix（https://boardmix.cn/mindmapping/）。

（3）TreeMind 树图（https://shutu.cn/）。

（4）亿图脑图 MindMaster（https://www.edrawsoft.cn/mindmaster/）。

（5）百度脑图（https://naotu.baidu.com/）。

6.4.4.2　思维导图工具应用举例——百度脑图

进入百度脑图界面，注册登录后，如图 6-36 所示。

图 6-36　百度脑图操作界面

结合图 6-36，介绍如何创建脑图。点击图中"新建脑图"，输入中心点名称，然后依次按照图 6-37 所示，以中心点为基准"插入同级主题"或"插入下级主题"或"插入上级主题"，完成实例脑图。还可以对脑图某节点进行备注或者链接，也可以对脑图中某个节点进行优先顺序标注。已经创建好的脑图还可以导出或分享，点击"百度脑图"，选择"另存"，点击"导出"，根据所需选择不同的导出文件格式。脑图外观根据需要，点击"外观"可以选择不同脑图外观模式。

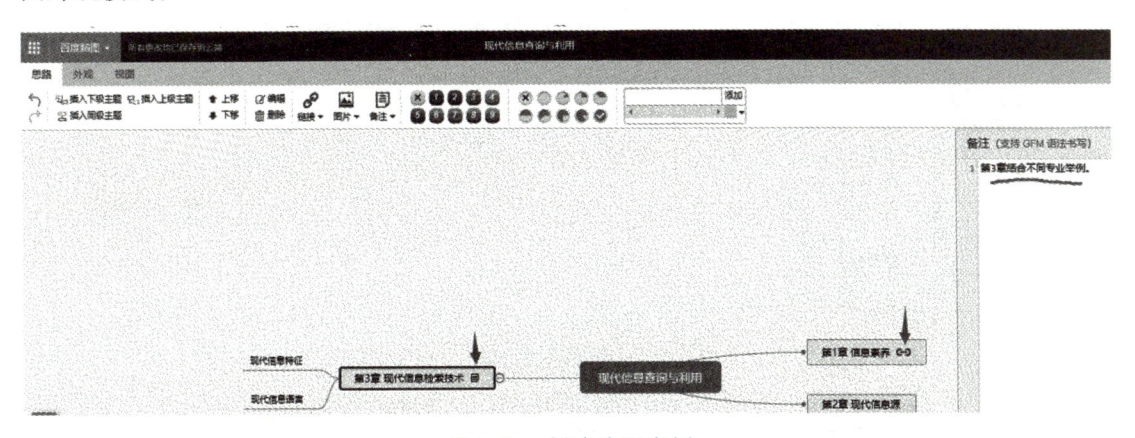

图 6-37　创建脑图实例

6.5　科研工具的应用

6.5.1　数据处理工具

6.5.1.1　数据处理工具概述

数据分析是有目的进行收集、整理、加工、提炼有价值信息的过程，是信息技术领域的一场革命。数据分析的结果通过图、表的方式来直观呈现，通过图、表呈现出的结果撰写分析报告（结果、问题等）。数据分析工具有很多，如 Excel、BI、R 语言、SAS、SPSS、SQL、Python，而最常见的还是 Excel。

6.5.1.2　数据处理工具应用举例——Excel

Excel（https://www.microsoft.com/zh-cn/）是目前最流行的个人计算机数据处理软件，它的主要功能有制作表格、数字格式的转换、制作图表、函数功能、数据处理功能等。掌握了这些功能可以对得到的相关数据进行各种统计、分析，从而去发现新的结论。

下面以 Excel 中“数据”模块中的“重复项”和“智能分析”为例介绍如何操作。

首先创建一个实例表格，如图 6-38。在“数据”模板中有：数据透视表、筛选、排序、重复项、数据对比、分流、有效性、合并计算、分类计算、智能分析等功能。这些功能需各自分别点击打开阅读方知如何使用，如“重复项”。选定表格，点击图 6-38 中的“重复项”，有“设置高亮重复项”“清除高亮重复项”“拒绝录入重复项”“清除拒绝录入重复项”和“删除重复项”等 5 种选择。若需选择“设置高亮重复项”，则可选择表格全部（也可选择某列），再点击“设置高亮重复项”。图 6-39 所示为点击全表生成的结果。

若要可视化分析表格中数据，选择“插入”中“图表”（可选择不同图表分析）；也可直接在“数据”中点击“智能分析”，可实现表中某一列或全表详细分析，其结果，如图 6-40 和图 6-41 所示。

由于篇幅原因，这里就不再详细介绍数据透视表等功能以及 Excel 其他模板的操作使用。

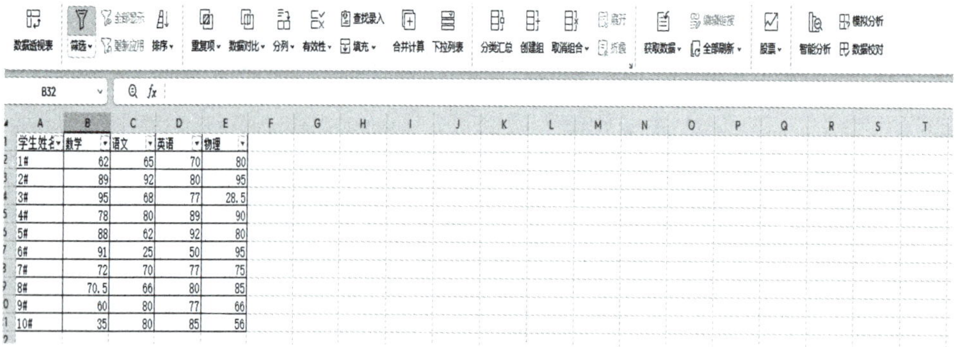

学生姓名	数学	语文	英语	物理
1#	62	65	70	80
2#	89	92	80	95
3#	95	68	77	28.5
4#	78	80	89	90
5#	88	62	92	80
6#	91	25	50	95
7#	72	70	77	75
8#	70.5	66	80	85
9#	60	80	77	66
10#	35	80	85	56

图 6-38　创建实例电子表格

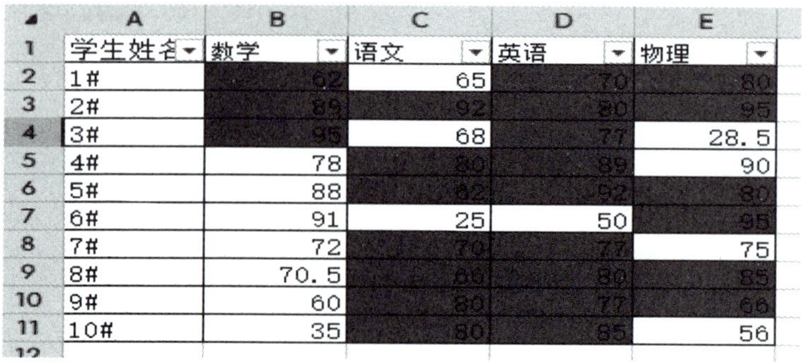

学生姓名	数学	语文	英语	物理
1#	62	65	70	80
2#	89	92	80	95
3#	95	68	77	28.5
4#	78	80	89	90
5#	88	82	92	80
6#	91	25	50	95
7#	72	70	77	75
8#	70.5	66	80	85
9#	60	80	77	66
10#	35	80	85	56

图 6-39　“重复项”实例操作结果

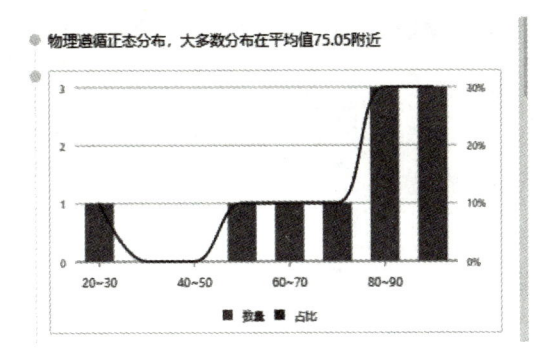

图 6-40　可视化分析数据实例结果 1 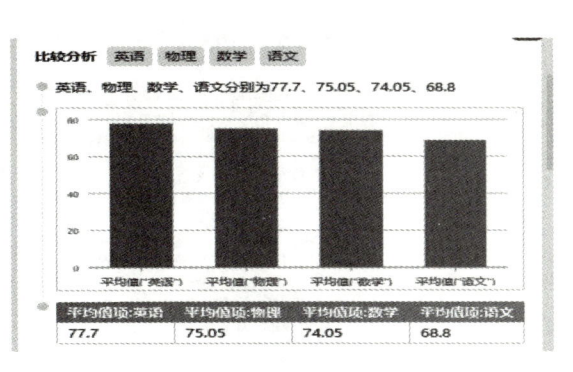　　　　图 6-41　可视化分析实例结果 2

6.5.2　数据（文本）可视化工具

6.5.2.1　数据（文本）可视化工具概述

数据可视化工具已经应用到了很多的行业中，发挥了非常重要的作用，它能够通过显示建模、立体和属性等，对数据进行可视化的解释，还具有数据挖掘的作用，它是对数据进行整理和挑选的过程，能够提炼出有用的信息，在科学领域，数据挖掘主要是用于现代实验和观察。

常用的可视化工具有 Excel、R 语言、SPSS、TABLEU 等。前面已经谈到了这些工具对于数据的处理、分析以及生成图表等，这里就不再赘述，常用的文本可视化工具有文字云（http://www.picdata.cn/picdata/）和微词云（https://www.weiciyun.com）。

6.5.2.2　文本可视化工具应用举例——微词云

例如，可视化统计分析"2024年政府工作报告全文"的文本。

进入微词云网页（https://www.weiciyun.com），注册、登录账号。

第一步，输入内容。将国务院 2024 年政府工作报告全文内容输入或者复制在输入框。

第二步，得到报告。按照界面提示，点击"下一步"，即可得到文本分析可视化报告，报告结果还可以按 .txt、.xlsx 等不同文件形式导出。

图 6-42 所示为分析全文的字数、词数、全文每行单词分布情况。图 6-43 所示为全文词频可视化图、特征词统计表以及词性柱状图。图 6-44 所示为全文文本网络关系图。

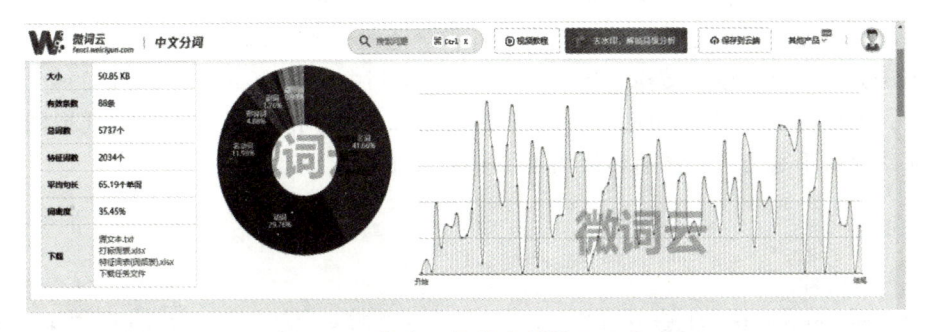

图 6-42　文本可视化实例结果界面 1

图 6-43　文本可视化实例结果界面 2

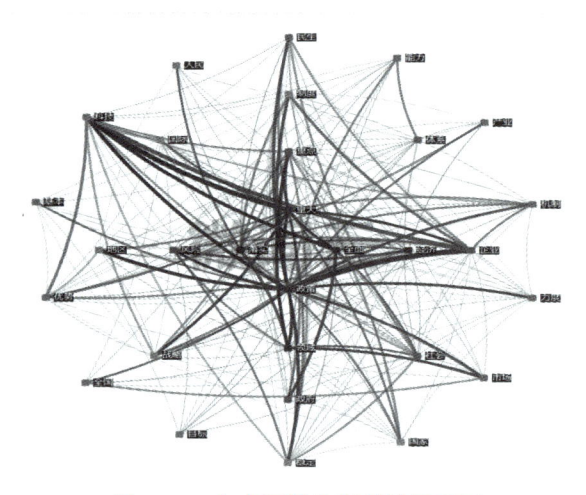

图 6-44　文本可视化实例结果界面 3

6.5.3　论文写作中常用工具的介绍

6.5.3.1　论文写作中的公式工具

1. 直接嵌入公式工具

普遍应用的工具就是直接利用 Office 的 Word 或 Excel 中的插入"公式",简单易用。

2. 手写识别公式工具

对于不常用的公式,可用 Mathpix(https://mathpix.com/)可以直接识别手写、图片中的公式。能够直接将识别结果准确地转换为各种规范的公式,如 LaTex、MML、OMML(Office Word),可以直接将转换结果粘贴到 Word 文档中。但 MathPix 有固定的免费额度,超过额度,可以尝试使用 WebDemo(https://webdemo.myscript.com/)数学公式识别模块。直接在网站上写手写公式,然后转换为 Latex 或 MML。

6.5.3.2　论文写作中翻译工具

1. 谷歌翻译

谷歌翻译(https://translate.google.cn/)目前支持整篇文档的翻译,使用时,直接上传文档即可。

2. DocTranslator

DocTranslator（https://doctranslator.com/）只需上传文档即可即时翻译，文档中的文本会被小心地提取，保证保持文档原有的排版，还可实现整篇翻译。

3. SCI 论文写作宝典

SCI 论文写作宝典（www.medsci.cn）是一款英语论文语句指导工具，只需输入关键词就可检索到与关键词相匹配的论文语句，这些语句都是已发表的论文，可作为参考，套入自己的实验数据结果，就能完成论文。

4. Linggle

Linggle（https://linggle.com/）可以帮助解决在进行英文论文写作过程中遇到某个名词、动词、形容词等词汇的用法和常用搭配的问题。

5. Grammarly

Grammarly（www.grammarly.com）是一款非常强大的英语语法改错工具，帮助润色英文表达，可以实现实时语法检查，语法问题和修改意见会以标注的形式显示在文档的右侧，方便查看。

6.5.4 学术评价工具应用

6.5.4.1 H 指数

1. H 指数概念

H 指数（主要用来评价科学家的科研绩效），可简单地表述为："有 h 篇论文被引用了不少于 h 次"。H 指数主要是一个影响力判定参数，其特点是关注科学家发表了多少篇有影响力的论文。

2. H 指数计算

将科学家某个时段（也可是全部）的论文，按被引次数从高往低排，然后每篇论文得到一个序号，将每篇论文的序号和被引次数进行比较，找到序号 h，使得这一篇论文的序号 h 小于或等于它的被引次数，而下一篇论文（序号为 $h+1$）的序号大于它的被引次数。例如，某学者的 H 指数计算过程，见表 6-2。

表 6-2 某学者 H 指数计算示例

序号	论文	论文被引频次	判定
1	引用次数最多的论文 A	18	1＜18
2	引用次数第 2 的论文 B	8	2＜8
3	引用次数第 3 的论文 C	8	3＜8
4	引用次数第 4 的论文 D	6	6＞4
5	引用次数第 5 的论文 E	5	5＝5，H 指数为 5
6	引用次数第 6 的论文 F	4	6＞4
7	引用次数第 7 的论文 G	4	7＞4

6.5.4.2 影响因子

1. 影响因子的概念

影响因子是指该期刊近两年文献的平均被引用率，即该期刊前两年发表的论文在评价当年每篇论文被引用的平均次数。例如：期刊《中国安全科学学报》，本刊 2021 年的发文量 311，本刊 2020 年的发文量 329；本刊 2021 年的文章在 2022 年的被引次数 659，本刊 2020 年的文章在 2022 年的被引次数 844。故，本刊 2022 年的影响因子为：(659+844)/(311+329)=2.35。

一种刊物的影响因子越高，其刊载的文献被引用率越高，一方面说明这些文献报道的研究成果影响力大，另一方面也反映该刊物的学术水平高。因此，JCR(JournaI Citation Reports) 以其大量的期刊统计数据及计算的影响因子等指数，而成为一种期刊评价工具。

2. 评价期刊的其他指标

立即指数，表征期刊即时反应速率的指标，即该期刊在评价当年发表的论文，每篇被引用的平均次数。

期刊他引率，期刊被他刊引用的次数占该刊总被引次数的比例，用以测度某期刊学术交流的广度、专业面的宽窄以及学科的交叉程度。

平均引文率，在给定的时间内，期刊篇均参考文献量，用以测度期刊的平均引文水平，考察期刊吸收信息的能力以及科学交流程度的高低。

被引半衰期，衡量期刊老化速度快慢的一种指标，指某一期刊论文在某年被引用的全部次数中，较新的一半被引论文发表的时间跨度。

引用半衰期，指某种期刊在某年中所引用的全部参考文献中较新的一半是在最近多少年时段内发表的。

6.5.5 投稿工具（学术期刊投稿分析系统）的应用

1. 概述

维普学术投稿分析系统（http://datauthor.com）是基于国内外常用文献数据库为基础，对每一篇论文与期刊的关系进行大数据计算，同时提供多种期刊维度的筛选，并以分析报告的形式为作者提供投稿推荐排名。系统收录了中外文期刊数据信息 4.8 万余种，涵盖近乎所有期刊延伸字段信息，并整理多种期刊评价指标和数据库分类方式，可供作者全面了解期刊信息。用户可按字段进行中英文期刊查询，并期刊投稿分析。

2. 应用举例

篇名：《石墨烯气凝胶的制备及在污水处理中的应用》。

关键词：石墨烯；石墨烯气凝胶；印染废水；去离子电容；催化剂载体；污水处理。

摘要：通过对石墨烯（GN）与石墨烯气凝胶（GA）的制备介绍，对目前 GA 在污水处理中的相关应用研究进行了叙述。综述了 GA 的吸附能力，以及在去离子电容技术（CDI）和 GA 作为催化剂载体的应用，并对 GA 在污水处理中的作用前景进行了展望。

图 6-45　学术期刊投稿分析系统界面

操作：进入学术期刊投稿分析系统界面（见图 6-45），注册登录，选择"投中文刊"；按图 6-46 所示要求，输入需要投稿文章的篇名、摘要以及中图分类号，点击下一步；添加文章的关键词，如图 6-47 所示；继续点击下一步，开启期刊评级、评价等功能，继续点击"分析期刊"；于是根据文章篇名、关键词、摘要以及中图分类号，按匹配度排序，列出相关学术期刊（支付费用后方能看到期刊详细信息），还可继续点击期刊的"查看分析结果"看到该看的收据信息，如图 6-48 所示。"投英文刊"操作一样，就不重复赘述。

图 6-46　智能分析文章实例操作界面 1

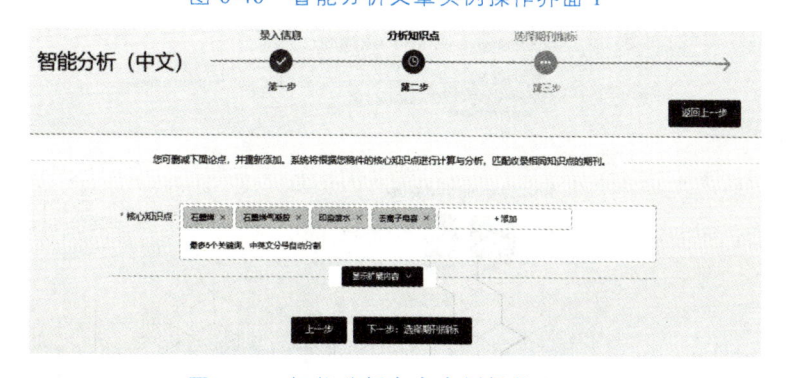

图 6-47　智能分析文章实例操作界面 2

图 6-48　智能分析文章匹配学术期刊实例结果界面

6.6　其他现代工具的应用

6.6.1　学习问答工具的应用——知乎

6.6.1.1　知乎概述

知乎（www.zhihu.com）于 2011 年 1 月正式上线，是中文互联网知名的可信赖问答社区，致力于构建一个人人都可以便捷接入的知识分享网络，便捷地与世界分享知识、经验和见解，发现更大的世界。知乎已聚集了中国互联网上科技、商业、文化等领域里最具创造力的人群。知乎用户们通过知识建立信任和连接，对热点事件或话题进行理性、深度、多维度的讨论，分享专业、有趣、多元的高质量内容，打造和提升个人品牌价值，发现并获得新机会。该平台支持计算机版和手机版。

6.6.1.2　知乎应用操作举例

例如，求助网络高手，了解视频剪辑软件有哪些？进入网页，在输入框键入关键词"视频剪辑软件"，马上可以得到有关"视频剪辑软件"的回答，回答有哪些视频剪辑软件、如何下载安装、初学者学习的软件、好用的软件、免费的软件等等，这些社区回答还可以按照"最多赞多""最新发布""只看文章"等不同选择筛选，如图 6-49 所示。

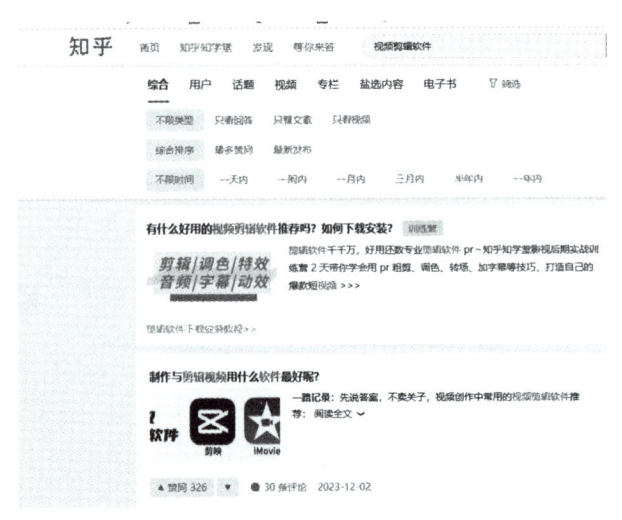

图 6-49　知乎社区回答实例界面

6.6.2 问卷调查工具的应用

6.6.2.1 问卷调查工具概述

目前，问卷调查工具常用的有腾讯问卷和问卷星等。

1. 腾讯问卷

腾讯问卷（https://wj.qq.com/）是超过 2 200 万人都在用的问卷工具，支持复杂题目逻辑设计，不限回收数量调研、表单、投票、考试、评测等五大场景，多种模板一键即用，多终端投放自适应。

2. 问卷星

问卷星（www.wjx.cn）功能简单明了上手快，可用微信、QQ 登录，创建问卷调查、在线考试、360 度评估等应用，提供 30 多种题型，强大的统计分析功能，统计报告和原始答卷可免费下载，完美支持手机填写，微信群发。

6.6.2.2 问卷调查工具应用举例

打开腾讯问卷网页（https://wj.qq.com），注册登录，可看到该平台提供的服务功能有选择新建场景、问卷调查、投票评选、接龙打卡等，如图 6-50 所示。

图 6-50 腾讯问卷界面

利用此界面可以创建自己的问卷调查，创建方式可以选择"空白创建""批量编辑""Excel 导入"，还可以选择"模板创建"。

从零开始编辑问卷，点击"空白创建"，按照界面提示一步步创建。该界面可以实现整卷、题目、选项设置，选择不同文本输入等多功能服务，创建完成的问卷可以分享、统计，如图 6-51 所示。

图 6-51 腾讯问卷之"空白创建"实例界面

6.6.3 网络指数工具的应用

6.6.3.1 网络指数工具概述

在互联网上有一个特别重要的工具就是互联网数据分析的工具或者叫作互联网指数工具，它对于我们分析整个行业的趋势和行业的数据有着至关重要的作用。不管是做新媒体，还是市场营销策划可能都会用到它。目前常用的网络指数工具有微信指数、微指数、百度指数等。

1. 微信指数

微信指数是微信官方于 2017 年推出基于微信大数据分析的移动端指数，能反映关键词在微信内的热度变化。微信指数所反映的热度变化来源于对微信搜索、公众号文章以及朋友圈公开转发文章形成的综合分析，使用简单。首先，打开微信，在顶部的搜索框内输入"微信指数"四个关键字。点击"微信指数"进入主页面，然后再点击微信指数里面的搜索框，输入自己想要的关键词得出的数据。

2. 微指数

微指数（data.weibo.com），通过关键词的热议度，以及行业/类别的平均影响力，来反映微博舆情或账号的发展走势，助力政企、媒体等行业客户及时掌握网络传播动向。

3. 百度指数

百度指数（index.baidu.com）是以百度海量网民行为数据的数据分享平台，该平台可以研究关键词搜索趋势、洞察网民兴趣和需求、监测舆情动向、定位（可按省份、区域、城市）受众特征。

6.6.3.2 网络指数工具应用举例

以 2023 年比较轰动的"淄博烧烤"为例。打开百度指数网页（index.baidu.com），注册账号登录后，在输入框键入关键词"淄博烧烤"，点击检索，可以在对比时间段，选择自定义，设定 2023-01-01—2023-12-31，可获得网民在 2023 年对"淄博烧烤"的关注度趋势图，如图 6-52 所示。从趋势图看出，网民开始关注的时间是 2023 年 3 月 13 日（关注人数是 3 018），4 月 9 日至 5 月 11 日达到高峰，峰值是 4 月 29 日（关注人数达 60 884），然后逐渐趋于百数人数关注。

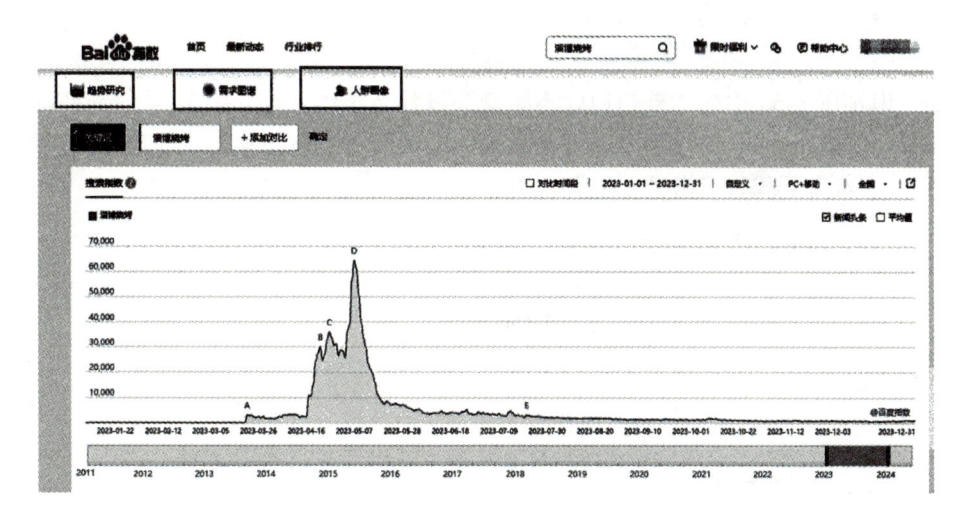

图 6-52　2023 年关注"淄博烧烤"网民数趋势指数图

点击图 6-52 中的"需求图谱",看到网民关注的需求有"淄博烧烤系列""淄博烧烤为什么火"等;点击图 6-52 中"人群画像",可看到按地域网民数排序的图,如上述指定时间段对"淄博烧烤"关注的网民人数最多的省是山东,其次是广东;关注的网民数最多的城市是北京,其次是济南。

6.6.4　字体识别工具的应用

6.6.4.1　字体识别工具概述

字体识别工具为用户提供字体识别,在线识别图片中的字体,帮助用户寻求字体字库叫什么名字,展示对比字样给用户参考,常用的字体识别工具有求字体、识字体、搜字体等。

1. 搜字体

搜字体(https://so.17font.com/)免费为用户提供识字体、查字体、求字体服务。用户可以上传英文字体、中文字体、日文字体、韩文字体等全球字体字库的图片进行在线识别字体。

2. 求字体

求字体(https://www.qiuziti.com/)免费提供上传图片或输入字体名称找字体、字体实时预览及字体下载服务,该网站可识别辨认中、英、日韩、俄等多国语言字体。

3. 识字体

识字体(LikeFont, https://www.likefont.com/),提供在线图片字体识别、字库品牌字体识别、字体下载、字体搜索和问答社区等服务,支持基于 Unicode 15.1.0 规范的拉丁文、中文、日文、韩文等全球所有文字。

识字体目前已经开发出多个平台的软件产品,包括:识字体网页版(LikeFont for Web)、识字体触屏版(LikeFont for Mobile)、识字体 Windows 版(LikeFont for Windows)、识字体 macOS 版(LikeFont for macOS)、识字体 Linux 版(LikeFont for Linux)、识字体 Android 版(LikeFont for Android)、识字体 iOS 版(LikeFont for iOS)等软件产品,以及识字体 API 接口(LikeFont for API)。

6.6.4.2 字体识别工具应用举例

例如，识别图 6-53 中的"誓扫匈奴不顾身"是什么字体。打开识字体（LikeFont）网页（https://www.likefont.com/），注册账号登录之后，上传所查字体图片，即可看到识别结果，如图 6-53 所示。若需下载，点击"下载"即可。

图 6-53　字体识别应用实例

6.6.5　防诈防骗工具的应用

6.6.5.1　防诈防骗工具概述

目前，国内防诈防骗工具主要有七大"反诈防骗利器"。

1. 国家反诈中心 App

可预警提示用户收到涉诈电话、短信或登录涉诈网址时，及时进行预警提示；可以一键举报；涉诈风险验证用户可以通过 App 对可疑网友的真实身份、社交账号、交易账号进行涉诈风险验证；了解诈骗套路剖析典型案例，协助用户学习反诈知识，了解诈骗套路，提升用户识骗能力。

2. "96110"反诈预警劝阻咨询电话

此号码专门用于电诈预警劝阻和防范宣传。如果接到 96110 来电，说明机主或其家人正在遭遇电信诈骗，这时一定要及时接听并耐心听取民警的劝阻提示，避免上当受骗。

3. "12381"

此号码专门用于涉诈预警劝阻短信系统。

4. 一证通查

可通过在支付宝 App 中搜索"一证通查"进入 App。用户只需要使用本人的身份证，即可在营业厅或者网上等多种渠道，查询自己名下的电话卡数量，以防个人信息被不法分子冒用，进而被办理电话卡用于诈骗。

5. 云闪付一证查卡

可以在云闪付 App 中搜索"一证查卡"进入 App，通过这款软件，居民能很方便地查询本人名下电话卡、银行卡数量，防止居民因为信息不对称落入诈骗分子的圈套。

6. 反诈名片

当用户遇到电信诈骗，反诈部门打电话过来进行劝阻时，手机会自动弹出"该电话来自国家反诈部门，请您接听"的字样。让用户快速甄别来电号码，安心接听预警电话。

7. 一证通查 2.0

一证通查 2.0 主要功能有查询名下卡、名下互联网账号和数量，防止个人信息被不法分子用于注册互联网账号实施违法行为。

8. 中国互联网联合辟谣平台

中国互联网联合辟谣平台（https://www.piyao.org.cn/），该平台有个"辟谣信息查证"栏目，可按范围、时间、分类进行搜索和筛选。

6.6.5.2 防诈防骗工具应用举例——国家反诈中心 App

首先，下载安装国家反诈中心 App，打开该 App，即可看到功能有"我要举报""报案助手""来电预警"和"身份核实"等功能，如图 6-54 所示。如果不会使用以上服务功能，点击图 6-54（a）中的"我的"，跳转到图 6-54（b）所示界面，点击其中的"用户手册"，分别介绍各个功能，如图 6-54（c）所示。

（a） （b） （c）

图 6-54 国家反诈中心 App 操作界面

第 6 章数字资源

193

第7章

学术论文（毕业论文）写作

学术论文是社会发展及现代化建设的重要科技信息源，是记录人类科技进步的历史性文件。撰写学术论文，是对一个人的信息素养、专业知识、科研能力、学术水平、写作能力等的综合能力的考验。

7.1 学术论文定义

《学术论文编写规则》（GB/T 7713.2—2022）对学术论文的定义："对某个学科领域中的学术问题进行研究后，记录科学研究的过程、方法及结果，用于进行学术交流、讨论或出版发表，或用作其他用途的书面材料。"

《学位论文编写规则》（GB/T 7713.1—2006）对学位论文的定义："作者提交的用于其获得学位的文献。

博士论文表明作者在本门学科上掌握了坚实宽广的基础理论和系统深入的专门知识，在科学和专门技术上做出了创造性的成果，并具有独立从事创新科学研究工作或独立承担专门技术开发工作的能力。

硕士论文表明作者在本门学科上掌握了坚实的基础理论和系统的专业知识，对所研究课题有新的见解，并具有从事科学研究工作或独立承担专门技术工作的能力。

学士论文表明作者较好地掌握了本门学科的基础理论，专门知识和基础技能，并具有从事科学研究工作或承担专门技术工作的初步能力。"

7.2 学术论文写作格式样稿

根据 GB 7713.2—2022 的规定，学术论文的写作格式一般遵循如下格式：
中文题名
作者姓名
（作者单位名称 城市 邮政编码）
摘要 ××××××××××××××××××××××××××××××××××××××
×××××××……。

关键词 ×××；×××；×××；……
中图分类号 ×××；××× **文献标识码** ×
（空一行）
英文题名
作者汉语拼音姓名
（作者单位英文名称 城市 邮政编码）
Abstract ××××××××××××××××××××××××××××××××××××……．
Keywords ×××；×××；×××；……
（空一行）
正文（引言）××××××××××××××××××××××××××××××××××……。
1 一级标题
　××……
1.1 二级标题
　×××……
1.1.1 三级标题
　×××……
　……
1.2 二级标题
　×××……
　……
2 一级标题
　××……
2.1 二级标题
　×××……
　……
（空一行）
参考文献：
[1] ××××××××××××××××××
[2] ××××××××××××××××
　……
（空一行）

作者简介　××××××××××××××××××××××××××××××××××
×××××××××……

7.3　学术论文写作格式规范细则

7.3.1　中文题名

中文题名 3 号黑体居中，如果文章是基金项目，则可用"脚注"的方式说明。

题名是以最恰当、最简明的词语反映论文中最重要的特定内容的逻辑组合。题名中所用每一词语必须考虑到有助于选定关键词和编制题录、索引等二次文献可以提供检索的特定实用信息。题名应该避免使用不常见的缩略词、首字母缩写字、字符、代号和公式等。题名一般不宜超过 20 字。当论文用作国际交流，应有外文（多用英文）题名，外文题名一般不宜超过 10 个实词。下列情况可以有副题名：题名语意未尽，用副标题名补充说明论文中的特定内容；论文分册出版，或是一系列工作分几篇报道，或是分阶段的研究结果，各用不同副标题名区别其特定内容；其他有必要用副标题作为引申或说明者。题名在整体论文中不同地方出现时，应完全相同，但眉题可以节略。

7.3.2　作者署名和工作单位

作者署名置于题名下方，小 4 号楷体字，居中排列。

作者署名是文责自负和拥有著作权的标志。著者指在论文主题内容的构思、具体研究工作的执行及撰稿执笔等方面的全部或局部做出主要贡献的人员，能够对论文的主要内容负责答辩的人员，是论文的法定主权人和责任人，署名人不宜太多，对论文涉及的部分内容做过咨询、给过某种帮助或参与常规劳动的人员不宜按著者身份署名，但是可以注明他们曾参与了哪一部分具体工作，或通过文末致谢的方式对他们的贡献或劳动表示感谢。

合写论文的著者应按论文工作贡献的多少顺序排列，著者的姓名应给出全名。科学技术文章均用真实姓名。

团体作者的执笔人也可标注于篇首的脚注或文末尾注,简讯等短文的作者可标注于文末。

英文摘要中的中国人名和地名应采用《中国人名汉语拼音字母拼写法》的有关规定：姓前名后，姓和名的首字母大写，名字中间不加连字符；地名中的专名和通名分写，每分写部分的首字母大写。对作者应标明其工作单位全称，同时，在篇首用"脚注"标明第一作者简介（注意：现实中大部分文章是将作者简介放在文末）。

作者工作单位、城市、邮政编码用小 5 号楷体字居中，以便读者在需要时可与著者联系。

7.3.3　摘　　要

"摘要"本身这两个字小 5 号黑体左顶格，空一格接摘要内容（注：现实中也用冒号），摘要内容字体为小 5 号楷体。

摘要是论文的内容不加注释和评论的简短陈述（用第三人称的方式如实报道），为了国际交流，还应有外文（多用英文）摘要。摘要应具有独立性和完整性，即不阅读论文的全文，就能获得必要的信息。摘要中有数据、有结论，是一篇完整的短文，可以独立使用，可以引用，可以用于公益推广。摘要的内容应包含与论文同等量的主要信息，供读者确定有无必要阅读全文，也供文摘等二次文献采用。摘要一般应说明研究工作的目的、实验（研究）方法、结果和最终结论等，重点是结果和结论。一般地，用"本文"做主语，如"本文介绍了……"，或者"本文报道了……"，或者不要"本文"，直接"针对……，提出了……"等方式进行。

中文摘要一般不宜超过 200~300 字；外文摘要不宜超过 250 个实词。如遇特殊需要字数可以略多。除了实在无变通办法可用以外，摘要中不用图、表、化学结构式、非公知公用的符号和术语。

报告的摘要可以用另页置于题名页之后，学术论文的摘要一般置于题名和作者之后、正文之前。学位论文为了评审和学术论文为了参加学术会议，可按要求写成变异体式的摘要，不受字数规定的限制。

所谓变异本，科技报告、学术论文有时适应某种需要，除正式的全文正本以外，要求有某种变异本，如节本、摘录本、为送请评审用的详细摘要本、为摘取所需内容的改写本等。

7.3.4 关键词

"关键词"这三个字用小 5 黑体字，左顶格，空一格接具体关键词（注：现实中也可用冒号），具体关键词用小 5 号楷体字，关键词之间用分号隔开。

关键词是为了文献标引工作从论文中选取出来用以表示全文主题内容信息的单词或术语。每篇论文选取 3~8 个词作为关键词，如有可能，尽量用《汉语主题词表》等词表提供的规范词，以显著的字符另起一行，排在摘要的下方。为了国际交流，应标注与文中对应的外文（多为英文）关键词。每个关键词在翻译时，首字母需大写，各词之间用分号间隔，最后一个关键词后无任何符号。

如何遴选关键词？

首先，从题名中找。题名是论文的主题浓缩，最易找到。

其次，从文摘中找。文摘是论文的内容浓缩，最重要的方法、结果、结论、关键数据都在其中反映。

再次，从论文的小标题中找。小标题反映论文主题的层次标题。

最后，从结论中找。可找到在题名、文摘、小标题中漏选的较为重要的关键词。

7.3.5 中图分类号

"中图分类号"这几个字小 5 号黑体，左顶格，空一格接具体分类号（注：现实中也可用冒号），具体分类号为小 5 楷体，分类号之间用分号隔开。

为便于将学术论文按学科类别进行检索，因此要求标识出学术论文的学科类别，一般而言，我国现在都按《中国图书馆分类法》（第五版）对每篇论文标注分类号。一般涉及多学科的论文，可以给出几个分类号，主分类号应排在第一位，多个分类号之间用分隔号。如果有条件，尽可能注明《国际十进分类法 UDC》的类号。

7.3.6 文献标识码

"文献标识码"这几个字用黑体小 5 字体，空一格接具体文献标识码，具体文献标识码用小 5 楷体字。

文献标识码是指所写学术论文的类型，主要标识码含义如下：
A——理论与应用研究学术论文（包括综述报告）。
B——实用性技术成果报告（科技）、理论学习与社会实践总结（社科）。
C——业务指导与技术管理性文章（包括领导讲话、特约评论等）。
D——一般动态性信息（通讯、报道、会议活动、专访）。
E——文件、资料（包括历史资料、统计资料、机构、人物、书刊、知识介绍等）。

7.3.7 主体部分（正文）

正文字体一律用 5 号宋体，首行空两格。

主体部分的编写格式可由作者自定，但一般由引言（或绪论）开始，以结论或讨论结束。论文的正文是核心部分，占主要篇幅，可以包括调查对象、实验和观测方法、仪器设备、材料原料、实验和观测结果、计算方法和编程原理、数据资料、经过加工整理的图表、形成的论点和导出的结论等。由于研究工作涉及的学科、选题、研究方法、工作进程、结果表述方式等有很大的差异，对正文内容不能做统一的规定。论文写作不要求有华丽的辞藻，但必须实事求是、客观真实、准备完备、合乎逻辑、层次分明、简练可读。

7.3.7.1 不同类型论文正文写作要求

1）理论性论文

用理论分析或计算分析来证明论文观点的正确。对于研究对象进行精确的描述，定量地揭示各因素之间的关系。在写作方法上，常用举例、推理、反证、类比、对比、因果分析和归谬法等。在写作要求上，应论点明确而唯一，论据充分且必要，层次清楚，逻辑性强。

2）实验性论文

实验室是科学上实现新的发现的一种手段。其论文的内容一般包括理论分析，实验材料、方法、实验结果及分析等几部分。在论述实验材料和方法部分，要把材料的来源、性质和数据，实验使用的仪器、设备、实验条件和测试方法交代清楚，其目的是使别人能重复操作进行同样的实验，以验证结论的正确性和可靠性。

3）试验性论文

试验是相对技术而言、为解决或验证技术措施的可行性服务的。写作的内容一般包括试验的目的，即要解决或验证的问题、试验的方法、试验结果及分析等。

实验和试验类型论文正文的写作应按研究问题的逻辑关系来写，不应按实验或试验的实践顺序来写。

4）创新性论文

以自然理论为基础，应用自然科学的最新成果实现技术创新，或者是运用已有的科学技术理论和自己的实践经验实现技术创新而形成的论文。其写作的内容一般包括理论分析，也就是应用科学理论或原理，研究的成果，实践的验证等。正文表述的重点是理论分析，也是论文学术价值之所在。由于技术研究具有明确的目的性，所以，技术论文强调其实践性，以证明理论分析的正确性和技术的可行性，技术强调其经济性和效益。所以，成果需要经过实践和验证，才能证明其经济、社会效益大小和使用效果精度。

5）新技术应用性论文

它是应用一种新的技术（工艺、产品、设备），解决工程实践中遇到的问题，并取得了良好的经济效益和社会效益而形成的论文，又称其为技术总结。论文写作时，主要在于回答"为什么要应用这种新技术""如何应用"和"结果如何"三个问题。正文写作的重点在于从理论上回答这种新技术的必要性和可行性，以及如何应用。对于应用的改进或改进的建议，可写在结论部分。

7.3.7.2 论文正文写作格式要求

1. 引 言

引言的序号可以不写，也可以写为"0"，不写序号时"引言"二字可以省略，用5号字体。

引言（或绪论）简要说明研究工作的目的、范围、相关领域的前人工作和知识空白、理论基础和分析、研究设想、研究方法和实验设计、预期结果和意义等。

引言写作要开门见山，不落俗套，不要铺垫太远，绕了一个大圈子才进入主题，如：

"众所周知""大家知道"——不符合科技论文的严肃性。

"如有不对，请批评指正"——应有起码的责任心和自信心，不能出差错，否则不能投稿。

"可供……参考"——水平高低、好坏，是否需要参考，不必说，读者自有评价。

引言写作应言简意赅，条理清晰，不要与摘要雷同，不要成为摘要的注释。一般教科书有的知识，在引言中不必赘述。序言以最精练的语言，表达清楚研究课题的来龙去脉及研究的成果，字数一般控制在300字以内。比较简短的论文可以只用小字段文字起着引言的效用。

学位论文需要反映出作者确已掌握了坚实的基础理论和系统的专门知识，具有开阔的科学视野，对研究方案作了充分论证，因此，有关历史回顾和前人工作的综合评述，以及理论分析等，其引言可以单独成章，用足够的文字叙述。

序言的写作要尊重科学，实事求是，尽量避免使用"国内少见""首次提出""首次发现"等。

2. 正文中的标题

正文是表达作者思想观点最重要的部分，为表达清楚，正文必须分成若干个层次来写。

科技论文的章、节、段、条的划分和编号均采用阿拉伯数字分级编写，即一级标题的编号为1，2……二级标题的编号为1.1，1.2……2.1，2.2……三级标题的编号为1.1.1，1.1.2……。

正文各级标题是指除文章题名外的不同级别的分标题。各级层次标题都要简短明确，同一层次的标题应尽可能"排比"，即词（或词组）类型相同（或相近），意义相关，语气一致。各级标题一律用阿拉伯数字连续标号；不同层次的数字之间用小圆点"."相隔，末尾数字后面不加点号，如"2""2.1""2.1.2"等。正文各级标题（层次标题）一律左顶格书写，题号一律用阿拉伯数字，题号后空一格再写题名。一级标题为4号宋体字，二级标题为5号黑体字，三级标题为5号楷体加粗。

3. 正文中的图

正文中的图包括曲线图、构造图、示意图、图解、框图、流程图、记录图、布置图、地图、照片和图版等。图应具有"自明性"，即只看图、图题和图例，不阅读正文，就可理解图意。论文中的图一律用阿拉伯数字分别连续编排序号，序号可以将全篇论文统一按出现先后顺序编码；对长篇报告、论文也可按分章依序编码，其标注形式应便于互相区别，如图1，图2等。

每一图应有简短确切的题名，连同图号置于图下，字体用小5号宋体，居中。必要时，应将图上的符号、标记、代码，以及实验条件等，用最简练的文字，横排于图题下方，作为图例说明。

曲线图的纵横坐标必须标注"量、标准规定符号、单位"。此三者只有在不必要表明（如无量纲）的情况下可省略。坐标上标注的量的符号和缩略词必须与正文中一致。

照片图要求主题和主要显示部分的轮廓鲜明，便于纸板。如用放大缩小的复制品，必须清晰，反差适中。照片上应该有目的物尺寸的标度。

4. 正文中的表

表的编排，一般是内容和测试项目由左至右横读，数据依序竖排，表应有自明性。表也要编序号，同上面的图的序号编排，如表1，表2等。每个表应有简短确切的题名，连同表号置于表上，字体小5号黑体居中，表头和表身字体均为小5号宋体。必要时，应将表中的符号、标记、代码，以及需要说明事项，以最简练的文字，横排于表题下。附注序号的编排，也同上的图的编排相同。表内附注的序号宜用小阿拉伯数字并加圆括号置于被标注对象的右上角，如"×××$^{(1)}$"，不宜用"*"，以免与数学上共轭和物质转移的符号相混。

表格各栏均应标明"量或测试项目、标准规定符号、单位"。只有在无必要标注的情况下可省略。表中的缩略词和符号，必须与正文中一致。

表内同一栏的数字必须上下对齐。表内不宜用"同上""同左""…"和类似词，一律填入具体数字或文字。表内"空白"代表未测或无此项，"0"代表实测结果为零。如数据已绘成曲线图，可不再列表。

5. 正文中的数学公式、物理公式和化学式

正文中的公式、算式或方程式等应阿拉伯数字连续编排序号，序号标注于该式所在行（当有续行时，应标注于最后一行）的最右边，（1），（2）等，不加字"式"，在文中语言描述时，则加字"式"，如式（1），式（2）等。较长的式，另行居中横排。如式必须转行时，只能在 +，-，×，÷，<，> 处转行。上下式尽可能在等号"="处对齐。

应注意区别各种字符，如拉丁文、希腊文、俄文、德文花体、草体；罗马数字和阿拉伯数字；字符的正斜体、黑白体、大小写、上下角标（特别是多层次，如"三踏步"）、上下偏差等。

6. 正文中的计量单位

科技报告、学术论文中的计量单位名称和符号的书写方式一律采用国际通用符号，书写规则严格执行国家标准《国际单位制及其应用》（GB 3100—93）。

量的符号一般为单个拉丁字母和希腊字母，并一律采用斜体（pH 例外），为区别不同情

况，可在量符号上附加角标。表达公式时，在公式、图、表和文字叙述中，一律使用单位的国际符号，且无例外地使用正体。单位符号和数值间保留适当间隙。不许对单位符号进行修饰，如加缩写点、角标、复数形式，或在组合单位中插入化学元素符号等说明性符号等。

在插图和表格中用特定单位表示量的数值时，应当采用量与单位相比的形式，如 L/m、m/kg、p/Pa。不能把 ppm、pphm、ppb、ppt、rpm 等缩写字作单位使用。词头不得独立使用，也不能重叠使用，如 μm，不用 μ，也不用 μμF。组合单位的分母中一般不加词头，一般也不在分子分母同时加词头，如 kJ/mol，不写成 J/mmol。

7. 正文中的数字

论文正文的数字按照《出版物上数字用法的规定》（GB/T 15835—2011）执行。论文正文中下列情况需用阿拉伯数字：

用于计量的数字，在使用数字进行计量的场合，为达到醒目、易于辨识的效果，应采用阿拉伯数字，如 1∶500。

当数值伴随有计量单位时，如长度、容积、面积、体积、质量、温度、经纬度、音量、频率等等，特别是当计量单位以字母表达时，应采用阿拉伯数字，如 523.56 km（523.56 千米），34～39 ℃（34～39 摄氏度）。

用于编号的数字在使用数字进行编号的场合，为达到醒目、易于辨识的效果，应采用阿拉伯数字，如电话号码 010-8235971X，邮政编码 100871。

已定型的含阿拉伯数字的词语，现代社会生活中出现的事物、现象、事件，其名称的书写形式中包含阿拉伯数字，已经广泛使用而稳定下来，应采用阿拉伯数字。示例：5G 手机，97 号汽油，"5·27"事件。

如果要突出简洁醒目的表达效果，应使用阿拉伯数字，如北京时间 2008 年 5 月 12 日 14 时 28 分；如果要突出庄重典雅的表达效果，应使用汉字数字，如中华人民共和国第十一届全国人民代表大会第一次会议（不写为"中华人民共和国第 11 届全国人民代表大会第 1 次会议"）。

为便于阅读，四位以上的整数或小数，可采用以下两种方式分节：

第一种方式：千分撇整数部分每三位一组，以","分节。小数部分不分节。四位以内的整数可以不分节，例如：23,456,789.456789；

第二种方式：千分空从小数点起，向左和向右每三位数字一组，组间空四分之一个汉字，即二分之一个阿拉伯数字的位置，如 98 789 654.456 123。四位以内的整数可以不加千分空。

纯小数必须写出小数点前定位的"0"，小数点是齐阿拉伯数字底线的实心点"."。示例：0.46 不写为.46 或 0。46。

8. 正文中的符号和缩略词

符号和缩略词应按照国家标准 GB/T 7713—2022 执行。如无标准可循，可采纳本学科或本专业的权威机构或学术团体所公布的规定，也可采用全国自然科学名词审定委员会编印的各学科词汇的用词。如不得已引用某些不是公知公用的且又不宜为同行读者所理解的或系作者自定的符号、记号、缩略词、首字母缩写字等时，均应在第一次使用时加以说明，给以明确的定义。

7.3.8 论文的结论

科技报告、学术论文的结论是最终的、总体的结论，不是正文中各段的小结的简单重复。结论应该准确、完整、明确、精练。如果不可能导出应有的结论，也可以没有结论而进行必要的讨论。可以在结论或讨论中提出建议、研究设想、仪器设备改进意见、尚待解决的问题等。

7.3.8.1 论文结论写作的内容

1. 学术性论文

（1）本研究结果有什么新发现，得出什么规律性的东西，解决或完善了什么理论，适用于什么样的范围。

（2）对前人有关问题的理论做了哪些检验，哪些与本研究结果一致，哪些不一致，作出了哪些修正、补充、发展或否定。

（3）本研究尚未解决的问题及今后研究方向设想或建议。

其中，第（1）点是必需的，而第（2）点和第（3）点视论文的具体内容（或具体的研究对象）可有可无。

2. 技术论文

（1）本技术理论或技术成果与既有技术理论或技术比较有什么先进性。

（2）本技术理论和技术成果适用的范围、条件。

（3）试验结果与实际的一致性，或者结果的适用范围条件。

（4）对应用的技术有哪些改进的建议。

其中，第（1）点是必需的，是表明论文具有创新性的。

7.3.8.2 论文结论写作要求和方法

（1）概括准确，措辞严谨。把论文中创新的内容准确、完整地概括出来，不轻易放弃或漏掉一条有价值的结论。肯定与否定要明确不能用"大概""可能是"等词。

（2）明确具体，简短精炼。结论应提供明确、具体的定性与定量的信息，对要点要具体表达，不能用抽象和笼统的语言。结论段字数一般为正文字数的3%~5%。

（3）不做自我评价，论文的水平应让读者去评价。

（4）根据正文的全部内容，可以把结论分为若干条，也可以用几句话来表述。

7.3.9 论文致谢

可以在正文后对以下方面致谢：国家科学基金、资助研究工作的奖学金基金、合同单位、资助或支持的企业、组织或个人；协助完成研究工作和提供便利条件的组织或个人；在研究工作中提出建议和提供帮助的人；给予转载和引用权的资料、图片、文献、研究思想和设想的所有者；其他应该感谢的组织和个人。书写格式为"在研究（论文撰写）过程中，得到××× 的帮助（指导），谨致谢意。""致谢"二字空一行放在结论后。

7.3.10 论文参考文献

参考文献是指对一个信息源或其中一部分进行准确和详细著录的数据,位于文末或文中的信息源。参考文献是现代科技论文的重要组成部分,但如果撰写论文时没有参考其他文献就可以不写。参考文献反映文稿的科学依据和著者,尊重他人研究成果而向读者提供文中引用有关资料的出处,或为了节约篇幅和叙述方便,提供在论文中提及而没有展开的有关内容的详尽文本。参考文献不仅是学术影响的重要评价指标之一,还可以起到扩大检索范围的作用。

不同参考文献类型和标识码见表 7-1,不同电子资源载体和标识码见表 7-2。

表 7-1 文献类型和标识代码

参考文献类型	文献类型标识代码
普通图书	M
会议录	C
汇编	G
报纸	N
期刊	J
学位论文	D
报告	R
标准	S
专利	P
数据库	DB
计算机程序	CP
电子公告	EB
档案	A
舆图	CM
数据集	DS
其他	Z

表 7-2 电子资源载体和标识码

电子资源的载体类型	载体类型代码
磁带	MT
磁盘	DK
光盘	CD
联机网络	OL

文后参考文献著录包括引文出处和观点出处,采取顺序编码制,用带括号的阿拉伯数字顺序编码,如 [1],[2],[3]……"参考文献"这几个字用小 5 号黑体左定格,具体内容为小

5号宋体，另起行左顶格。同一种文献被反复引用者用同序号。

根据《信息与文献 参考文献著录规则》(GB/T 7714—2015)规定执行，按照文献类型不同，文后参考文献著录可分为如下几种。

7.3.10.1 专著（Monograph）

1. 专 著

专著是指以单行本或多卷册（在限定的期限内出齐）形式出版的印刷型或非印刷型出版物，包括普通图书、会议文集、报告、学位论文、古籍、多卷书、丛书等。

专著著录项目：主要责任者、题名、其他题名信息、文献类型标识（任选）、其他责任者（任选）、版本项、出版地、出版者、出版年、引文页码、引用日期、获取和访问路径（电子资源必备）、数字对象唯一标识（电子资源必备）。

专著著录格式如下：[序号]（空一字符）主要责任者.题名：其他题名信息[文献类型标识/文献载体标识].其他责任者.版本项.出版地：出版者，出版年：引文页码[引用日期].获取和访问路径.数字对象唯一标识.

专著著录格式示例：

[1] 陈登原. 国史：第一卷[M]. 北京：中华书局，2000：29.

[2] 哈里森，沃尔德伦. 经济数学与金融数学[M]. 谢远涛，译. 北京：中国人民大学出版社，2012：235-236.

[3] 北京市政协民族和宗教委员会，北京联合大学民族与宗教研究所. 历代王朝与民族宗教[M]. 北京：民族出版社，2012：112.

[4] 中华人民共和国国家质量监督检验检疫总局，中国国家标准化管理委员会. 信息与文献 参考文献著录规则：GB/T 7714—2015[S]. 北京：中国标准质检出版社，2015：1-28.

[5] 张永彬. 信息资源检索与利用[M]. 成都：电子科技大学出版社，2010.

[6] 顾炎武. 昌平山水记：京东考古录[M]. 北京：北京古籍出版社，1992.

[7] 王夫之. 宋论[M]. 刻本. 金陵：湘乡曾国荃. 1865（清同治四年）.

[8] 中国第一历史档案馆，辽宁省档案馆. 中国明朝档案总汇[A]. 桂林：广西师范大学出版社，2001.

[9] 赵学功. 当代美国外交[M]. 社会科学文献出版社，2001. 当代美国外交[M/OL]. 北京：中国社会科学文献出版社，2001[2014-06-11].http://apabi.zju.edu.cn/book/trySingLePage/33023884/1.

[10] 同济大学土木工程防灾国家重点实验室. 汶川地震震害研究[M/OL].上海：同济大学出版社，2011：5-6[2013-05-09]. http://apabi.lib.pku.edu.cn/asp/pku/pub.mvc?pid=book.detail&metaid=m.20120406-YPT-889-0010.

2. 专著中的析出文献

所谓析出文献是指从整个信息源中析出的具有独立篇名的文献。

专著中析出文献著录项目：析出文献主要责任者、析出文献题名、文献类型标识（任选）、析出文献其他责任者（任选）、专著主要作者、专著题名、其他题名信息、版本项、出版地、出版者、出版年、析出文献页码、引用日期、获取和访问路径、数字对象唯一标识符等。

专著中析出文献著录格式：析出文献主要责任者.析出文献题名[文献类型标识/文献载体标识].析出文献其他责任者//专著主要责任者.专题题名：其他题名信息.版本项.出版地：出版者，出版年：析出文献的页码[引用日期].获取和访问路径.数字对象唯一标识符。

专著中析出文献著录格式示例：

[1] 周易外传：卷5[M]//王夫之.船山全书：第6册.长沙：岳麓书社，2011：1109.

[2] 陈晋镳，张惠民，朱士兴，等.蓟县震旦亚界研究[M]//中国地质科学院天津地质矿产研究所.中国震旦亚界.天津：天津科学技术出版社，1980：56-114.

[3] 贾东琴，柯平.面向数字素养的高校图书馆数字服务体系研究[C]//中国图书馆学会.中国图书馆学会年论文集：2011年卷.北京：国家图书馆出版社，2011：45-52.

[4] WEINSTEIN L,SWERTZ M N.Pathogenic properties of invading Micronesian[M]//SODEMAN W A, Tr.SODEMAN W A.Pathololgic physiology :mechanisms of disense.Philadephis：Saunders，1974: 745-772.

7.3.10.2 连续出版物（Serial）

1. 连续出版物

连续出版物是指通常载有年卷期号或年月日顺序号，并计划无限期连续出版发行的印刷或非印刷形式的出版物。

连续出版物著录项目：主要责任者、题名、其他题名信息、文献类型标识（任选）、年卷期或其他标识（任选）、出版地、出版者、出版年、引用日期、获取和访问路径（电子资源必备）、数字对象唯一标识符（电子资源必备）。

连续出版物著录格式：主要责任者.题名：其他题名信息[文献类型标识码/文献载体标识].年，卷（期）-年，卷（期）.出版地：出版者，出版年[引用日期].获取和访问路径.数字对象唯一标识。

连续出版物著录示例：

[1] 中华医学会湖北分会.临床内科杂志[J]. 1984,1（1）.武汉：中华医学会湖北分会，1984-.

[2] 中国图书馆学会.图书馆通讯[J]. 1957（1）-1990（4）.北京：北京图书馆，1957-1990.

[3] American Association for the Advancement of Science.Science[J].1883.1(1)-. Washington. D.C.: American Association for Advancement of Science.1883-.

2. 连续出版物的析出文献

连续出版物中的析出文献著录项目及其著录格式：析出文献主要责任者.析出文献题名[文献类型标识码/文献载体标识].连续出版物题名：其他题名信息,年,卷（期）：页码[引用日期].获取和访问路径.数字对象唯一标识符.

连续出版物析出文献著录格式示例：

[1] 袁训来，陈哲，肖书海，等.蓝田生物群：一个认识多细胞生物起源和早期演化的新窗口[J].科学通报，2012，55（34）：3219.

[2] 于建斌. 我们的科技一直在追赶：访中国工程院院长周济[N/OL]. 人民日报，2013-01-12（2）[2013-03-20].http://paper.people.com.cn/rmrb/html/2013-01-12/nw.D110000renmrb_20130112_5-02.htm.

[3] 李炳穆. 韩国图书馆[J/OL].图书情报工作，2008，52（6）：6-12[2013-10-25].http://www.docin.com/p-400265742.htm.

[4] 李幼平，王楠. 循证医学研究方法：附视频[J/OL]. 中华移植杂志（电子版），2010，4（3）：225-228[2014-06-09].http://www.cqyip.com/Read/Read.aspx?id=36658332.

[5] 武丽丽，华一新，张亚军，等."北斗一号"监控管理网设计与实现[J/OL].测绘科学，2008，33（5）：8-9[2009-10-25].http://vip.calis.edu.cn/CSTJ/Aear.dll?OPAC_CreateDetail.DOI: 10.3771/j.issn.1009-2307.2008.05.002.

7.3.10.3　专利文献

专利文献的著录项目及其格式：专利申请者或所有者.专利题名：专利号[文献类型标识/文献载体标识].公告日期或公开日期[引用日期].获取和访问路径.数字对象唯一标识符.

专利文献著录示例：

[1] 邓一刚. 全智能节电器：200610171314.3[P].2006-12-13.

[2] 西安电子科技大学. 光折变自适应光外差探测方法：01128777.2[P/OL].2002-03-06[2002-05-28].http://211.152.9.4/sipoasp/zljs/hyjs-yx-new.asp?recid=01128777.2&leixin=0.

7.3.10.4　电子资源（不包括电子专著、电子连续出版物、电子学位论文、电子专利）

电子资源著录项目及其格式：主要责任者.题名：其他题名信息[文献标识码/文献载体标识].出版地：出版者，出版年：引文页码（更新或修改日期）[引用日期].获取和访问路径.数字对象唯一标识符.

电子资源著录示例：

[1] 中国互联网络信息中心. 第29次中国互联网络发展现状统计报告[R/OL].（2012-01-16）[2013-03-26].http://www.cnnic.net.cn/hlwfzyj/hlwxzbg/201201/P020120709345264469680.pdf.

[2] 北京市人民政府办公厅.关于转发北京市企业投资项目核准暂行实施办法的通知：北京办发[2005]37号[A/OL].（2005-07-12）[2011-07-12].http://china.findlaw.cn/fagui/p_1/39934.html.

[3] Online Computer Library Center,Inc.About OCLC:history of cooperation[EB/OL].[2012-03-27].http://www.oclc.org/about/cooperation.en.html.

7.3.11　作者简介

参看文献之后空一行，"作者简介"这几个字用小5号黑体左顶格，具体内容为小5号宋体。作者简介亦可直接放在文章最后，也可在第一页以"脚注"的方式说明。

对第一作者按如下项目和顺序书写其简介：姓名（出生年—），性别（民族，汉族可省），籍贯，学位，职称或职务，从事的主要工作或研究方向，发表论文或出版著作数量。

7.3.12 附　录

附录是科技报告、学术论文主体的补充项目，并不是必需的。附录与正文连续编页码，每一附录均另页起。

下列内容可以作为附录编于报告、论文后：

（1）为了整篇报告、论文材料的完整，但编入正文又有损于编排的条理和逻辑性的材料。这类材料包括比正文更为详尽的信息、研究方法和技术更深入的叙述，建议可以阅读的参考题录，对了解正文内容有用的补充信息等。

（2）由于篇幅过大或取材于复制品，而不便编入正文的材料。

（3）不便于编入正文的罕见珍贵资料。

（4）对一般读者并非必要阅读，但对本专业同行有参考价值的资料。

（5）某些重要的原始数据、数学推导、计算程序、框图、结构图、注释、统计表、计算机打印输出等。

注意：若论文参加学术交流或向杂志社投稿，遇有单独的文稿格式要求，其投稿论文的格式、字体、字号等以杂志社或者学术交流会的要求为准。

第 7 章数字资源

第 8 章

学术交流和学术规范

一个新学说的建立，一项新技术的发明，一个新现象的发现等，不进入学术交流，仅属于某个人的个人所有。通过交流，个人拥有知识产权，树立个人学术声誉；通过交流，他人才能分享，人类学术研究才能进步，避免重复研究造成资源浪费。

8.1 学术交流

8.1.1 学术交流模式

学术交流分为正式交流和非正式交流。正式交流是指将研究成果撰写成期刊论文、会议论文、专著等，经过正式出版程序后公开发表。非正式交流是指学者之间的口头交流，老师为学生做的科学报告，书信、E-mail 或邮件的通信，社交网络发帖、讨论，参加展览会；参观实验室等。随着网络技术的发展，正式与非正式交流也在融合，譬如 Arxiv 平台上的论文没有经过正式的出版程序，但倾向于划归为正式的学术交流渠道。随着开放获取政策的推行，学术信息交流变得更容易了。

8.1.2 网络学术交流平台

为了有效促进学术成果交流、科学研究的协作，现在越来越多的科研工作人员利用网络创建个人网页，可以浏览别人的网页也可让别人浏览自己的网页，也可以进入某个平台，进行同行之间的交流，这就诞生了科研社交网络平台。

科研社交网络的出现，使得科研人员可以从堆积如山的纸质信息上脱离开来，更加容易地找到志趣相投的群体，交流的方式也从单向交流变成双向交流，而且在交流的时间上可实现即时化。同时，在资料的性质上，以往的书籍只能提供不完整的图片或者其他作品的链接，而在网络上，很容易得到与之相关的其他材料。

科研社交网络还承担了一部分的资料收集、整理、分享和引用研究资源的烦琐事情，让科研人员将时间集中到做更深层次的工作中去。可以通过设置一些关键字来限定自己感兴趣的主题，而系统则会每隔一段时间就会提供一些相关的最新消息。这样科研人员就不会淹没在无用信息中，同时又不会与学科发展的趋势脱节。

科研社交网络还大大改变文章的发表方式。要在期刊上发表文章需要经过严格的同行评议，整个发表的周期很长，而且发表的内容也主要集中在正面的积极的结果。但是通过博客或者论坛的方式发表文章就不需要经过这么复杂的过程，而且更多的负面结果、失败案例也可以让人知道如何避免重复的失败。这样的完整知识系统，可以让学习的人既可以看到成功的一面，同时也可以了解失败的原因，让知识传承得更加有效快捷。

典型的社交网络有以下一些：

1. Academia

Academia，牛津大学哲学博士 Richard Price 创立于 2008 年。它是一家专门供科研人员使用的学术型社交网站，有学术界的 Facebook 之称，吸引了全球绝大部分大学和研究机构的科研人员。科研人员可以在 Academia 上分享和查看最新的科研论文。

2. ResearchGate

ResearchGate，成立于 2008 年，900 多万研究者分享超过 8 000 万篇文献，该平台免费注册建立个人网页。可通过该平台联系同行，了解行业专业的研究动态，分享科研方法以及交流思想。

3. Vivo

Vivo 起源于康奈尔大学，最初针对生命学科，2009 年发展为全美跨学科科学家网络，2010 年全球机构通过安装 Vivo 软件就可使用。

4. Mendeley

Mendeley，既是在线学术社交网络平台，又是免费文献管理软件，科研人员注册账号之后可以上传自己的学术文献，也可以在 Mendeley 中进行学术文献检索。

5. 中国科研社交网络平台

中国科研社交网络平台有科学网、丁香园和小木虫等。

目前，科研社交网络发展迅速，覆盖面越来越广，功能越来越丰富，科研人员利用科研社交网络来进行学术交流的趋势也越来越明显。所以，科研社交网络是我们在讨论学术信息交流时应该关注的渠道。

8.1.3 学术期刊交流媒介

1. 学术期刊的发展

学术研究成果进入公众领域之后，就成为前面讲的各种学术文献。其中，学术期刊是学术交流中的支柱媒介。

世界上最早的学术期刊出现在 17 世纪中叶，文艺复兴运动，有名的有法国的《学者杂志》，英国的《哲学汇刊》。它们主要用于预报即将问世的科研成果和新闻通讯。

从 18 世纪中叶到现在，学术期刊从内容、质量控制、编辑出版过程发生了显著变化。

（1）内容方面，学术期刊转向报道科学发现，期刊论文成为确认科学研究成果优先权的基本形式。

（2）在质量控制机制方面，学术期刊陆续采用了同行评审机制 Peer Review，即相关领域的知名学者审查论文的内容，并决定论文取舍的制度。一般由两位或两位以上的资深专家双向匿名评审，专家意见不一致时，再由其他专家重新评审。值得注意的是，并不是所有的期刊都采用同行评审机制，是否采用同行评审机制，可在印刷版期刊的封二、封底或期刊的网站上查询。

（3）学术期刊分工逐渐明确。

作者——科学研究论文撰写，将稿件提交学术刊物进行评审。

编辑——接收稿件、联络作者和评审专家，根据专家意见决定稿件取舍、审核作者的修改是否符合评审专家的要求、文字表述是否合乎标准。

评审专家——对稿件内容的有效性、可靠性和其他方面的质量进行审查，据此提出稿件能否被接收的意见，对可接收稿件提出修改要求。

学会/出版社——期刊出版过程的策划和运行，如印刷、装订、营销等。

随着印刷技术、网络技术的发展，学术期刊的出版流程在这些年又有一些新改进，如在线投稿、在线出版、在线发行等。

2. 学术期刊的选择

学术成果更多的是通过学术期刊投稿发表的论文，因此，不同学科领域的科研论文应该选择什么学术期刊，如何通过学术影响力高的期刊提升个人学术影响力，是摆在每一个科研人员面前的问题。

判断期刊学术质量好坏的常用方法是看其是否是核心期刊或同行评审期刊。

核心期刊（Core Journal）是刊载某一学科的论文数量较多，学术水平较高，能够反映该学科最新成果和研究动态，因而备受该学科专业读者重视的期刊。虽然全世界每年出版的期刊数量庞大，但每个学科的核心期刊数量有限。某专业的核心期刊可通过文献计量学的方法来确定。目前外文核心期刊基本以美国科技信息所（Institute for Scientific Information）出版的《引文索引》（Web of Science）以及美国工程信息公司出版的《工程索引》（EI）中收录的期刊为准。中文核心期刊以中国科技信息研究所编辑出版的《中国科技期刊引证报告》和北京大学图书馆编辑出版的《中文核心期刊要目总览》中收录的期刊为准。需要说明的是，这两种中文工具书所收录的核心期刊均是印刷版期刊，对于那些纯电子期刊，目前尚无相关的统计与评价。

同行评审期刊（Peer-reviewed 或 Refereed）是指文章在发表之前，由编辑部聘请同行专家对论文进行评审，决定是否发表。这样做的目的是保证期刊所刊载的论文质量。目前无论是纸本期刊还是电子期刊，都拥有大量的同行评审期刊。如著名的 Science 周刊，其稿件由若干外部审稿人（Outside Reviewers）进行匿名评审。多数稿件要求 7~10 天内返回审稿意见。对于快速评审的稿件，则要求在 48 小时内审完。

1）中文学术期刊的选择

（1）一般地，比较系统获取期刊信息查阅有关期刊目录之类的工具书，如《中国期刊年鉴》《中文核心期刊要目总览》《中国科技期刊引证报告》。随着网络的发展，可直接利用多种网络平台快速查询合适的期刊。

（2）可登录访问国家新闻出版署（https://www.nppa.gov.cn/nppa/publishing/magazine.shtml/）的"办事服务"的"从业机构和产品查询"，这个途径可靠，但效率低。

（3）如果想了解某个学术领域有哪些学术期刊及其具体期刊信息，可利用数据库查询。下面以中国知网数据库为例进行介绍。

访问中国知网，选择"学术期刊"子数据库，点击"期刊导航"，其界面如图8-1所示。在这个界面可以在检索框键入自己检索的指定期刊，可以获得该刊的"基本信息""出版信息""评价信息"，也可对该刊进行"刊期浏览""栏目浏览""统计与评价（近十年刊载内容）"，还可以对该刊进行"RSS订阅""关注""投稿（若该刊编辑部在中国知网开通腾云采编服务平台）"。也可根据图8-1所示，按照学科浏览查询相关学科领域更多的期刊。在期刊导航界面，还可以利用其他分类导航查询中文学术期刊：卓越期刊导航、数据库刊源导航、主办单位导航、出版周期导航、出版地导航、核心期刊导航等。如果需要查询高质量中文学术期刊，可以根据"核心期刊导航""数据库刊源导航"查询。

图8-1 中国知网"期刊导航"界面

除了中国知网，也可利用维普科技期刊数据（http://www.cqvip.com/）的"期刊大全"查询有关学术领域的期刊信息，如图8-2所示。

图8-2 维普科技期刊数据库界面

2）外文学术期刊的选择

（1）利用学术期刊数据查询获取。

中国知网收录国际期刊7.3万余种，覆盖JCR期刊的94%，Scopus期刊的80%，文献数量超过1亿条。期刊资源分为自然科学、工程技术、医学、农业科学、社会科学、人文学科、哲学等七大专辑。读者可查阅每本期刊的概况（刊名、刊号、出版周期、创刊年/收录年限、出版社/合作商、学科主题、出版地、语种等），并进入文献页面获取题录摘要信息。部分文章提供参考文献引文信息。期刊最早回溯至1665年。点击中国知网的"学术期刊"的二级子数据库界面的"CNKI Scholar外文期刊"（见图8-3），就可以查询。

图 8-3　中国知网进入"CNKI Scholar 外文期刊"界面口

Elsevier ScienceDirect 数据库，按学科大类浏览，也可查询相关外文期刊。例如在"Domain"中选择"Chemical Engineering"，在"Publication type"中，勾选"Journals"，右边列出"Chemical Engineering"这类按期刊按字母顺序排序的数据库收据的相关外文期刊，点击所关注的期刊就可以了解期刊信息以及在线投稿，如图 8-4 所示。

图 8-4　Elsevier ScienceDirect 数据库 Chemical Engineering 类部分期刊

（2）如果要想获取更多外文期刊信息，可查询工具书《乌利希国际期刊指南》。

3. 如何投稿

投稿时应当注意所投期刊或会议的研究方向或学科与投稿论文一致。期刊论文投稿前，阅读相关学术期刊的投稿指南。可以查找期刊的电子版投稿指南，也可以查找期刊的印刷版投稿指南（一般期刊第一期或最后一期的封二、封三或封底）。如果了解更多国外学术期刊投稿指南，可以翻阅工具书《乌利希国际期刊指南》（该工具书收录全球学术期刊 152 977 种）。

在线投稿，一般有下列途径：

（1）中文期刊利用官方的期刊查询系统（http://www.nppa.gov.cn/nppa/publishing/magazine.shtml）了解期刊的真伪和合法性。

（2）利用DATAuthor（http://datauthor.com）学术期刊投稿分析系统，匹配与论文相关的学术期刊。

（3）访问期刊的官网，找到投稿系统，注册账号登录即可使用。

8.1.4 学术会议交流

学术会议是一种以促进科学发展、学术交流、课题研究等学术性话题为主题的会议。学术会议一般都具有国际性、权威性、高知识性、高互动性等特点，参与者一般为科学家、学者、教师等具有高学历的研究人员。由于学术会议是一种交流的、互动的会议，因此参会者往往都会将自己的研究成果以学术展板的形式展示出来，使得互动交流更加直观、效果更好。学术会议参会者交流内容新颖，及时反映科学研究的新成就及学科发展趋势，专业性强、针对性强，所以学术会议是一个不可忽视的学术交流平台。可以利用网络平台，如学术会议网站（http://www.allconfs.org/index.asp），了解、关注或参与最近即将召开的最新会议、学术会议、行业展会等。

8.1.5 其他学术交流

除了期刊媒介和学术大会之外，还可以通过阅读或听取学术报告、参观展览等方式进行学术交流。

8.2 学术规范

8.2.1 学术规范

学术规范：学术共同体根据学术发展规划制定的有关各方面共同遵守而有利于学术积累和创新的各种准则和要求，是整个学术共同体在长期学术活动中的经验总结和概述。学术规范包括道德规范、法律规范、技术规范。

学术规范中的道德规范是指是对学术工作者从思想修养和职业道德方面提出的应达到的要求，它是学术规范的核心部分。

学术规范中的法律规范是指学术活动中，遵循法律、法规要求。譬如，《中华人民共和国著作权法》及其实施条例。

学术规范中的技术规范是指以学术论文、专著为主要形式的学术写作中，必须遵守有关形式规格要求，包括学术写作规范和学术引用规范。国内外都有一些写作规范的指南手册或标准，如《芝加哥手册》，我国国标《学位论文编写规则》（GB/T 7713.1—2006）。

学术写作规范包括：学术成果应观点明确，资料充分，论证严密；学术成果的格式应符合要求；参考文献的著录应符合要求；内容与形式应完美统一等。

学术引用时必须遵守以下规范：

（1）无论你是否同意他人的著作或思想，当你引用他人的话时，就必须使用引号和引注，从而使表述令人信服。

（2）当你要把支持你分析、叙述和得出结论的基础材料介绍给读者时，就必须使用引号和引注。

（3）当你要引导读者查找所引用的材料以便他们自己进行检查时，就必须使用引号和引注。

8.2.2 学术失范

学术规范相对应的就是学术失范。广义的学术失范还包括学术不端。国家新闻出版署颁布的《中华人民共和国新闻出版行业标准》（CY/T 174—2019）对学术出版规定、期刊学术不端行为作出了界定。为加强学风建设，2010年出版的由教育部组织编写的《高等学校科学技术学术规范指南》，对抄袭、剽窃、伪造、篡改、一稿多投、重复发表等都做出了明确的界定；教育部颁布的《高等学校预防与处理学术不端行为办法》[1]中列出的学术不端行为。各出版行业也列出了相关学术不端的界定。

学术失范案例1：2020年7月，某大学2018届软件工程硕士研究生林某的硕士学位论文，与同年另一所大学软件工程硕士研究生刘某某硕士学位论文高度雷同。经查证，林某和刘某某的硕士学位论文均存在买卖、代写行为。处罚：撤销林某和刘某某的硕士学位，注销他们的硕士学位证书[2]。

学术失范案例2：倒在"抄袭门"下的匈牙利总统。

2012年1月，匈牙利一家网站刊文称，总统施米特（Pal Schmitt）在1992年撰写的博士论文有抄袭嫌疑。经调查，施米特的博士论文中第34页至50页与德国学者克劳斯-海涅曼的一篇文章相同，另有180页的内容与保加利亚体育专家尼古拉格奥尔基耶夫的论文部分一致。而且施米特的论文有大量内容来自外文翻译，文中对引用内容没有标明，也没有做脚注和尾注。

2012年3月，匈牙利泽梅尔魏斯大学（Semmelweis University）宣布，匈牙利总统施密特因有关现代奥运会的历史以及演变的博士论文中，存在大量抄袭现象，被剥夺1992年获得的博士学位。施密特为此遭到强烈批评，匈牙利在野党要求他辞职。2012年4月2日，深陷论文抄袭漩涡的施米特宣布辞职[3]。

因此，很多高校引入了学术不端文献检测系统，要求毕业论文查重检测。

信息素养的内涵包括了信息意识、信息知识、信息能力、信息道德、信息安全。其中信息道德容易被忽视。只有研究者从意识到行为做到尊重知识产权和学术伦理，以实事求是的态度对待学术研究，遵守学术规范、法律规范、技术规范，才能从根本上避免学术失范与学术不端行为的发生。

第 8 章数字资源

---

[1] http://www.moe.gov.cn/srcsite/A02/s5911/moe_621/201607/t20160718_272156.html. [EB/OL]. [2024.06.14]
[2] https://gs.xmu.edu.cn/info/1179/9545.htm. [EB/OL]. [2022.05.23]
[3] https://news.ifeng.com/c/7fbokNnbuRj. [EB/OL]. [2022.05.23]

参考文献

[1] 阳宪章，杨素琼，彭国莉，等. 信息检索：信息存储与查询[M]. 成都：四川科学技术出版社，1999.

[2] 邓发云. 信息检索与利用[M]. 3版. 北京：科学出版社，2017.

[3] 黄如花. 信息检索[Z/OL].[2021-06-25].https://www.icourse163.org/course/whu-29001.

[4] 花芳. 文献检索与利用[M]. 2版. 北京：清华大学出版社，2017.

[5] 张永彬. 信息资源检索与利用[M]. 成都：电子科技大学出版社，2010.

[6] 中国 ISBN 中心.《中国标准书号》使用手册[M/OL].3 版.[2021-6-28].https://www.capub.cn/ywzs/bzshzs/02/1243.shtml.

[7] 林佳.信息素养——学术研究的必修课[Z/OL].[2021-06-25].https://www.xuetangx.com/course/THU12051000419/7753925?channel=i.area.learn_title.

[8] 刘素清，廖三三. 用户视角下的电子资源利用障碍及对策[J]. 图书情报工作，2013（21）：48-51.

[9] 中国知网. 新型出版模式介绍[EB/OL].[2021-12-27]. https://kns.cnki.net/kns/subPage/introduce.aspx.

[10] 维普资讯. 期刊评价报告[EB/OL].[2012-7-15].http://qikan.cqvip.com/Qikan/Evaluation/Index?from=Qikan_Journal_JournalGuid.

[11] 中国科学院国家科学图书馆中心介绍 [EB/OL].[2021-07-05] https://www.las.ac.cn/front/aboutUs.

[12] 中国知网. 中国知网专业检索说明 [EB/OL].[2012-7-15].http://piccache.cnki.net/index/helper/manuals.html#frame2-1-5.

[13] 中华人民共和国国家质量监督检验检疫总局，中国国家标准化管理委员会. 信息与文献 参考文献著录规则：GB/T 7714—2015[S]. 北京：中国标准出版社，2015:1-28.

[14] WICHOR MATTHIJS BRAMER, BSC.Variation in number of hits for complex searches in Google Scholar[J/OL].Journal of the Medical Library Association.[2021-7-15].https://xueshu.baidu.com/usercenter/paper/show?paperid=06945ac8027857f16d214f228a611cd9&site=xueshu_se.